Pourquoi maman les a tués ?

NIKKIA ROBERSON

Traduit de l'anglais
par Benoîte Dauvergne

City
Témoignage

Ce livre raconte une histoire vraie, basée sur la vie, les expériences et les souvenirs de l'auteur. Les noms de personnes, de lieux, les dates, l'ordre ou les détails de certains événements ont pu être modifiés, afin de protéger la vie privée de chacun.

Publié en Grande-Bretagne par Ebury Press, une marque de Ebury Publishing, une entreprise de Random House Group sous le titre *Mummy is a Killer*

ISBN : 978-2-8246-0302-5
Code Hachette : 51 2562 0
Couverture : Shutterstock/Tracy Whiteside
Rayon : Témoignage

Collection dirigée par Christian English et Frédéric Thibaud
Catalogues et manuscrits : www.city-editions.com

Dépôt légal : mai 2013
Imprimé en France par France Quercy, 46090 Mercuès - n° 30694/

Sept. 2013
- de Jean
- Colette

Ceux que nous aimons restent avec nous
Car l'Amour lui-même ne meurt pas.
Les souvenirs précieux ne s'estompent jamais
Parce qu'un être aimé est parti.
Ceux que nous aimons resteront toujours
Proches par la pensée.
Car, tant qu'il restera le souvenir,
Ils continueront à vivre dans nos cœurs.
Auteur inconnu

Le pardon est la forme ultime de l'amour.
Reinhold Niebuhr

Préambule

Parfois, je regarde mes mains et je souris. Ce sont les mains de ma mère, avec leurs longs doigts fuselés, dont la peau se ride et se plisse sur les articulations.

Ils se courbent aux extrémités, si bien que, quand je les écarte, on dirait les pétales d'une fleur. Je ressemble à ma mère de bien des façons : nous avons les mêmes yeux foncés et ronds, le même sourire et le même rire. La même démarche aussi.

Quelquefois, je regarde des femmes ensemble dans la rue et je devine qu'elles sont mères et filles : elles se ressemblent.

Cela me fait envie. Je voudrais marcher dans la rue avec ma mère, bras dessus bras dessous, et qu'on se ressemble. Je voudrais que tout le monde voie que nous sommes de la même famille.

Mais c'est impossible.

Personne ne me ressemble ici.

La plupart du temps, je me sens très seule. J'ai envie de faire avec elle les choses que font mères et filles : aller au centre commercial, sortir dîner, rire et parler.

Pourtant, j'ignore si je pourrai le faire un jour. En fait, ma mère est enfermée dans un établissement psychiatrique. Et je ne sais pas si elle en sortira jamais. Mais j'espère que ça finira par arriver.

Autrefois, j'avais peur de ses mains. Je les regardais en me demandant comment elles avaient bien pu faire ça, et si les miennes étaient pareilles, si j'étais capable de faire la même chose que ma mère.

J'ai passé des années à réfléchir et à m'inquiéter de nos ressemblances. Et à ce que ces ressemblances pouvaient signifier pour moi.

Voici mon histoire, ou comment j'ai appris à aimer ma mère, ses mains, et les miennes.

1

Coincés dehors

— Je veux rentrer ! geignit Momo en tirant sur le devant de son short avec une moue frustrée.

— Ouais, moi aussi, mais c'est pas possible ! Alors, il faut que tu attendes, lui dis-je patiemment.

C'était une chaude journée d'été à Brentwood, dans l'État de New York. Les voitures défilaient tranquillement devant la pelouse de notre maison, tandis que nous étions tous les trois assis là à ne rien faire, en attendant que s'ouvre la porte d'entrée.

Nous jouions dehors depuis midi et, à présent, le temps semblait s'être arrêté. Le soleil brûlant tapait sur nos jambes et nos bras nus.

Je grattai distraitement une croûte sur mon coude tout en essayant de calculer depuis combien de temps nous étions dehors.

Le soleil avait parcouru un bout de chemin dans le ciel, et de longues ombres commençaient à grimper sur les murs de la maison.

Comme d'habitude, maman nous avait mis à la porte quand ses amis étaient arrivés. Nous entendions leurs voix à l'intérieur et voyions leurs visages apparaître de temps en temps à la fenêtre pour vérifier que nous étions toujours dehors, mais personne ne nous laissait entrer.

Je baissai les yeux vers ma petite sœur Momo, qui dansait d'un pied sur l'autre dans ses sandales en plastique rose. Son vrai prénom était Delvin, mais tout le monde l'appelait Momo depuis qu'elle était bébé, car son deuxième prénom était Monae.

— T'as envie de faire pipi ? demandai-je. Rappelle-toi que tu ne dois pas le faire dans ta culotte, sinon maman va se fâcher et te mettre une raclée !

— Je m'en fiche, répondit Momo en boudant.

Mais je perçus la peur derrière ce ton de défi : elle n'avait pas envie de finir avec un short mouillé *et* une raclée.

Cependant, Momo n'était pas du genre à céder facilement. C'était elle la plus difficile de nous trois, toujours à faire des siennes ou à répondre, et maintenant, elle me regardait en prenant son air fâché et rebelle.

— Écoute, va faire pipi de l'autre côté de la maison, comme moi tout à l'heure, lui dis-je fermement. Fais le tour et accroupis-toi là-bas. Ils sont pas près de nous laisser rentrer.

Momo fila de l'autre côté de la maison pour se soulager, tandis que je tenais notre petit frère Mellie par la main.

Aussi loin que remontaient mes souvenirs, Momo et Mellie avaient toujours été là. Âgée de cinq ans, j'avais seulement un an de plus que ma sœur Momo, qui avait elle-même un an de plus que notre frère Mellie. Nous avions toujours été trois. Et quand maman n'était pas là, c'était moi la responsable.

— Toi aussi, tu as envie de faire pipi ? demandai-je à Mellie, le pouce fourré dans la bouche.

Son vrai prénom était Melvin, mais on l'appelait toujours Mellie.

Mellie secoua la tête. C'était un ange. Il ne réclamait jamais rien, ne se fâchait jamais et ne pleurait pas non plus. Il se contentait de faire ce qu'on lui disait. Il ne se plaignait pas et ne faisait pas d'histoires, contrairement à Momo, qui rouspétait tout le temps. Ces deux-là étaient comme le jour et la nuit.

— Tu as soif ? demandai-je, alors que je commençais moi-même à avoir la gorge sèche.

Il hocha la tête. Depuis les sandwichs jambon-fromage et le soda que maman nous avait donnés pour le déjeuner, nous n'avions rien eu à manger ni à boire.

Je l'emmenai jusqu'au tuyau d'arrosage à côté des marches du perron et j'ouvris le robinet en prenant soin de maintenir mon doigt sur le jet pour éviter que l'eau sorte trop vite. Mellie pencha la tête sur le côté et ouvrit docilement la bouche. L'eau jaillit entre ses lèvres, et il la but à coups de langue, comme un chat.

Au même moment, Momo arriva en remontant son short en jean et cria :

— Moi aussi ! Attendez-moi !

Je tournai le tuyau dans sa direction et j'enfonçai mes deux pouces à l'intérieur. À l'attaque !

— Hé ! s'écria-t-elle lorsque les gouttelettes atteignirent sa tête et ses vêtements.

Elle gloussa et repartit en courant vers la pelouse pour échapper à mon assaut.

Quand chacun eut fini de boire au tuyau, je proposai à Mellie et Momo de jouer à la dînette avec mes poupées. Toutes les demi-heures environ, l'un de nous allait frapper à la porte et essayait de persuader ma mère ou l'un des adultes de nous ouvrir.

— Hé ! Allez, on a faim ! cria Momo dans la fente entre la porte et le mur.

— Maman ? Maman ? Tu nous laisses entrer maintenant, s'il te plaît ? *S'il te plaît ?*

Au bout d'un moment, on décida de changer de jeu et de jouer à l'école. C'était moi la maîtresse, bien sûr, et si l'un d'eux n'était pas sage, je lui donnais une gifle. Quand chacun en eut assez, l'un de nous suggéra de jouer à la maman. C'était moi la maman, ma sœur Momo, le papa, et mon frère Mellie, le bébé. Et si l'un d'eux n'était pas sage, je lui donnais une gifle !

Tous deux finirent par se lasser de mes mauvais traitements. Mellie s'éloigna pour aller jouer avec ses voitures, pendant que Momo et moi nous chamaillions pour savoir qui serait maintenant la maman.

Plus tard, chacun de nous finit par s'asseoir sur les marches de la maison, trop fatigués et affamés que nous étions pour jouer. Le soleil disparaissait derrière les tours de notre rue, et le ciel voilé prenait une couleur mandarine.

À ce moment-là, la clé tourna dans la serrure, et le visage de maman apparut, les paupières lourdes et le regard vitreux.

— Allez ! cria-t-elle. Rentrez maintenant !

Surpris, mais content, notre petit groupe se leva péniblement et monta au galop les marches de la maison.

À l'intérieur, l'odeur suffocante de l'encens nous assaillit, mais aucun de nous ne s'en soucia. Nous filions déjà vers la cuisine. Je vidai trois sachets de nouilles dans des bols et les réchauffai au micro-ondes.

Pendant que nous engloutissions nos nouilles, tous les trois assis autour de la table, maman disait lentement au revoir à ses amis.

Dès que tout le monde eut le ventre plein, maman nous expédia au lit. J'aidai les deux autres à mettre leurs pyjamas, puis j'enfilai le mien.

Mellie et Momo grimpèrent en haut de nos lits superposés en métal rouge et, épuisés par cette journée dehors et soulagés de retrouver enfin notre petit cocon, se tapirent ensemble sous les couvertures.

Chacun se roula en boule contre moi, Mellie d'un côté et Momo de l'autre, et je sentis la pression rassurante de leurs corps, puis leurs petits bustes se soulever et s'abaisser. Leur respiration se fit plus profonde, et ils s'endormirent tous les deux. Bientôt, je m'assoupis à mon tour.

Quand j'y repense, nous vivions de bons moments, tous les trois. Il ne nous venait pas à l'esprit qu'on nous négligeait.

J'avais seulement cinq ans ; je pensais que, comme nous, tous les enfants passaient des heures coincés dehors quand leurs mères recevaient des amis.

Bien plus tard, j'ai appris que maman était toxicomane et qu'elle revendait de la drogue. Ses « amis » étaient des gens qui venaient à la maison pour fumer du crack ou de l'héroïne, et, bien entendu, comme aucun d'eux n'avait envie d'avoir une troupe d'enfants dans les jambes, on nous laissait nous débrouiller seuls dehors.

Dieu sait ce que les voisins pensaient en voyant trois jeunes enfants assis devant la porte de leur maison pendant des heures, mais je suppose que personne n'a jamais fait d'histoires, puisque les choses ont continué ainsi.

Certaines personnes qui venaient traîner chez ma mère semblaient normales. Quelques-unes amenaient même leurs enfants et les laissaient jouer dehors avec nous pendant qu'elles fumaient leur drogue et faisaient brûler des bâtons d'encens afin d'en couvrir l'odeur.

D'autres nous paraissaient étranges. Je me souviens d'une femme qui portait des vêtements d'homme sales et parlait avec une voix rauque.

Elle venait toujours à vélo et me disait des choses bizarres. Je ne l'aimais pas du tout. J'avais beau être petite, j'étais déjà plutôt futée à cinq ans. Après tout, je passais beaucoup de temps à me débrouiller toute seule.

Enfin, dans l'ensemble, nous ne faisions pas vraiment attention aux gens qui allaient et venaient dans la maison. Notre monde se composait de nous trois, de maman, de grand-mère, à qui nous rendions souvent visite, et de Beanie, le nouveau mari de maman.

Je l'appelais Beanie, mais je suis pratiquement sûre que ce n'était pas son vrai prénom. C'est simplement comme ça que tout le monde l'appelait. Même si je l'ignorais à l'époque, il n'était pas mon vrai père, seulement celui de Momo et de Mellie.

Beanie se comportait avec nous comme s'il nous aimait. Il était affectueux et nous faisait des câlins. Mais il était aussi toxicomane, et ma mère et lui se disputaient violemment parfois. Je les entendais se hurler des insultes et se cracher rageusement à la figure quand ils étaient tous les deux drogués. Ils se bagarraient à la moindre occasion, et, lorsque le ton montait, j'emmenais Mellie et Momo dans notre chambre parce que leurs scènes n'étaient pas belles à voir. Je ne voulais pas que les petits prennent peur.

— Venez, leur disais-je. Et si on jouait à la maman !

Et parfois, ce n'était pas qu'un jeu, je devais être une vraie maman pour eux.

Nos parents n'étaient pas les seuls à se bagarrer sans cesse. Certains des amis de ma mère se disputaient très violemment à la maison. Je me souviens qu'une fois, une femme saisit un balai et en coinça une autre contre la porte de la cuisine en bloquant son cou à l'aide du manche. Je ne savais pas pourquoi elles se disputaient, mais, une chose est sûre, c'était effrayant.

Oui, certains jours, nous étions vraiment soulagés quand on nous envoyait jouer dehors.

Nous aimions maman, bien sûr. C'était notre mère, et puis elle était magnifique et avait de beaux cheveux. Maman se révélait souvent merveilleuse, pétillante, intenable, et elle avait un rire fantastique, semblable au son chantant d'une cascade. Elle pouvait être la personne la plus drôle au monde. Elle adorait passer du reggae sur la chaîne stéréo et sautiller dans tous les sens avec nous dans sa chambre.

Notre mère était une excellente danseuse, et Momo et moi tentions d'imiter ses mouvements fluides en balançant nos hanches et en lançant nos bras en l'air.

Parfois, elle nous emmenait sur la pelouse devant la maison pour jouer à la dînette. Elle avait sa propre collection de poupées et, certains jours, elle nous laissait jouer avec elles, mais nous n'avions pas le droit de les toucher en son absence.

Le caractère de maman avait une autre facette, un côté coléreux et méchant. Je me souviens de son regard quand elle était furieuse et sous l'emprise de la drogue. On aurait dit qu'elle était possédée.

Il valait mieux ne pas rester dans les parages lorsqu'elle était dans cet état ; elle semblait avoir perdu la tête.

Si nous n'étions pas sages ou faisions les idiots, elle allait chercher une ceinture et nous fouettait très fort.

Je ne crois pas qu'elle voulait nous faire aussi mal, mais, dans ces moments, on aurait dit qu'elle ne savait plus ce qu'elle faisait.

Elle allait chercher la ceinture et la faisait claquer un tas de fois sur mon dos, mes fesses et mes jambes. J'essayais de m'enfuir et je courais autour de la pièce, mais elle finissait par m'immobiliser avec une poigne de fer. Ses ongles s'enfonçaient cruellement dans mes bras menus, tandis qu'elle me fouettait de l'autre main.

Je devinais rapidement si maman était dans son état normal ou « d'humeur étrange ». J'avais appris à reconnaître certains signes dès mon plus jeune âge, afin de me protéger, et cette méthode était devenue instinctive avec le temps. Les indices étaient subtils, mais impossibles à ignorer. Sa façon de parler, son rire, même sa démarche changeaient.

Tout en elle devenait plus rapide, plus intense. On ne pouvait plus la cerner, obtenir d'elle une réponse directe, ni la faire asseoir. Comme si quelqu'un avait appuyé sur le bouton « avance rapide ».

Parfois, ce changement d'état était flagrant. Maman parlait à des personnes invisibles, faisait les cent pas, s'asseyait, les jambes tremblant violemment, ou bien elle se retournait soudain pour jeter un regard par-dessus son épaule, comme si quelque chose venait de la déranger. Elle se mettait à parler de Dieu ou du diable, puis elle sortait sa bible et relisait les Saintes Écritures sans pouvoir s'arrêter.

On aurait dit qu'elle était totalement ailleurs. Je devinais que ce n'était pas normal, car je remarquais le comportement des autres quand elle était dans cet état.

Beanie évitait de rester dans les parages, et les gens la regardaient bizarrement.

— Tu fais quoi ? lui demandais-je lorsqu'elle se signait ou parlait à des personnes imaginaires.

Mais elle ne répondait pas. C'était comme si elle ne m'entendait pas.

Nos journées à Brentwood ne suivaient aucun rythme particulier. Comme maman ne nous laissait jamais à la garderie, une fois levés le matin, nous étions totalement libres.

La seule fois où s'installait pour nous une sorte de routine, c'était quand maman nous déposait chez grand-mère.

Annie, ma grand-mère maternelle, vivait à moins d'un kilomètre de chez nous dans une grande maison de Coconut Street avec mon grand-père Willie. Je l'aimais tant que, chaque fois que nous lui rendions visite, je ne voulais plus repartir.

Ma grand-mère était originaire du sud des États-Unis, d'un endroit appelé Augusta, en Géorgie, et elle avait grandi en mangeant cette bonne nourriture saine du Sud. Elle faisait le meilleur gratin de macaronis au monde, et, chez elle, il y avait de super jouets et des vélos.

La maison était toujours propre et bien rangée, et elle ne nous mettait jamais dehors.

Parfois, maman nous déposait le matin et revenait nous chercher tard le soir. Grand-mère devait nous réveiller pour qu'on rentre à la maison.

— Pourquoi tu n'es pas venue plus tôt ? sifflait-elle à l'intention de ma mère, tandis que chacune portait un enfant lourd et assoupi vers la voiture.

Silence.

Grand-mère faisait une nouvelle tentative.

— Où tu étais pendant tout ce temps ? J'ai pas arrêté de t'appeler, et tu n'as jamais décroché.

— J'étais sortie, finissait par répondre maman. Allez, m'embête pas avec ça maintenant. Aide-moi donc avec les enfants !

Certaines fois, maman ne se montrait pas pendant deux ou trois jours d'affilée.

Quand elle réapparaissait enfin, j'étais si heureuse et à mon aise chez grand-mère que je refusais de rentrer à la maison.

— Non, s'il te plaît ! Je t'en prie, grand-mère. Je veux juste rester avec toi ! la suppliais-je en m'accrochant à sa jupe, tandis que ma mère dansait impatiemment d'un pied sur l'autre et me fusillait du regard.

— Ça va, ça va ! me réconfortait grand-mère. Tu reviendras bientôt me voir.

Mais, au-dessus de ma tête, je l'entendais chuchoter à ma mère :

— Enfin, pourquoi cette petite pleure tout le temps ? C'est pas normal pour un enfant de pleurer comme ça quand il faut rentrer à la maison.

Aucun de nous ne parlait jamais à grand-mère des heures passées dehors ou des coups que nous recevions. Ce n'était pas parce qu'on nous avait interdit de le faire, mais simplement parce qu'on n'imaginait pas un instant que les autres mères traitaient leurs enfants différemment.

La vie était plus agréable chez grand-mère. Elle n'avait pas d'amis bizarres, la tapisserie ne se décollait pas des murs, et elle cuisinait de bons petits plats. Il y avait même une piscine dans son jardin. J'appris à connaître les enfants des environs et je me fis quelques amis dans le quartier.

Nous parcourions la rue à vélo et jouions à chat. Puis, grand-mère nous appelait pour dîner, et nous dévorions le gratin de macaronis, le poulet frit et le chou vert qu'elle avait préparés elle-même.

Je redoutais d'entendre la voiture de ma mère s'arrêter devant la maison pour venir nous chercher et nous ramener à Brentwood.

Mais un jour, elle finit vraiment par arriver. Elle nous avait laissés chez grand-mère toute une semaine, et la voiture était pleine à craquer.

— On rentre pas à Brentwood aujourd'hui, nous dit-elle. Et y aura plus de Beanie. On a une nouvelle maison maintenant !

2

Belport

Notre nouvel appartement se trouvait dans une résidence pour sans-abris dans le nord de Belport, à Long Island, dans l'État de New York. C'était assez loin de chez grand-mère, mais suffisamment près pour pouvoir faire appel à elle en cas de besoin.

Je suppose que la dernière dispute avait été celle de trop. Beanie avait quitté maman et, sans son salaire, elle n'avait plus les moyens de garder la maison de Brentwood. Il nous fallut par conséquent emménager dans une résidence pour familles sans domicile fixe.

C'était plutôt joli vu de l'extérieur. Les gens étaient logés dans plusieurs grands bâtiments à deux étages, disposés en demi-cercle autour d'un parc.

Dans ce parc, on trouvait çà et là quelques bancs, des lampadaires et même un petit terrain de jeux. Il y avait plein d'autres enfants, et il ne nous fut pas difficile de nous faire des amis.

Notre appartement nous plaisait, lui aussi. Momo et moi aimions bien sauter sur les lits. Un jour, alors que nous étions censées faire la sieste, nous ne pûmes nous empêcher de continuer à bondir et à crier.

— Bon, laquelle de vous deux en premier ? hurla maman en traversant la pièce à grandes enjambées, une ceinture menaçante enroulée autour du poing.

Elle nous surprit au beau milieu d'un saut, mais, dès que je remarquai la ceinture, je filai dans un coin de la pièce.

Momo ne bougea pas de l'endroit où elle avait atterri sur le lit, défiant presque ma mère de la battre en premier.

C'est ce qu'elle fit.

Visiblement, la raclée était sévère. Je voyais Momo serrer les dents et son visage rougir de douleur. Maman fouettait l'arrière de ses jambes encore et encore, mais Momo ne laissa pas échapper un seul cri.

Ensuite, elle se leva du lit et se planta devant maman, les mains sur les hanches, les lèvres tremblantes, mais la tête haute.

— Même pas mal, crâna-t-elle.

Mais je voyais bien que maman l'avait frappée très fort. C'était du Momo tout craché : une vraie rebelle !

Je ne supportais pas de la voir s'attirer autant de problèmes, mais, en même temps, j'admirais son courage. Je n'aurais jamais été capable de dire ces choses. Elle avait seulement quatre ans, mais tellement d'audace !

— Ah ouais ? dit maman.

Elle disparut dans le couloir et revint l'instant d'après avec une ceinture plus grosse, à l'air encore plus menaçant.

— Eh bien, voyons si tu feras encore la maligne quand je t'aurai fouettée avec celle-là. Je vais t'apprendre à me répondre, jeune fille !

Là-dessus, elle s'acharna vraiment sur Momo. À la fin, ma sœur ne dit plus rien. Elle se laissa glisser avec précaution des genoux de maman et boitilla jusqu'à moi. Et puis ce fut mon tour.

Pour faire mal, ça faisait mal. Je laissai les larmes couler sur mon visage. Mais c'était sûrement beaucoup moins douloureux que pour Momo.

— Maintenant, allongez-vous toutes les deux et faites-moi cette fichue sieste ! grogna maman en quittant la pièce.

Momo se coucha sur le ventre, et je la rejoignis, le visage déjà marqué et bouffi à cause de mes larmes. Momo, elle, retenait toujours les siennes.

Enfin, quand la porte se referma en claquant, ma petite sœur laissa échapper un gros sanglot.

À Belport, il y avait un autre jeu que nous aimions : Allez vous cacher !

Ce n'était pas vraiment un jeu en soi, mais Mellie, Momo et moi le trouvions très drôle. Autant dire que c'en était un pour nous.

De temps en temps, des gens venaient frapper à notre porte. Maman nous criait : « Allez vous cacher ! », et nous devions tous aller nous entasser dans un coin, afin que les gens à la porte ne sachent pas que nous étions à la maison. Même maman se recroquevillait contre nous dans le coin, et nous trouvions tous ça si drôle que nous nous mettions à glousser. Maman essayait alors de nous faire taire.

— Hé ! Allez, arrêtez. Chut ! Taisez-vous maintenant.

Les gens à la porte continuaient à frapper et à frapper encore, mais nous restions cachés dans notre coin, si bien qu'ils ne pouvaient ni nous voir ni nous entendre.

Aujourd'hui encore, j'ignore qui étaient ces personnes. Peut-être qu'il s'agissait des services sociaux, de la police ou alors de nouveaux toxicomanes en quête d'une dose.

Peut-être que c'était Beanie ou bien ma grand-mère.

Je n'en ai aucune idée. Tout ce que je sais, c'est que, parfois, nous faisions semblant qu'il n'y avait personne à la maison, même si nous y étions tous les quatre.

Maman se mit à prendre encore plus de drogue à Belport et finit par nous confier très souvent à une autre famille de la résidence. Ces fois-là, elle s'absentait pendant des heures.

Notre appartement se trouvait d'un côté du demi-cercle, et l'autre famille vivait au même étage dans le bâtiment opposé. En ouvrant nos portes, nous pouvions même nous faire des signes !

Ces gens avaient une fille de cinq ans, Jess, avec qui nous aimions jouer, et, à notre arrivée à Belport, sa mère était sur le point d'accoucher de son deuxième enfant.

J'avais hâte que le bébé naisse pour pouvoir lui faire des câlins. J'aimais les bébés plus que tout au monde.

Un jour, quelques semaines seulement après notre emménagement à Belport, maman nous laissa de nouveau chez Jess, alors que sa mère était à la maternité après avoir donné naissance à son petit garçon.

Ce matin-là, Jess et son père nous montrèrent toutes les photos de son petit frère qu'ils avaient prises à l'hôpital. Il était tellement mignon. J'étais à la fois vraiment jalouse et très excitée. Bientôt, il rentrerait à la maison, et je pourrais aussi le tenir dans mes bras.

Le père de Jess nous fit déjeuner, et puis ce fut l'heure de la sieste. Mellie, Momo et Jess dormaient dans le grand lit de la chambre principale ; j'étais allongée par terre à côté d'eux.

Je ne devais pas être endormie, car je vis soudain la porte de la chambre s'ouvrir et le père de Jess entrer sur la pointe des pieds. Il vint s'allonger à côté de moi et, sans prononcer un mot, fourra une main dans mon short.

J'étais trop surprise pour dire ou faire quoi que ce soit. Je ne comprenais pas ce qui se passait, ni pourquoi. J'étais terrifiée, incapable de bouger ou de crier.

Il commença à me frotter de haut en bas. Ça me faisait mal, mais je ne dis rien.

Au bout d'un moment, la douleur devenant plus forte, je tentai de reculer et d'échapper à sa main, mais j'étais bloquée, coincée entre son grand corps et le lit où dormaient mon petit frère et ma petite sœur.

La scène ne dura pas longtemps. Il avait enfoui son autre main dans son pantalon et il finit par frissonner, retira sa main de mon short et laissa échapper un long soupir.

Puis il me lança un regard sérieux et dit :

— Si tu en parles à quelqu'un, je recommencerai.

J'avais peur. Je promis de ne le dire à personne.

Ce soir-là, quand ma mère vint nous chercher, je partis presque en courant vers notre appartement. J'avais mal entre les jambes et j'étais bouleversée à cause de ce que m'avait fait le père de Jess pendant la sieste, mais je ne crois pas que quelqu'un s'aperçut de mon humeur étrange. Enfin, plus tard ce soir-là, pendant que je prenais mon bain, maman remarqua manifestement quelque chose de bizarre.

— Quelqu'un t'a touchée ? demanda-t-elle d'un ton brusque.

Tout mon corps se figea à nouveau. J'ignorais ce qu'elle avait vu, si c'était une griffure ou une plaie, si j'étais marquée d'une manière ou d'une autre par l'agression, et j'étais terrifiée à l'idée de lui raconter ce qui était arrivé.

Si je lui dis, il recommencera ! Et si c'est encore pire la prochaine fois ? Et s'il me fait vraiment mal ?

Je baissai les yeux et j'éclaboussai mes jambes pour essayer de couvrir les preuves de ce qui apparaissait clairement comme l'agression sexuelle d'une enfant de cinq ans.

— Je..., euh... Je..., euh... Je veux pas le dire, gémis-je d'une toute petite voix.

Je me sentais coupable, comme si j'avais fait quelque chose de mal, et le ton accusateur de maman n'arrangeait rien. Assise dans mon bain, les membres maigres et nus, j'avais l'impression d'être toute petite, très vulnérable.

— Dis-le à maman ! m'ordonna ma mère, la voix chargée d'émotion. Tu vas le dire à maman tout de suite ! Quelqu'un t'a touchée entre les jambes ?

— Je veux pas te le dire, répétai-je.

Tant que je gardais le silence, je ne mentais pas, et personne n'aurait de problèmes.

Mais maman n'accepta aucun refus. Elle commença à se fâcher très fort contre moi.

— Oh si, tu vas me le dire ! Tu vas me raconter ce qui s'est passé. Oui, mademoiselle, sinon maman va te mettre une raclée. Et une grosse !

Elle me tira d'un coup hors de la baignoire, jeta une serviette autour de moi et me fit asseoir sur le bord du lit.

— Vas-y maintenant, dis-le à maman ! fit-elle sur un ton plus léger, plus conciliant.

Mais je secouai la tête et serrai fermement les lèvres.

— Eh bien, alors, tu vas rester assise ici jusqu'à ce que tu sois prête à parler !

Et elle me laissa en effet pendant une heure, tandis qu'elle s'affairait rageusement autour de l'appartement. Mon frère et ma sœur prirent un bain à leur tour, et maman chercha les mêmes signes sur chacun d'eux.

Elle sembla soulagée de ne trouver aucune preuve d'agression, mais ça ne suffit pas vraiment à apaiser sa colère. Elle ne cessait de revenir vers le lit et de menacer de me fouetter.

— S'il te plaît, maman, gémis-je. Est-ce que je peux enfiler mon pyjama et regarder la télé ?

— Non ! Certainement pas ! Tu ne bougeras pas tant que tu ne m'auras pas dit ce qui s'est passé.

Elle finit par mettre ses menaces à exécution et me fouetta avec une ceinture.

Finalement, les joues ruisselantes de larmes et la serviette enroulée autour de mon corps toujours nu et douloureux, je lui révélai toute l'histoire.

Je ne pense pas qu'elle avait voulu me faire encore plus de mal. Je ne crois pas qu'elle pensait à quoi que ce soit d'ailleurs.

Elle ressentait simplement une colère extrême à ce stade – de la colère contre la personne qui avait fait du mal à son enfant.

Et maintenant, elle était en colère contre moi parce que je l'avais protégé. Elle ne connaissait aucun autre moyen de m'inciter à parler et à dénoncer ce type.

Mais, parfois, je me pose vraiment la question. S'apercevait-elle de ce qu'elle faisait en battant une petite fille qu'on avait agressée sexuellement le même jour ?

Dans mes souvenirs, maman ne s'est pas montrée plus gentille avec moi par la suite ; elle était toujours folle de rage.

Elle appela la police, bien sûr, et on m'envoya chez le docteur. Il dut regarder entre mes jambes, et ce fut très embarrassant. Il m'examina même à l'intérieur, ce que je trouvai horrible et très désagréable.

Quelques jours plus tard, la police vint arrêter le père de Jess. C'était affreux. J'observai toute la scène derrière nos fenêtres. Depuis mon côté du demi-cercle, je vis les policiers en uniforme parler à la mère de Jess, qui était rentrée de la maternité. Le nouveau-né dans ses bras, elle eut soudain l'air très perdue et contrariée, puis elle se mit en colère et à crier. Ils la bousculèrent pour entrer, et elle les suivit à l'intérieur.

Ils ressortirent quelques minutes plus tard, un policier de chaque côté du père de Jess, et l'emmenèrent dans la voiture garée en bas.

La mère de Jess criait et pleurait. J'avais une peine terrible pour elle, pour Jess et le nouveau-né. Lorsque son mari disparut en bas des marches, la mère de Jess s'effondra sur le sol en sanglotant. À cet instant, je sus que tout était ma faute.

Ce pauvre bébé venait de naître, il avait besoin de son papa et de sa maman. J'avais envie de courir là-bas pour lui prendre l'enfant des mains, essayer de tout rendre normal à nouveau, mais c'était impossible.

Rien n'arrangerait leur situation à présent.

Je dus me présenter au tribunal et témoigner contre le père de Jess, une expérience très intimidante. J'étais assise sur une petite chaise à côté du sténographe, qui retranscrivait tout ce que je disais.

Même après ce que m'avait fait subir le père de Jess, je n'étais pas en colère contre lui. J'étais encore trop jeune pour comprendre ce qui s'était passé ou ce qui l'avait poussé à faire ça. Avec le recul, bien sûr, je ne ressens que du dégoût pour lui, mais, à l'époque, j'ignorais totalement que son geste avait un caractère sexuel. Je trouvais seulement très étrange qu'il m'ait fait ça.

Et je ne comprenais pas comment ce mauvais geste avait pu provoquer toute cette histoire par la suite. Il me semblait que le fait de désigner ces choses par des mots rendait l'acte en lui-même tellement pire.

En vérité, je regrettais pour lui et sa famille qu'il soit obligé d'aller en prison après ce qu'il m'avait fait. Bien entendu, maintenant que je suis adulte, je vois les choses très différemment : ce qu'il avait fait était épouvantable, et il méritait vraiment d'aller en prison.

Et si maman n'avait rien vu dans le bain ce soir-là ? Ça aurait pu durer des mois ! Et s'il en avait agressé d'autres ? Ses propres enfants ?

Mais je n'étais qu'une petite fille et je ne saisissais pas ce qui m'était arrivé. Je crois qu'une partie de moi comprenait que c'était la chose que les adultes faisaient ensemble quand ils étaient au lit, mais ça ne me paraissait pas plus étrange ni curieux que ça.

Depuis le jour où elle avait découvert l'agression dont j'avais été victime, maman vérifiait toujours entre mes jambes quand je sortais du bain, afin de s'assurer que tout allait bien et que personne d'autre ne m'avait touchée.

Mais à ce stade, il était trop tard pour se comporter comme une mère. La machine était déjà en route ; elle allait perdre la garde de ses enfants.

Dès qu'elle signala le geste de notre voisin à la police, les services d'aide sociale à l'enfance s'immiscèrent dans nos vies.

Avec le recul, je trouve incroyable qu'ils aient mis si longtemps à s'intéresser à nous. D'après ma grand-mère, on avait trouvé des traces de drogue dans l'organisme de Mellie à sa naissance, et il avait dû être désintoxiqué à l'hôpital.

La toxicomanie de maman devait être connue de tous, mais je suppose qu'elle s'était débrouillée pour convaincre les autorités jusqu'à ce jour qu'elle faisait de son mieux pour se sortir de la drogue et être une bonne mère pour ses enfants.

Eh bien, à partir de cet instant, tout alla de mal en pis.

Toute cette histoire à Belport avait révélé que maman nous confiait à des habitants de la résidence peu recommandables qu'elle connaissait à peine, pendant qu'elle allait se droguer quelque part. Le père de Jess était toxicomane, lui aussi.

On estima que maman ne serait une mère convenable que lorsqu'elle aurait obtenu son propre appartement et subi une cure de désintoxication.

On envoya mon frère et ma sœur chez mon oncle Jerome, sa compagne Melissa et leurs cinq enfants, tandis qu'on me permettait de vivre chez grand-mère.

— Elle t'aime plus que nous ! dit Momo, par méchanceté, lorsqu'on nous apprit la nouvelle.

C'est vrai qu'on aurait pu le croire : grand-mère m'accueillait toujours à bras ouverts. Elle m'appelait son « petit bout' chou », et, chez elle, j'avais une chambre pour moi toute seule.

Mon premier soir chez grand-mère, je lui demandai pourquoi Mellie et Momo ne pouvaient pas venir vivre chez elle, eux aussi.

Elle secoua simplement la tête.

— Je le lui avais dit, ne cessa-t-elle alors de répéter,

plus pour elle-même qu'à mon intention. Je lui avais dit que je ne m'occuperais pas de ses autres enfants.

Je ne comprenais pas ses paroles à l'époque. Enfin, dans l'ensemble, je ne comprenais pas grand-chose à la situation. D'abord, grand-mère avait déjà pris en charge mon frère aîné Roland. Ma mère avait accouché de lui quand elle avait seize ans et fréquentait encore l'école.

Roland avait sept ans de plus que moi, et je ne le considérais pas comme mon demi-frère. Pour moi, il était comme l'enfant de grand-mère. Mais ce n'était pas le cas. Il était le fils de ma mère Debra, et grand-mère faisait déjà ce qu'elle pouvait pour tous les enfants que sa fille avait eus et dont elle n'assumait pas la responsabilité.

Bien sûr, je ne comprenais rien de tout ça. Tout ce que je perçus alors, c'est qu'à partir du moment où on nous sépara, Mellie, Momo et moi, tout changea.

Ma vie était agréable chez grand-mère. J'avais commencé le CP, et grand-mère faisait en sorte que je prenne un bon petit-déjeuner de flocons d'avoine avec du lait et du sucre tous les matins avant de me coiffer.

— Aïe ! criais-je, tandis qu'elle me peignait. Tu me fais mal, grand-mère !

— Oh ! arrête de pleurnicher, gloussait-elle avec indulgence.

Grand-mère ne se fâchait jamais vraiment contre moi. Elle ne criait jamais et ne me battait pas non plus. Elle me donnait tout ce que je voulais, et j'étais extrêmement gâtée.

Tous les matins, à sept heures et demie, grand-mère m'accompagnait jusqu'à l'arrêt de bus, me regardait monter et attendait qu'il se soit éloigné. Un matin, j'étais si fâchée qu'elle m'ait tiré les cheveux que je lui tirai la langue du haut du bus. Je m'en veux maintenant. Grand-mère faisait seulement de son mieux, et j'étais sans doute un petit enfant turbulent à ce moment-là. La vie m'avait rendue un peu plus coriace et grossière que j'aurais dû l'être à mon âge.

Dans le bus scolaire, je retrouvais mes copains du quartier : Keishana, Gordo et Keir. On s'amusait bien en classe avec notre adorable maîtresse, mademoiselle Libretto. Elle était très belle, avait de longs cheveux, de doux yeux bleus et, en plus, elle s'habillait très bien. Un jour, elle nous fit construire une maison avec des cookies et utiliser du glaçage pour fixer les murs les uns aux autres. Après l'école, nous parcourions les rues du quartier à vélo et jouions à chat jusqu'à ce que grand-mère m'appelle pour le dîner. Après le repas, je jouais avec mes poupées Barbie et la maison que grand-mère m'avait achetée pour elles ou je regardais la télé.

J'étais heureuse chez ma grand-mère, mais Mellie et Momo me manquaient horriblement, surtout la nuit, quand j'allais me coucher toute seule. Je ne comprenais vraiment pas pourquoi nous avions été séparés.

Au même moment, maman traversait une période très difficile. Parfois, elle venait chez grand-mère et y restait un moment, puis elle s'absentait pendant des jours, et grand-mère ignorait totalement où elle se trouvait ou quand elle réapparaîtrait.

Un jour, juste après le déjeuner, maman entra en trombe dans la maison et commença à se disputer avec ma grand-mère, assise dans un fauteuil du salon.

Je jouais avec ma maison de poupée dans ma chambre, lorsque j'entendis du vacarme dans la pièce voisine. J'étais pleine de sentiments partagés : j'étais contente que maman soit de retour, mais j'avais peur de sa mauvaise humeur et de son caractère imprévisible.

— Va donc te calmer dehors ! entendis-je ma grand-mère lui crier.

— Je ne veux pas sortir ! répondit ma mère en hurlant. Je connais ton petit jeu, vieille garce ! Tu essaies juste de te débarrasser de moi ! Tu essaies toujours de te débarrasser de moi ! Tu peux pas supporter de me voir, hein ?

— Mais qu'est-ce que tu racontes ? Écoute, je ne vais pas rester assise à t'écouter m'insulter...

Juste à cet instant, ma mère baissa la voix.

— Ne fais pas un putain de geste. Si tu te lèves de ce fauteuil maintenant, je jure que je te trancherai la gorge.

J'étais pétrifiée. J'entendis alors ma mère se diriger vers la cuisine et marmonner entre ses dents :

— Putain ! Ils sont où, ces foutus couteaux ?

Pendant que ma mère avait le dos tourné, ma grand-mère bondit de son fauteuil et la poussa dehors sur la véranda, puis verrouilla la porte-moustiquaire derrière elle.

À présent, ma mère était derrière la porte et hurlait à ma grand-mère de lui ouvrir. Je me faufilai derrière elle pour voir qui faisait un tel boucan.

Dès que maman m'aperçut, elle m'appela à elle :

— Viens ici, ma petite Nikki ! Viens là, mon bébé !

Je me cachai derrière les jambes de grand-mère. Une partie de moi voulait aller voir ma mère, mais, en même temps, je savais que c'était impossible. Elle était encore dans un de ses drôles d'états.

Grand-mère me regarda sévèrement.

— Ne va pas t'imaginer n'importe quoi, Nikki. Ta

mère ne va pas bien aujourd'hui. Elle ne peut pas entrer dans la maison.

Je jetai un regard désespéré autour de moi.

Grand-père n'était pas à la maison ; il était au travail. Comme il passait beaucoup de temps là-bas, grand-mère se retrouvait souvent seule chez elle.

De toute façon, il n'aimait pas trop s'impliquer dans les histoires de famille. C'était un homme calme, et il restait la plupart du temps silencieux quand nous étions là, quoi qu'il arrive.

En regardant ma mère dehors sur la véranda, je commençai à la plaindre et suppliai ma grand-mère de la laisser entrer, mais elle ne bougea pas. Au lieu de ça, elle alla jusqu'au téléphone et appela la police. Je ne sais pas très bien ce qui se passa ensuite, ni pourquoi. Les policiers arrivèrent et parlèrent à ma mère et ma grand-mère. Je pense qu'ils essayèrent simplement de calmer tout le monde.

Ils n'emmenèrent pas ma mère, et je crois qu'elle finit par trouver refuge chez un ami pas très loin de là. Ce dont je suis sûre aujourd'hui, c'est que j'étais une petite fille totalement perdue.

Tout ce que je voulais, c'était être avec ma mère, mais, pour une raison ou une autre, c'était impossible. Ce jour-là, mon cœur se brisa.

3

Papa

Je pris une profonde inspiration, puis plongeai dans l'eau la tête la première. Je me mis à battre des jambes et tortillai mon corps d'un côté et de l'autre pour prendre plus de vitesse. Mon but était de parcourir toute une longueur sous l'eau !

Mes jambes s'agitaient avec frénésie derrière moi, mais je sentais la pression augmenter dans mes poumons et, avant d'avoir pu me propulser jusqu'au bout de la piscine, je remontai en suffoquant, sortis la tête de l'eau et cherchai le rebord à l'aveuglette.

Essoufflée, je m'agrippai au bord de la piscine et clignai des yeux pour me débarrasser des gouttelettes pendues à mes cils. La surface de l'eau étincelait sous le soleil estival.

C'était un samedi matin, il n'y avait donc pas d'école, et grand-mère m'avait permis de jouer dans la piscine de son jardin. Alors que je m'essuyais le visage, je vis la porte s'ouvrir, et grand-mère sortit en compagnie d'un homme que je n'avais encore jamais vu.

Ce monsieur était vraiment bien habillé : il portait une chemise en soie et un pantalon noir, ainsi que des chaussures vernies de la même couleur. L'homme se dirigea vers moi en claquant des talons et s'arrêta au niveau de mes yeux.

Au moment où il s'accroupit au bord de la piscine, je levai la tête et grimaçai à cause de la lumière du soleil. Ma grand-mère annonça :

— Nikki, voici David. C'est ton père.

Mon père ! *Quel père ?* Avant cet instant, j'ignorais totalement que j'en avais un !

Toute ma vie, j'avais grandi en appelant Beanie « papa » ; je ne savais pas qu'un autre homme se trouvait être mon vrai père.

Je scrutai le visage doux et souriant devant moi et ne sus quoi dire.

— Salut, Nikki, dit joyeusement l'homme. Tu t'amuses bien dans l'eau ?

Je hochai la tête sans dire un mot. J'avais l'impression d'être si vulnérable, les bras et les jambes nus, le visage dégoulinant, alors qu'il se tenait là dans ses vêtements élégants. Je me sentais gênée, stupide même.

J'examinai le visage de l'inconnu. Il avait des yeux clairs en amande, comme ceux d'un chat, et de beaux cheveux aussi.

Puis son visage s'illumina comme s'il venait d'avoir une idée de génie :

— Tiens, que dirais-tu de venir chez moi et de rencontrer d'autres enfants ?

Lorsque je tournai le regard vers ma grand-mère, elle me lança un sourire d'encouragement. Je répondis :

— Oh ! d'accord.

Il rit, apparemment soulagé.

— Bon, très bien. Tu sors de la piscine, tu te rhabilles,

et je t'emmène chez moi pour te présenter tes frères et ta sœur.

***

Une fois sèche, j'enfilai un jean et un débardeur, puis mon père me conduisit jusque chez lui dans la banlieue de New York, à un endroit appelé Amityville, situé à environ une demi-heure de route de chez ma grand-mère.

Mon cerveau bouillonna pendant tout le chemin. J'avais des frères et une sœur ? Pourquoi personne ne m'en avait rien dit ? Pourquoi personne ne m'avait parlé de mon père avant ?

Mais je restai silencieuse. J'avais seulement six ans, et l'homme à côté de moi était un inconnu. Je poserais mes questions plus tard à grand-mère, quand je serais de retour chez elle.

C'était très étrange de rencontrer mes frères et ma sœur pour la première fois. David Junior était l'aîné ; il avait neuf ans. Âgée de sept ans, ma sœur Sere avait un an de plus que moi, et Buddy était plus jeune que moi d'un an.

Ils attendirent à peine que les présentations soient terminées pour me bombarder de questions.

— Tu vis avec qui ?

— Ma grand-mère.

— Où est ta mère ?

— Je sais pas.

— Tu as d'autres frères et sœurs ?

— Ouais.

— Ils sont où ?

— Chez mon oncle Jerome.

— Pourquoi ils sont pas avec toi ?

— J'en sais rien.

— Tu es en quelle classe ?

— CP.

Je faisais de mon mieux pour répondre à leurs questions, mais c'était dur ; je ne connaissais pas toujours les réponses.

Leur mère, Theresa, avait l'air gentille. Au bout d'un moment, elle les fit taire et m'emmena dans la cuisine où elle me proposa de la glace.

Tous les enfants s'assirent autour de la table devant de grandes coupes de glace au chocolat, mais, si Sere et Buddy semblaient contents que je sois là, David Junior m'envoyait des regards noirs. J'avais le sentiment qu'il ne m'aimait pas du tout.

C'était Sere qui semblait la plus sympa. Une fois nos glaces terminées, elle m'emmena dans la salle de jeux. Elle avait des jouets vraiment super, dont une dînette aux tons rose et blanc Et puis, comme moi, elle aimait jouer aux poupées Barbie.

Ensuite, mon père nous emmena tous au Chuck E. Cheese's pour jouer aux jeux d'arcade. Le soir, il me ramena chez ma grand-mère.

— Tu t'es bien amusée aujourd'hui ? me demanda-t-il gentiment, tandis que nous nous disions au revoir sur la véranda.

Je hochai la tête docilement.

— Super ! Eh bien, tu n'auras qu'à revenir le week-end prochain.

J'allai tout de suite me coucher ce soir-là, trop épuisée par la tournure inhabituelle des événements pour penser ou faire autre chose.

Mais le lendemain matin, pendant le petit-déjeuner, je posai un tas de questions à grand-mère.

— Pourquoi mon père vit avec Theresa ? Pourquoi il ne vit pas avec ma maman ? Pourquoi personne ne m'a parlé de mon père, de mes frères et de ma sœur ?

Ma grand-mère fit de son mieux pour me répondre ; mais comment expliquer à une enfant de six ans qu'elle est le fruit d'une aventure peu judicieuse ?

J'appris la vérité bien plus tard. Maman avait rencontré David quand il était encore avec Theresa. Elle était tombée follement amoureuse de lui, persuadée qu'il était l'homme de sa vie.

Mais David ne partageait pas ces sentiments. Il avait déjà eu David Junior et Sere avec Theresa, et, lorsque maman tomba enceinte, l'aventure touchait déjà à sa fin.

David la laissa tomber et, peu après, il épousa Theresa.

Le cœur brisé, humiliée, maman était furieuse. Elle n'allait pas le laisser s'en tirer comme ça !

Quelques semaines après ma naissance, elle se rendit chez Theresa pendant que papa était au travail et me présenta à sa rivale.

— Voici l'enfant de David, lui dit-elle.

Bien sûr, Theresa, qui était enceinte de Buddy, fut horrifiée. Elle ignorait totalement mon existence jusqu'à cet instant.

Aujourd'hui, je ne sais toujours pas pourquoi maman a fait ça. Est-ce que c'était par méchanceté ? Pour les obliger à rompre ou mettre David face à ses responsabilités ? Ou était-ce pendant l'une de ses phases d'agitation, de folie impulsive ? Je ne crois pas que ma mère elle-même le sache.

Mais, quel que fût le résultat espéré, sa tentative se solda par un échec, car David resta avec Theresa, et maman s'installa avec Beanie.

Mais papa resta en contact avec ma grand-mère et, lorsqu'il apprit que j'avais été victime d'une agression à Belport, il décida d'essayer de me récupérer.

Je n'arrive pas à imaginer comment se passa alors sa conversation avec Theresa. Comment supporter de prendre en charge l'enfant née d'une aventure de son mari ? En tout cas, elle était prête à essayer, mais ce dut être très douloureux.

C'est pour cette raison que David Junior ne m'aimait pas. Il voyait combien c'était dur pour sa mère de m'accueillir, moi, la preuve de l'infidélité de son mari, sous leur toit.

Je suppose qu'il a vu couler beaucoup de larmes et m'a détestée pour ça. Mais, pour ce que ça vaut, Theresa s'est toujours montrée gentille avec moi.

En ce qui me concerne, je m'estimais simplement heureuse que mon père veuille être avec moi et qu'il me traite avec autant de gentillesse. Il commença à m'emmener chez eux presque tous les week-ends, et parfois je dormais là-bas du samedi au dimanche.

Comme ils n'avaient qu'une petite maison avec deux chambres, mon père et Theresa en occupaient une, les garçons, l'autre, et Sere et moi dormions sur le canapé-lit dans le salon. Mais je trouvais ça amusant, c'était un peu l'aventure.

Pour chacune de mes visites, papa organisait quelque chose de spécial à faire avec nous, comme une sortie au zoo ou à l'aire de jeux, et je rencontrai même son père et sa mère, qu'on me présenta comme Nanny et PopPop.

Ils avaient l'air très gentils et vivaient dans une grande maison parsemée de coupes pleines de bonbons.

Je n'avais rien contre toutes ces nouvelles rencontres. Ça m'empêchait de songer à ma mère, Mellie et Momo. J'essayais de ne pas penser à eux tout le temps, mais la nuit, quand il ne se passait plus rien, je me demandais comment ils allaient et je m'inquiétais pour ma mère. Est-ce qu'elle se portait bien ?

Un jour après l'école, j'étais affalée sur le canapé devant la télé, quand ma grand-mère me demanda avec désinvolture :

— Alors, tu veux vivre avec ton père ?

Je hochai la tête. Pourquoi pas ? La vie chez eux avait l'air très amusante, et grand-mère disait que je pourrais revenir la voir tout le temps.

J'avais six ans ! Je ne comprenais pas ce qu'impliquait le fait d'aller vivre chez mon père de façon permanente. Je ne saisissais pas que ça rendrait plus difficiles les retrouvailles avec ma mère, Mellie et Momo. Jusqu'à ce stade, rien dans ma vie n'avait été définitif.

Ce week-end-là, peu avant midi, je dis à mon père :

— Est-ce que je peux retourner chez grand-mère maintenant, s'il te plaît ?

Il eut l'air irrité.

— Tu sais, tu te prépares à vivre avec nous. Il va falloir arrêter de dire que tu veux retourner chez ta grand-mère. C'est ici que tu vas habiter maintenant.

Je le dévisageai, un peu perdue. Je ne comprenais pas. Ma grand-mère avait dit que je pourrais revenir la voir dès que je le voudrais. Je pensais que c'était vrai.

***

Quelques semaines plus tard, grand-mère vint me voir dans ma chambre.

— Eh bien, voilà, c'est fait, dit-elle tristement. Ton père a obtenu ta garde au tribunal aujourd'hui. Je suppose que tu ferais mieux de faire tes bagages.

— Je vais chez papa maintenant ?

— Oui, mon petit bout' chou.

— Est-ce que je pourrai revenir te voir quand je voudrai ?

— Eh bien, il faudra le demander à ton père d'abord. Tu es sous sa responsabilité désormais.

Je me mis à pleurer. Dans un sens, je n'étais pas surprise que ça arrive : ce n'était pas la première fois que maman m'abandonnait. Mais ça ne voulait pas dire que c'était moins douloureux.

— Oh ! ne t'en fais pas, mon chou, tout va bien se passer, me réconforta grand-mère.

Pour être honnête, je ne comprenais pas vraiment ce qui s'était passé, ni pourquoi les choses avaient pris cette tournure. J'étais si petite. Je ne sais même pas aujourd'hui si maman avait un droit de visite. Je me contentai donc d'obéir aux adultes. J'essayai de ne pas m'inquiéter.

J'emménageai chez papa en octobre et, le mois suivant, le 24 novembre 1997, je fêtai mes sept ans. Papa nous emmena de nouveau au Chuck E. Cheese's, mais ce fut l'un des derniers événements amusants après mon installation sous son toit.

Dès l'instant où j'eus quitté la maison de ma grand-mère, mon père sembla changer. Adieu le père indulgent et souriant qui m'emmenait faire des excursions au zoo, bonjour le gendarme strict et pragmatique.

Papa travaillait comme gardien de prison dans un centre pénitentiaire local et il semblait appliquer les mêmes techniques de discipline à la maison qu'au travail.

Je passai soudain de l'univers bienveillant de ma grand-mère, qui ne me demandait jamais de lever le petit doigt pour l'aider, à celui très strict de mon père, qui m'obligeait à participer tous les jours aux tâches ménagères. Ce fut un vrai choc pour moi.

Nous devions faire nos lits, nettoyer la cuisine et la salle de bains, sortir la poubelle et faire nos devoirs sur la table de la cuisine tous les soirs.

Si l'un de nous ne faisait pas correctement ses tâches ménagères ou si ses notes baissaient, il était placé en isolement !

Ce qui signifiait qu'il devait rester dans la chambre des enfants et n'avait pas le droit de jouer, ni de regarder la télé.

J'appris rapidement à respecter les ordres pour éviter d'être punie et je ne tardai pas à avoir aussi peur de papa que mes demi-frères et ma demi-sœur.

On ne savait jamais de quelle humeur il serait en rentrant à la maison le soir. Certaines fois, il avait l'air vraiment méchant et en colère, et d'autres, doux comme un agneau. Ce qui le rendait effrayant, c'était de ne pas savoir lequel de ces deux hommes allait franchir le pas de la porte.

Mais, quelle que soit son humeur, nous devions toujours lui faire un câlin quand il rentrait ou bien on risquait d'avoir des ennuis. De nombreuses fois, je l'ai serré dans mes bras alors que je n'en avais pas du tout envie. Et tous les soirs, nous devions l'embrasser avant d'aller nous coucher. Je détestais faire ça. Il ne prenait même pas la peine de nous embrasser à son tour : il tournait simplement la joue pour nous permettre d'y déposer un baiser, puis reprenait ses activités.

Theresa était gentille, mais, comme c'était papa le patron à la maison, on ne pouvait pas faire appel à son aide si on avait des ennuis. Parfois, il rentrait très tard, et si, au lieu d'être couchés, nous étions toujours devant la télé avec Theresa quand sa voiture arrivait, nous courions nous mettre au lit et faisions semblant de dormir, juste pour éviter de devoir lui dire bonsoir.

La vie chez papa était différente de tout ce que j'avais connu auparavant. Bien sûr, à l'époque, je détestais toutes ces corvées, mais je ne peux pas critiquer la façon dont il nous a élevés.

Il m'a inculqué les principes qui m'ont permis de me débrouiller toute seule une fois adulte : organisation, autodiscipline et sens des responsabilités.

C'est peut-être pour ça que papa n'aimait pas me laisser chez ma grand-mère.

— Elle te gâte trop, disait-il. Elle te laisse faire tout ce que tu veux.

Et c'était vrai. Chez grand-mère, je n'avais pas la moindre contrainte ! Même si elle me demandait de faire quelque chose et que je n'obéissais pas, elle ne me grondait jamais.

Et grand-mère ne disait rien, même si je me comportais très mal avec elle. Elle n'élevait jamais la voix. Je pouvais faire l'idiote, ne pas écouter ou mentir, je m'en sortais toujours. Mes actes n'avaient pas de conséquences chez grand-mère.

Papa n'aimait peut-être pas que j'aille chez elle, mais au moins il me le permettait, car il reconnaissait que ma grand-mère s'occupait bien de moi. Quand il s'agissait de passer du temps avec ma mère, c'était une tout autre histoire.

Mon père ne voulait pas du tout que je la voie !

Quand je vivais chez ma mère, soit on nous laissait faire tout ce qu'on voulait, soit je me retrouvais avec la charge de deux enfants et toutes les responsabilités d'une grande personne.

Je sais qu'il était simplement vigilant, qu'il faisait de son mieux pour me tenir éloignée de celle qu'il considérait comme une mère négligente, mais c'était ma maman, et je l'aimais. Elle me manquait tellement. Avant qu'il apparaisse dans ma vie, elle était le seul parent que je connaissais.

Le week-end, grand-mère venait me chercher, et maman passait chez elle avec Mellie et Momo. La première fois que je les revis, je les serrai très fort dans mes bras. C'était comme si je me sentais de nouveau entière.

C'est ainsi que ma famille parvint à contourner le règlement de papa.

Peu après mon anniversaire, un week-end de novembre, nous étions chez ma grand-mère lorsque ma mère se mit à gémir de douleur. Je ne compris pas ce qui se passait, sauf que grand-mère devint soudain très agitée. Elle essaya de nous mettre tous les trois au lit, tandis que ma mère se reposait dans le salon.

Comme d'habitude, Momo et moi sautions sur le matelas, mais, cette fois, au lieu de nous laisser faire, ma grand-mère se fâcha.

— Allez, vous deux, nous sermonna-t-elle. Ça suffit. Vous croyez pas que j'ai assez à faire sans que vous fassiez les folles comme ça ?

Les cris de maman retentirent plus tard dans la nuit, et, plus tard encore, le camion de mon grand-père descendit l'allée.

Le lendemain matin, grand-mère nous raconta ce qui était arrivé.

— Vous avez un nouveau petit frère. Il s'appelle Hasson, mais votre mère dit qu'on l'appellera Sonny pour faire plus court.

J'étais tellement excitée ! Un bébé, moi qui les adorais !

Plus tard, ce soir-là, maman rentra à la maison avec le nouveau-né et me laissa même le tenir dans mes bras. Oh ! il était tellement beau, je ne voulais plus le quitter.

— Ne t'avise pas de dire à ton père que j'ai eu un bébé, m'avertit ma mère. C'est quelque chose qu'il ne doit pas savoir.

— D'accord, promis-je solennellement.

Mais j'étais tellement excitée à propos de mon petit frère que je ne pus garder ce secret pour moi. Dès que je rentrai chez papa ce soir-là, je laissai échapper :

— J'ai quelque chose à te raconter, mais je ne dois pas le dire. Ma mère a eu un bébé ! Il s'appelle Sonny et il est très mignon. Elle m'a laissée le porter. Je l'aime tellement. Est-ce que je pourrai y retourner bientôt, papa ? S'il te plaît ?

Papa et Theresa échangèrent un regard éloquent. À présent, maman avait cinq enfants de quatre pères différents.

C'est vrai que j'adorais les bébés, mais on aurait dit que maman les aimait encore plus !

À cette époque, j'étais trop petite pour trouver étrange qu'elle ait le droit de garder Sonny, et pas moi, ni mon frère et ma sœur.

Peu après la naissance de Sonny, maman finit par avoir sa propre maison, juste au coin de notre rue à Amityville, au 501, Broadway, et Mellie et Momo retournèrent vivre avec elle.

Papa n'aimait toujours pas que j'aille la voir. Par conséquent, grand-mère venait me chercher chez lui le week-end et me déposait chez ma mère.

J'adorais tenir le bébé dans mes bras et lui donner le biberon, et maman semblait heureuse de me laisser veiller sur lui. En fait, je devais m'occuper de Mellie, de Momo et du bébé parfois ! Je n'avais pourtant que sept ans.

Ce n'était pas toujours facile. Un jour, assise sur le lit, j'essayai de nourrir Sonny, pendant que maman dormait, et je le lâchai sur la cheminée en pierre à côté du lit !

Oh ! mon Dieu ! Mon cœur s'arrêta presque de battre. Je croyais avoir tué mon petit frère !

Quand il se mit à crier, je faillis pleurer de joie, mais je fus ensuite saisie par la peur : et s'il restait handicapé à vie ? Et s'il s'était cogné la tête et finissait à l'hôpital ?

J'étais pétrifiée.

Maman se réveilla en sursaut quand elle entendit le bébé pleurer et me l'arracha des mains.

— Qu'est-ce qui s'est passé ? me demanda-t-elle rageusement.

— Il est tombé, chuchotai-je. Je le tenais. J'essayais de lui donner le biberon, mais il a glissé et il est tombé. Je suis désolée, maman.

— Petite idiote ! me coupa-t-elle. C'est un bébé, un vrai, en chair et en os ! Pas une stupide poupée ! On ne doit jamais laisser tomber un bébé ! Pourquoi tu ne l'as pas posé sur le lit pour lui donner le biberon ? Il faut réfléchir un peu ! Comment veux-tu que je te confie ce bébé si tu ne le traites pas mieux que tes poupées ! Tu crois que je vais pouvoir te le laisser en toute confiance maintenant ?

Je me mis à pleurer, mais elle ignora mes larmes et continua à le bercer jusqu'à ce qu'il soit calmé.

Cette nuit-là, je m'endormis en sanglotant. Je faisais de mon mieux, mais je n'étais qu'une petite fille, et mes bras n'étaient pas assez forts pour tenir Sonny et le nourrir en même temps. Avec le recul, je ne peux pas croire qu'elle m'ait laissé toutes ces responsabilités, mais, à ce moment, je me suis sentie comme la pire idiote. J'avais été si fière qu'on me traite en adulte et je venais de tout gâcher.

Je suppose que maman retrouva finalement le courage de me laisser le bébé, car, peu de temps après, elle me le confia de nouveau avec plaisir.

Une fois, elle le déposa simplement à côté de moi sur le lit pendant que je dormais.

Je fus réveillée par ses cris et le retrouvai à l'autre bout du matelas, contre le mur, couché sur le radiateur !

Le pauvre, son petit visage était coincé entre le mur et le lit.

Je le soulevai ; son corps était très chaud ! Depuis combien de temps était-il là ?

Heureusement, il cessa de pleurer quelques minutes plus tard, et je supposai qu'il n'avait rien. Mais que se serait-il passé si je ne m'étais pas réveillée ? Il aurait pu rester sur ce radiateur toute la nuit.

Je le portai jusqu'au salon, où maman recevait ses amis comme d'habitude, le déposai dans ses bras sans dire un mot, puis retournai me coucher.

Dans l'ensemble, j'aimais rendre visite à maman. Sa maison se trouvait dans une rue très fréquentée, mais elle était entourée de pelouse, et Mellie, Momo et moi adorions jouer sur l'herbe pendant la journée.

Une fois, maman nous emmena dehors et joua à la dînette avec nos poupées et nous. Elle nous prépara même de la glace pilée aromatisée dans de petites tasses.

Quand on montait les marches de la véranda, on arrivait directement dans la cuisine, puis, en tournant à droite, on entrait dans le salon avec sa cheminée.

Maman y dormait parfois sur le canapé-lit.

Je me souviens que la maison était très sombre. Les murs et le sol semblaient faits de bois foncé.

Il y avait deux chambres, et dans l'une d'elles se trouvaient nos lits superposés.

Mais on ne pouvait pas se fier à maman. Même si on avait passé une bonne journée ensemble, le soir, elle finissait généralement par se comporter d'une drôle de façon.

Elle se tenait à la fenêtre du salon et se signait sans cesse. Ou alors elle faisait les cent pas dans la maison en récitant le *Notre Père* à haute voix.

Elle recevait toujours beaucoup d'amis, qui allaient et venaient chez elle, peut-être encore plus nombreux qu'avant, car Amityville était assez mal famée. À sept ans seulement, je savais que maman vivait dans une partie de la ville vraiment délabrée. Il y avait des tas de drogués dans les rues qui venaient toujours nous demander de l'argent, et peu importe si nous n'étions que des enfants ! Ils étaient toujours petits et très maigres. Certains avaient l'air nerveux et claquaient des dents. C'était ceux qu'il valait mieux éviter – ceux qui étaient sur les nerfs, qui voulaient leur dose à tout prix.

On ne m'a jamais volée, mais je connais beaucoup de gens à qui c'est arrivé.

Je pouvais reconnaître un drogué à des kilomètres, à cause de sa démarche et de ses gestes rapides et démesurés. Lorsque j'en croisais un, je traversais simplement la rue pour l'éviter.

Comment savais-je qu'ils étaient sur les nerfs ? C'est que j'avais vu maman dans cet état de nombreuses fois, très tendue et impatiente, les jambes tremblant violemment, comme si elle ne supportait plus d'attendre quelque chose.

Mais grand-mère me disait que maman allait très bien, et ça avait l'air vrai. Elle avait de nouveau sa propre maison, Mellie et Momo étaient revenus habiter avec elle, et, bientôt, nous allions faire une grande fête pour célébrer tout ça !

4

La fête d'anniversaire

— Vous pourrez pas m'attraper ! criai-je depuis le jardin, tandis que Momo sortait à toute allure de la maison et contournait la piscine en courant comme une folle.

Mellie galopait derrière elle et se démenait pour ne pas se laisser distancer. Lorsque Momo tenta de m'attraper, je l'esquivai en filant vers la piscine, bondis sur le rebord en bois et repartis vers la maison.

Mais, juste à ce moment-là, ma cousine Shany, la fille de Jerome, surgit par la porte de derrière, m'attrapa par le col et me fit tourner dans les airs. Elle finit par s'effondrer, et nos deux corps roulèrent dans la poussière avant de finir en tas sur l'herbe du jardin.

— CHAT ! hurla-t-elle dans mon oreille. C'est toi le chat ! Je t'ai eue !

Momo avait fait demi-tour et courait vers nous. Elle plongea la tête la première sur nos corps entassés.

Bientôt, Mellie nous rejoignit à son tour et se jeta à plat ventre sur nous en riant bêtement.

À cet instant, je vis ma grand-mère apparaître dans l'embrasure de la porte. Elle nous fit les gros yeux.

— Voyons, les enfants, n'allez pas abîmer vos beaux vêtements ! Je ne changerai pas un seul d'entre vous maintenant que vous portez vos beaux habits.

Chacun se releva péniblement, et je m'efforçai d'épousseter la poussière sur ma robe. Je ne voulais pas salir ma tenue de fête.

C'était le plus beau vêtement que j'avais jamais eu : une robe de soie à manches courtes couleur lilas à fleurs bleues, qui atteignait juste le haut de mes genoux.

Grand-mère me l'avait achetée et elle en avait offert une verte à Shany, qui avait trois mois de plus que moi. Nous avions l'air de jumelles !

J'adorais ma robe lilas, mais, ce jour-là, la mère de Shany, Melissa, lui avait mis un bandeau assorti dans les cheveux. J'étais un peu jalouse. Grand-mère m'avait recoiffée un peu plus tôt. Après avoir défait mes tresses, elle m'avait lavé les cheveux, puis les avait tressés à nouveau. Comme elle n'avait pas de bandeau lilas, je portais juste une barrette rouge sur le côté.

— Elle ne va pas avec ma robe, reprochai-je d'un ton acerbe à ma grand-mère, tandis qu'elle tirait sur mes cheveux fous pour les tresser.

— Tu es magnifique, ma chérie, me réconforta-t-elle. Tu devrais être contente de porter une belle robe de jeune fille. Arrête donc de pleurnicher.

Elle avait raison : ma robe était magnifique. Je ne me rappelais pas avoir possédé quelque chose d'aussi joli et soyeux. J'adorais le contact du tissu sur ma peau et je le trouvais si élégant. Aujourd'hui, avec le recul, je suis sûre que c'était du polyester, mais, à ce moment-là, ça m'était égal. C'était ma robe de fête, et je me sentais très jolie dedans. C'était tout ce qui comptait.

On était le dimanche 14 juin : le jour de la grande fête. Le cinquième anniversaire de Mellie avait eu lieu le 9 juin, et les six ans de Momo, seulement trois jours plus tard, le 12. Par conséquent, le 14 juin, grand-mère donna une grande fête d'anniversaire pour nous, les enfants, dans sa maison de Coconut Street.

Nous étions nombreux ce jour-là : Mellie, Momo et moi, maman, grand-mère, grand-père, mon oncle Jerome, sa compagne Melissa et leurs cinq enfants.

Papa m'avait permis de passer le week-end là-bas. La nuit précédente, j'avais dormi dans mon lit chez grand-mère, et le samedi, les autres enfants étaient arrivés. Notre groupe traînait autour de la piscine, pendant que les adultes préparaient la fête.

Grand-mère avait cuisiné tous nos plats préférés (du poulet frit avec du chou vert et du gratin de macaronis), suspendu ballons et banderoles et mis du reggae à plein volume.

Elle nous avait même offert à tous des tenues de fête. Comme son cousin, mon frère portait une chemise blanche à manches bleu marine et un pantalon assorti. Shany et moi avions mis nos robes de fête, et ma sœur, sa robe verte à pois blancs, tout comme sa cousine du même âge.

Nous avions l'air de trois paires de jumeaux, tous les six, mais ça nous était complètement égal. Grand-mère faisait l'effort de donner une grande fête pour nous, et c'était formidable.

Toute la journée, on nous gava de cochonneries telles que chips et feuilletés au fromage, et notre groupe s'épuisa dans de longues parties endiablées de chat et de cache-cache. C'était merveilleux de m'amuser de nouveau avec ma famille.

Les derniers mois m'avaient éreintée. J'essayais de respecter toutes les règles et l'organisation imposées par mes nouveaux parents, mais ma vraie famille me manquait en permanence, et ça ne me facilitait pas les choses. Je faisais de mon mieux pour bien me comporter, même si ce n'était pas toujours simple.

J'aimais bien Sere, mais David Junior n'était pas très gentil avec moi, et nous nous bagarrions quelquefois. Je n'aimais pas qu'on me taquine.

Quand il me traitait d'idiote, je ne pouvais pas le supporter. Une fois, il me frappa dans le ventre, mais je lui rendis aussitôt son coup. Bien entendu, chacun de nous fut puni pendant une semaine.

Au début, je n'avais pas vraiment compris que je vivrais à plein temps chez mon père. Je croyais qu'on finirait par me laisser retourner habiter chez ma grand-mère. Mais, quand les semaines devinrent des mois, je m'aperçus que je ne vivrais plus jamais chez elle et que je devrais me contenter de simples week-ends de visite.

C'était perturbant d'être soudain privée de toutes les choses que j'adorais et auxquelles j'étais habituée, comme voir ma grand-mère, mon frère et ma sœur. Je devinais que papa désapprouvait mes visites à ma famille et j'avais du mal à lui demander de m'emmener là-bas. Et s'il refusait ? J'avais peur d'être déçue par sa réponse, et je lui en voulais de rendre si difficiles mes visites à ma famille, ce qui me semblait un droit naturel !

Quand j'étais chez ma grand-mère, j'étais libre, je pouvais me détendre et être moi-même. Grand-mère me connaissait depuis ma naissance, et j'étais à l'aise avec elle. Quand la voiture de mon père s'arrêtait dans son allée, j'avais l'impression de pouvoir respirer plus facilement. Elle sortait de sa maison pour m'accueillir, et je me jetais dans ses bras, je m'accrochais à elle de toutes mes forces.

J'imagine que ce n'était pas une vision agréable pour mon père. C'est peut-être pour ça qu'il n'aimait pas trop me laisser chez ma grand-mère.

Après mes week-ends là-bas, il marmonnait :

— Bien sûr que tu l'aimes : elle te donne tout ce que tu veux. Qui s'en plaindrait ? Mais personne n'a dit que c'était la meilleure chose pour un enfant.

Cependant, ce jour-là était vraiment spécial. Pour la première fois depuis longtemps, notre groupe d'enfants était enfin réuni. Je courais aux côtés de mon frère, de ma sœur et de mes cousins dans le jardin de grand-mère, et ça me donnait l'impression d'être vraiment de retour chez moi. Je criais, riais, me moquais, sautais, plaisantais et taquinais les autres autant que je le voulais.

Ici, j'étais l'aînée, la commandante, la grande fille. Même si Shany était plus âgée de trois mois, elle n'était pas aussi futée ou impertinente que moi ; alors, j'étais celle qui commandait. C'était mon territoire. Je n'étais plus dans la maison de quelqu'un d'autre, obligée de me faire discrète, de ne contrarier personne, de ne pas agacer le frère aîné qui ne m'aimait pas de toute façon.

C'était agréable d'être de nouveau l'aînée, mais sans avoir les plus jeunes sous ma responsabilité, comme à l'époque où je vivais chez ma mère.

Ici, il y avait des grandes personnes pour faire le travail des grandes personnes, comme s'occuper du bébé. Et personne ne nous abandonnait dehors !

Finalement, vers seize heures, ma grand-mère nous invita tous au sous-sol, où Momo et Mellie reçurent leurs cadeaux. J'essayai de ne pas être jalouse quand je vis Momo déchirer le papier brillant. Elle eut deux très belles poupées et une super boîte de création Crayola pour fabriquer des badges. Mellie, quant à lui, reçut trois nouvelles petites voitures.

Pendant ce temps, maman sautillait de tous côtés avec son appareil photo et immortalisait avec excitation l'instant magique où la surprise illuminait les visages de Momo et Mellie dès qu'ils ouvraient un nouveau cadeau. La boîte de Crayola m'attirait.

Pendant que Momo s'occupait de ses poupées, je la pris et soulevai le couvercle. À l'intérieur, il y avait des autocollants à colorier, des marqueurs magiques et de la colle à paillettes pour décorer les badges.

Tout ce matériel avait l'air tellement chouette.

À cet instant, Momo se retourna.

— Hé ! aboya-t-elle en essayant d'attraper la boîte. C'est à moi ! Pas à toi !

— Du calme. Je fais que regarder. Je vais pas y toucher.

— Je veux la regarder en premier, dit Momo en boudant. Tu n'aurais pas dû ouvrir la boîte. C'est mon cadeau d'anniversaire, pas le tien.

— Allez, ça va, nous apaisa ma mère. Nikki, ma chérie, redonne donc cette boîte à Momo, parce que c'est son cadeau, après tout. C'est à elle de le regarder en premier.

— Bien sûr, dis-je en feignant l'indifférence. Je m'en fiche.

Maman s'agenouilla devant nous, tandis que Momo m'arrachait la boîte des mains d'un geste possessif et refermait ses bras autour.

— Et voilà, vous deux. Faites-vous donc un câlin, réconciliez-vous pour que je puisse prendre une photo. Vous êtes tellement mignonnes dans vos robes de fête.

Mais Momo était toujours fâchée. Elle boudait obstinément devant l'objectif et s'éloigna exprès de moi sur le canapé.

— Non, je ne veux pas lui faire un câlin, dit-elle avec mépris. Elle a essayé de me voler mon cadeau. Elle a essayé d'ouvrir la boîte.

— C'est pas vrai, rétorquai-je aussitôt. Je ne l'ai pas volée ! Je faisais que regarder.

Mais Momo continua à bouder rageusement, le regard tourné vers moi.

— En voilà un beau visage, plaisanta maman en photographiant le regard noir de Momo. Quelle petite fille magnifique et merveilleuse tu fais aujourd'hui ! Mon Dieu, Momo, tu devrais être mannequin !

Momo ne put résister aux gentilles taquineries de maman. Elle eut beau s'efforcer de garder sa moue, ses lèvres commencèrent à s'étirer. Et quand ma mère l'attrapa pour la chatouiller, son sourire se transforma en hurlements de rire.

Elle se tortilla pour se libérer des bras de maman et fila sous la table dans l'espoir de lui échapper.

— Et toi, tu ne vas pas y couper non plus ! s'écria maman en se jetant sur moi.

Je hurlai et courus me cacher de l'autre côté du canapé. Puis je la laissai m'attraper et me faire sauter en l'air. À cet instant, je me sentais si heureuse et libre que j'aurais pu m'envoler.

— Chapeaux, tout le monde ! cria grand-mère, qui sortait de la cuisine avec des chapeaux pointus argentés dans les mains.

Elle en donna un à chacun, puis maman se leva et baissa la lumière. Tante Melissa apparut dans l'entrée en portant avec précaution un gâteau couvert de bougies, et tout le monde se mit à chanter « Joyeux anniversaire » à Mellie et Momo.

Je regardai ma mère. Elle était radieuse, ses joues, rouges de bonheur. C'était magnifique de nous voir ainsi tous ensemble.

Quand la chanson fut terminée, Mellie et Momo prirent chacun une grande inspiration et soufflèrent toutes leurs bougies.

Tout le monde s'attroupa autour d'eux pour mieux admirer le gâteau. Il y avait Bugs Bunny, Daffy Duck, Elmer et Titi, et tous souhaitaient un bon anniversaire à Mellie et Momo !

— Dites « ouistiti » tout le monde ! chanta joyeusement maman, accroupie face à nous.

Chacun fit un grand sourire, impatient de recevoir une grosse part du gâteau qu'on était en train de couper.

D'un déclic, l'appareil immortalisa nos jeunes visages gourmands et brillants. Il captura ce pur moment de bonheur enfantin qui nous lierait à jamais tous les trois, Momo, Mellie et moi.

Clic !

J'ai encore cette photo aujourd'hui et je la regarde souvent. Si je pouvais choisir de revivre un moment du passé, ce serait celui-là. Dans le sous-sol de ma grand-mère, à l'heure du goûter, le dimanche 14 juin 1998.

Dans mes souvenirs, c'est la dernière fois que je me suis sentie vraiment heureuse.

5

Brooklyn

Je jouais sur la pelouse devant la maison, quand j'aperçus le camion qui descendait lentement notre rue.

C'était le samedi 20 juin en fin d'après-midi, près d'une semaine après la fête d'anniversaire. J'étais chez mon père et je cueillais des pissenlits avec Sere, Buddy et David Junior.

Chacun avait formé un petit bouquet pour le ramener à la maison. Quelques instants plus tard, le camion rouge de mon grand-père qui m'était si familier s'arrêta à côté de la maison.

Je me redressai, et un sourire enthousiaste illumina mon visage. Est-ce que ma grand-mère venait me chercher pour le week-end ? Quelle surprise fantastique !

Mais mon sourire disparut dès que je distinguai l'expression inquiète de ma grand-mère derrière le volant et le regard fixe et étrange de maman. À l'arrière du camion, Mellie et Momo étaient assis sur le sol nu, et Momo tenait Sonny qui hurlait à pleins poumons.

Visiblement, quelque chose n'allait pas.

Dès que maman sortit de la cabine, je devinai qu'elle était dans un de ses drôles d'états. Et quelles étaient ces marques bleues tout le long de ses bras et de ses jambes ? Je plissai les yeux pour mieux voir. Des écritures ?

Elle avança vers moi à grandes enjambées, vêtue d'un chemisier rouge, d'un short en jean et chaussée de tennis.

À présent, les autres enfants avaient cessé de cueillir des fleurs à leur tour et ils dévisageaient ma mère, tandis qu'elle se dirigeait vers nous d'un air déterminé.

Lorsqu'elle fut plus proche, je parvins à lire ce qu'elle avait écrit sur ses membres. Elle avait griffonné son nom partout sur ses bras et ses jambes : Debra Roberson, Debra Roberson, Debra Roberson.

Quelques croix dessinées sur sa peau interrompaient parfois cette répétition.

Sere s'approcha de moi et me chuchota à l'oreille.

— Qu'est-ce qu'elle a, ta mère ?

Je ne pouvais pas lui répondre, je n'en savais rien.

Je tournai les yeux vers grand-mère, qui regardait fixement devant elle. Elle avait l'air très stressée.

Juste à cet instant, maman ouvrit le portail à toute volée et m'attrapa par le bras. Trop stupéfaite pour lui dire bonjour, je laissai échapper :

— Maman, pourquoi tu as écrit ton nom partout sur toi ?

Mais c'était comme si elle ne m'entendait pas ; je n'obtins aucune réponse.

— Maman ? insistai-je, inquiète. Maman ?

— Viens, dit-elle. Il faut qu'on y aille.

Là-dessus, elle commença à me tirer vers le camion.

Mais je résistai. J'enfonçai mes talons dans l'herbe et je me penchai en arrière.

— Non, attends, maman ! Il faut que j'aille dire à Theresa où je vais.

Mais maman tira plus fort sur mon bras, et je trébuchai dans sa direction.

— Pas la peine, répondit-elle en continuant à me traîner vers le camion rouge.

Pendant ce temps, Sonny hurlait, et David, Buddy et Sere étaient trop stupéfaits pour bouger.

Alors qu'elle me tirait hors du jardin et m'emmenait vers le camion, je sentis la panique m'envahir.

— Maman, attends, *s'il te plaît* ! l'implorai-je désespérément. Il faut que je dise à papa et Theresa où je vais, sinon je vais m'attirer des ennuis.

Mais la discussion était close.

Elle me souleva, puis me déposa à l'arrière du camion à côté de ma sœur qui avait du mal à tenir Sonny.

Maman monta devant, à côté de grand-mère, qui avait gardé le moteur en marche, et le camion s'éloigna.

Alors que nous descendions la rue, je vis soudain Sere s'animer brusquement et courir vers la maison pour appeler sa mère.

Buddy restait bouche bée dans le jardin, une poignée de pissenlits abandonnée à ses pieds.

Et voilà. J'imagine que ma mère avait soudain décidé qu'elle ne voulait plus attendre de me voir. Elle m'avait tout simplement kidnappée.

J'étais contente de retrouver ma famille, bien sûr, mais c'était perturbant de voir maman avec un air aussi fou et mon frère et ma sœur totalement bouleversés.

Mellie ne dit rien et me prit la main pour se rassurer, tandis que Momo me regardait de travers en secouant légèrement Sonny pour le calmer. Je lisais dans ses yeux que maman avait été dans cet état toute la journée. Il nous fallut peu de temps pour arriver chez grand-mère, et maman se calma en quelques instants. Grand-mère nous fit entrer dans la maison et s'affaira dans la cuisine, se dépêchant de préparer un gratin de pâtes au thon pour le dîner.

Momo me passa Sonny et se traîna d'un pas lourd vers la télé. Je m'assis sur le canapé pour nourrir le bébé, qui avait cessé de pleurer.

Qu'est-ce qui a bien pu se passer ici aujourd'hui ? me demandai-je.

Les humeurs de maman étaient si peu fiables. Elle semblait tellement heureuse la semaine passée, mais elle avait de nouveau basculé.

— Ne t'inquiète pas, mon chou, dit grand-mère en remarquant mon expression soucieuse. Je vais appeler ton père et lui dire que tu es chez moi ce week-end. Tu n'auras pas de problèmes. Ta mère avait très envie de te voir aujourd'hui et, enfin, je crois qu'on en avait tous très envie !

Elle me sourit d'un air rassurant, mais je lisais toujours l'inquiétude dans son regard. Je crois que, parfois, grand-mère avait du mal à dire non à ma mère. Et quand elle était dans un de ses états, c'était simplement plus facile de l'apaiser de cette façon.

Je hochai la tête, soulagée que quelqu'un explique à mon père ce qui s'était passé, mais, quand je regardai de l'autre côté de la pièce, je vis ma mère debout à la fenêtre qui se signait et marmonnait des paroles incompréhensibles.

Elle était perdue dans un autre monde.

Ce n'était pas la mère avec laquelle j'avais joué à la fête d'anniversaire la semaine passée. C'était l'autre, celle qui se comportait bizarrement, qui écrivait sur sa peau et faisait des choses étranges. J'allai me coucher ce soir-là en espérant que, le lendemain matin, ma vraie mère serait de retour.

Le matin suivant, je me réveillai roulée en boule entre Momo et Mellie, et frétillai de bonheur. C'était ce que je préférais : me sentir au chaud et en sécurité dans le cadre réconfortant de Coconut Street, entourée de ma famille. Je restai ainsi un instant et savourai la tranquillité du petit matin, les bruits familiers de grand-mère dans la cuisine et la chaleur de nos trois corps sous les couvertures.

Puis je me tournai et vis que les yeux de Momo étaient grands ouverts. Elle me donna un petit coup de coude taquin. Je l'imitai, et chacune de nous se mit à glousser avant de nous glisser doucement hors des lits superposés, laissant Mellie dormir un peu plus longtemps. Mon cœur débordait de joie. Je me sentais enfin chez moi avec mon petit frère et ma petite sœur, mes meilleurs amis.

Toujours en pyjama, Momo me suivit sans bruit hors de la chambre, puis vers la cuisine, où ma grand-mère s'affairait devant l'évier, les mains plongées dans la vaisselle.

— Eh bien, bonjour, les paresseuses ! s'exclama-t-elle avant de nous faire un gros câlin plein de mousse. Qu'est-ce que vous diriez d'un bol de Froot Loops ?

Chacune de nous hocha la tête et, pendant que grand-mère s'occupait de sortir les bols, les cuillères, les céréales et le lait, j'allumai la télé pour regarder *Les Razmoket*.

Plus tard, elle vint nous voir et demanda :

— Ça vous dirait d'aller à Brooklyn aujourd'hui voir votre oncle Alma et vos cousins ?

— Bien sûr, baragouina chacune de nous, la bouche pleine de céréales.

J'adorais aller à Brooklyn, où vivait le frère de grand-mère avec sa famille. Elle avait plein de frères et sœurs, dont Alma qui avait trois enfants dans nos âges. On s'entendait tous très bien avec eux. Leur appartement était très grand et donnait sur un terrain de jeux et un terrain de basket, où se trouvaient toujours des tas d'autres enfants avec qui s'amuser.

Je passai le reste de la matinée à bricoler, à regarder la télé avec Mellie et Momo, et à m'occuper de Sonny, tandis que grand-mère et ma mère se préparaient pour notre sortie.

Le temps étant froid et couvert, maman avait enfilé un jean et un chemisier noir, qui dissimulaient les inscriptions sur ses bras et ses jambes. Maintenant que ses tatouages faits maison étaient cachés, j'oubliais presque son étrange comportement de la veille.

Au milieu de l'après-midi, tout le monde s'entassa dans la voiture : Momo, Mellie, Sonny, ma mère, grand-mère, qui conduisait, et moi.

L'appartement d'Alma se trouvait à Brooklyn, loin de Coconut Street, à Brentwood. Grand-père ayant été appelé par son travail, cette fois, nous y allions avec la voiture de grand-mère, une Chevrolet Oldsmobile rouge. Tout sembla bien se passer au début, mais, au cours des quarante-cinq minutes de trajet, le ciel s'assombrit et, avec lui, l'humeur de maman.

La voiture s'arrêta devant l'immeuble, juste au moment où les premières gouttes de pluie commençaient à tomber, et grand-mère se dépêcha de nous faire entrer dans le bâtiment. Mais, à présent, maman ne voulait plus y aller.

Elle avait l’air méchante et en colère.

— Ces enfants restent avec moi, dit-elle à grand-mère. Entre, toi, on viendra plus tard.

Elle me serrait le poignet au point de me faire presque mal et tenait mon petit frère dans le creux de son autre bras. Ma grand-mère se contenta de hausser les épaules et entra en criant :

— Ne tardez pas trop. On dirait qu’un gros orage se prépare, et il ne faudrait pas que les enfants soient mouillés.

Chacun de nous regarda son petit corps disparaître dans l’immeuble, puis maman nous emmena au parc.

La pluie tombait maintenant sans interruption sur nos têtes et mouillait nos fines chemises d’été, mais maman semblait ne rien remarquer.

Sans me lâcher le poignet, elle ordonna à Mellie de prendre mon autre main et à Momo de prendre celle de Mellie, si bien que notre petit groupe marcha en file indienne. Alors que nous entrions dans le parc derrière l’immeuble, une jeune fille avec un bébé s’arrêta pour admirer Sonny dans les bras de maman.

— Oh ! il est adorable..., commença-t-elle en souriant.

Mais à ce moment, maman explosa.

— NE LUI PARLE PAS ! lui hurla-t-elle à la figure.

Surprise, la jeune fille fit un bond en arrière.

— C’EST JUSTE UN BÉBÉ ! cria maman, les yeux exorbités et le visage déformé par la colère. C’EST UN PETIT BÉBÉ, TU ENTENDS ? IL CHERCHE PAS DE PETITE AMIE !

La fille avait l’air paniquée. L’enfant serré contre son corps, elle se dépêcha de s’éloigner, visiblement effrayée par l’étrange emportement de ma mère.

Nous avions tous peur, mais nous ne savions pas quoi dire, ni quoi faire.

D'après notre expérience, une seule parole pouvait suffire à aggraver son état. Maman pencha la tête en arrière pour regarder le ciel, le regard enflammé par un feu intérieur.

Mais qu'est-ce qui se passe ? pensai-je nerveusement. *Où est grand-mère ? Où est oncle Alma ?*

Je jetai un œil du côté du parc, puis vers le terrain de jeux et les immeubles derrière nous, mais je ne reconnus personne.

Je priai pour que grand-mère ou oncle Alma apparaissent bientôt et nous emmènent dans l'appartement, mais personne ne vint nous chercher.

Momo aussi avait l'air effrayée. La crise soudaine de maman l'avait fait reculer et lâcher la main de Mellie. Elle s'écartait lentement, comme pour se diriger vers l'appartement d'oncle Alma.

— REVIENS ICI ! lui hurla maman. NE FAIS PAS UN SEUL PAS DE PLUS ! TU M'ENTENDS, JEUNE FILLE ? SINON, ÇA VA BARDER, ET JE VAIS TE DONNER UNE RACLÉE QUE T'ES PAS PRÈS D'OUBLIER !

Momo s'arrêta net, revint à contrecœur dans la file et prit la main de Mellie. Les larmes lui montèrent aux yeux, mais, trop têtue et fière pour pleurer devant maman, elle garda la tête haute.

Maman nous mena jusqu'à un banc en face du terrain de jeux. Les gens s'écartaient sur notre passage. Ils se méfiaient de cette femme folle et bruyante et de sa ribambelle d'enfants débraillés et trempés.

Je voulais leur demander de l'aide, mais je ne savais pas quoi dire et j'avais peur de m'attirer des ennuis.

Une fois que chacun fut assis sur le banc, je demandai plutôt à maman :

— Est-ce qu'on peut aller jouer ?

C'était le seul moyen que j'avais trouvé pour nous éloigner d'elle.

— NON ! hurla-t-elle, ses yeux fous transperçant les miens. Vous ne pouvez pas jouer. Vous pouvez seulement PRIER ! Vous devez prier pour vos âmes ou le diable va venir vous chercher. Oh oui, et vous serez totalement possédés et vous irez en enfer pour toujours. Maintenant, mettez-vous à genoux et priez, bon sang ! PRIEZ ! PRIEZ !!

Chacun s'agenouilla sur le sol mouillé, joignit les mains et commença à réciter le *Notre Père*.

— Notre Père, qui es aux cieux, que ton nom soit sanctifié, que ton règne vienne, que ta volonté soit faite, sur la terre comme au ciel...

La voix de maman retentit par-dessus les nôtres :

— Plus fort. Plus fort ! Je ne vous entends pas !

Notre groupe éleva la voix :

— DONNE-NOUS AUJOURD'HUI NOTRE PAIN DE CE JOUR...

Maman leva son visage vers le ciel et cria :

— Seigneur, écoute ces enfants. Écoute leurs prières. Le diable est en eux. Sauve-les du diable !

La tête baissée, je jetai un regard vers ma mère, qui nous dominait toujours, assise sur le banc, et je vis qu'elle essayait de joindre les mains de Sonny.

— PARDONNE-NOUS NOS OFFENSES, COMME NOUS PARDONNONS AUSSI À CEUX...

— Ô Seigneur ! s'écria-t-elle, la voix se brisant de chagrin et de colère. Éloigne le diable de nous. Éloigne-le !

À présent, chacun criait sous la pluie battante, qui nous trempait jusqu'aux os et nous faisait frissonner.

Les mères et leurs enfants, les adolescents sur leurs vélos ou leurs skateboards, les gens qui promenaient leurs chiens, tous se pressaient sous les arbres pour échapper à l'averse.

Certains nous dévisageaient ouvertement, mais la plupart regardaient ailleurs, embarrassés par cette scène bizarre, sans doute incapables d'intervenir ou réticents à le faire.

— ET NE NOUS SOUMETS PAS À LA TENTATION, MAIS DÉLIVRE-NOUS DU MAL. CAR C'EST À TOI QU'APPARTIENNENT LE RÈGNE, LA PUISSANCE ET LA GLOIRE POUR LES SIÈCLES DES SIÈCLES. AMEN.

J'échangeai un regard avec Momo, puis, lentement, chacune de nous releva la tête en tremblant. Maman tenait les mains jointes de Sonny et, les yeux fermés, semblait submergée par ce moment divin d'exaltation.

J'avais mal aux genoux. Je posai les mains par terre pour me relever. Mais à ce moment, les yeux de maman s'ouvrirent brusquement, et sa tête pivota vers moi.

— RESTE OÙ TU ES ! m'ordonna-t-elle, le corps fébrile, tremblant de colère. ENCORE ! Récitez encore vos prières. Il faut que vous sauviez vos fichues âmes du diable, parce qu'il vient vous chercher, Nikki. Il veut empoisonner ton âme et te condamner à l'enfer éternel.

Notre groupe joignit les mains à contrecœur et recommença :

— Notre Père, qui es aux cieux...

Et la scène se répéta maintes et maintes fois, tandis que la pluie tombait sur nous. J'avais envie de pleurer.

Où était ma grand-mère ? Où était tout le monde ?

Désormais, je me fichais de savoir qui viendrait nous chercher. Ça pouvait être n'importe quel inconnu, je voulais juste m'éloigner de maman.

Finalement, elle nous autorisa à nous lever au bout d'une heure environ, et je fus soulagée de voir grand-mère se diriger vers nous avec un parapluie.

— Qu'est-ce que vous faites encore dehors ? Fais entrer ces enfants tout de suite ou ils vont attraper la mort, avertit-elle ma mère en lui prenant Sonny des bras.

Il était trempé jusqu'aux os et hurlait à pleins poumons.

Au début, on aurait dit que l'apparition de grand-mère avait réussi à calmer maman. Elle avait arrêté de crier et de prier. Grand-mère nous fit entrer dans l'immeuble, tandis que maman nous suivait en silence.

Mais, alors que nous pénétrions dans le bâtiment, maman eut une nouvelle saute d'humeur et explosa de colère derrière nous.

— Mais qu'est-ce que vous regardez, PUTAIN ? hurla-t-elle aux curieux derrière leurs fenêtres.

Puis elle se mit à cogner aux portes et à jurer.

— Qu'est-ce que vous regardez tous, putain ? Qu'est-ce que vous voulez ? Païens ! Jouets du diable ! Retourne d'où tu viens, Satan, retire ton mal de mon corps !

Grand-mère accéléra le pas, et tout le monde grimpa l'escalier jusqu'à l'appartement, pendant que maman cognait, jurait et poursuivait son vacarme derrière nous.

Nous étions maintenant dans le couloir du troisième étage, tout près de chez oncle Alma, et chacun courait presque.

Mais maman m'attrapa par le bras.

— Je n'entrerai pas dans ce lieu profane ! hurla-t-elle. Et ces enfants non plus. Cet appartement est possédé. Il est possédé par le diable. Je le sens. Je sens le souffle chaud et diabolique de Satan, maman. Tu ne me feras pas entrer. Je ramène les enfants à la maison maintenant. Tout de suite. On va tous prendre le métro et rentrer à la maison où on sera en sécurité.

Inquiète, ma grand-mère passa Sonny à Momo et attrapa mon autre bras.

— Eh bien, tu n'emmèneras pas Nikki ! cria-t-elle à ma mère. Tu peux prendre les autres enfants, mais pas Nikki. Elle est sous ma responsabilité et, si quelque chose lui arrive, je vais avoir des problèmes. Prends les autres, mais tu n'emmènes pas Nikki !

Maman tira d'un coup si fort sur mon bras que je voltigeai vers elle.

— J'emmène ma fille !

Mais grand-mère ne me lâchait pas. Elle me tenait si fort que je commençais à avoir mal aux épaules.

— NON ! répéta-t-elle à ma mère. C'est David qui a sa garde, et je suis censée veiller sur elle aujourd'hui.

Mais maman ne s'arrêtait plus.

— J'emmène ma fille, je l'emmène, je l'emmène.

Elles continuèrent à se disputer et à me tirer d'un côté et de l'autre, tandis que je pleurais en silence.

Alma et certains membres de sa famille, sans doute attirés par le vacarme à l'extérieur de l'appartement, sortirent pour voir ce qui se passait.

Pendant que maman et grand-mère luttaient au tir à la corde, ma tante fit entrer Momo, Mellie et Sonny sans bruit chez elle.

Mais qu'est-ce qui se passe ? m'écriai-je intérieurement pour la centième fois ce jour-là.

J'avais l'habitude des humeurs bizarres de maman, mais cette situation était horrible. Je voulais juste que tout s'arrête.

Finalement, grand-mère dut parvenir à se faire comprendre, car maman me lâcha le bras, et grand-mère me fit entrer, laissant la porte ouverte derrière elle.

À partir de cet instant, mon oncle et sa famille m'enveloppèrent de chaleur et d'amour. Ils s'affairaient autour de nous, nous faisaient enlever nos vêtements mouillés et enfiler des tenues sèches. Je me laissais totalement faire. Ma tante m'essuya les cheveux à l'aide d'une serviette, et mes cousines choisirent des vêtements pour moi dans leur garde-robe. Je laissai la chaleur s'infiltrer lentement dans mes os humides et gelés.

Enfin, maman se calma assez pour entrer dans l'appartement, et notre groupe d'enfants disparut dans la chambre de mes cousins.

Incapable d'analyser ou de comprendre ce qui venait de se passer, chacun essaya de refouler le traumatisme de ces quelques heures et de se concentrer sur les poupées et les voitures de nos cousins.

Ses crises avaient vidé maman de toute son énergie, et maintenant, assise dans un coin, elle étreignait sa bible et récitait calmement des psaumes et des prières à voix basse.

Ma tante nous prépara un délicieux dîner de poulet frit et de purée, et, quand il commença à faire noir, toute la famille remonta dans la voiture de grand-mère pour rentrer à Long Island.

Il était tard à notre arrivée à Amityville. Momo, Mellie et Sonny s'étaient endormis. Je les regardai, allongés là, si paisibles. J'espérais que leurs rêves les avaient emmenés dans un endroit agréable et joli pour leur faire oublier les moments terrifiants de cette journée. Tandis que maman et grand-mère les portaient un à un dans la maison, je regrettai de ne pas pouvoir rester avec eux. Peut-être qu'on aurait pu parler de ce qui était arrivé aujourd'hui en chuchotant dans le noir et essayer de trouver ce qui rendait notre mère aussi folle.

Peut-être qu'on n'aurait même pas eu besoin d'en parler, qu'il aurait suffi d'être ensemble, d'être là les uns pour les autres. Mais nos vies n'étaient pas aussi simples. Nous ne pouvions nous voir que quand les grandes personnes le permettaient.

Avant que grand-mère me ramène, maman vint m'embrasser sur le front. Elle me caressa le visage et me sourit en me regardant droit dans les yeux.

Je lus dans les siens une intensité qui m'inquiéta et m'effraya, mais je ne parvins pas à mettre des mots sur cette impression. Alors, je la laissai m'embrasser, me dire au revoir et monter dans la chambre où dormaient mes frères et ma sœur.

Grand-mère me déposa chez mon père. Je ne voulais pas y retourner, mais elle insista. Après tout, il y avait école le lendemain matin.

6

Le jour où tout changea

— Hé ! on est là ! cria Buddy, tandis que notre petite troupe entrait en piétinant dans la maison.

Comme d'habitude, chacun jeta son sac à dos sur la véranda, puis courut dans la cuisine pour y prendre un goûter.

Theresa se tenait à la fenêtre et parlait sans bruit au téléphone, la bouche cachée derrière la main. Elle leva rapidement les yeux au moment où David Junior ouvrait la porte du frigo. Je remarquai alors son regard étrange et effrayé, ses yeux rouges et gonflés.

— Apporte-nous des sodas ! lui cria Sere.

— Ouais, pour moi aussi ! ajoutai-je en sortant un paquet de chips du placard.

— Hé ! maman ! s'écria Sere tout excitée en tirant sur sa jupe. Papa est rentré ? Pourquoi sa voiture est dans l'allée ?

Il n'était que quinze heures quand nous arrivions de l'école, et, le soir, papa ne rentrait pas avant vingt heures et quelques. Nous étions donc surpris de voir sa voiture dans l'allée. Après tout, on était le vendredi 26 juin, un jour comme les autres.

Theresa chassa Sere de la main, puis nous tourna le dos et continua à parler au téléphone. À tout instant, on s'attendait à ce qu'elle pose la main sur le combiné sans fil et nous crie de nous taire ou au moins de ne pas manger trop de cochonneries avant le dîner. Mais elle nous regarda à peine.

Je sortis trois autres paquets de chips. Les bras chargés de rafraîchissements, chacun se dirigea vers le salon.

— Pourquoi la voiture de papa est là ? répéta Buddy, tandis que nous nous débarrassions de nos chaussures et de nos vestes.

— J'en sais rien ! répondit David Junior d'un ton dédaigneux.

— Peut-être qu'il a un jour de congé ? suggéra Sere, pendant que nous déchirions nos paquets de chips et ouvrions nos canettes de soda.

Je m'affalai sur le canapé, et David alluma la télé. C'était ce que nous attendions tous après une longue journée d'école : pouvoir nous détendre devant la télé en grignotant. Mais à peine l'eut-il allumée que Theresa sortit en trombe de la cuisine.

— Éteignez-moi cette télé ! hurla-t-elle, le téléphone pendu à la main.

— Pourquoi ? demanda David.

— Parce que je vous le demande. Éteignez-la, d'accord ?

Personne ne bougea. Je n'avais jamais vu Theresa dans cet état. Elle avait l'air vraiment nerveuse et bizarre.

Je regardai Sere qui semblait tout aussi perplexe que moi.

— On veut juste regarder des dessins animés avant de faire nos leçons, maman, supplia-t-elle. Qu'est-ce que ça peut faire ? On en regarde toujours.

— Je vous ai dit de l'éteindre ! Tout de suite ! Fais ce que je dis, jeune fille, ou je vais immédiatement chercher ton père.

Elle n'eut pas besoin de le répéter. Buddy sauta du canapé et appuya sur le bouton. Personne ne voulait avoir de problèmes avec papa. Pourtant, nous ne comprenions pas ce que nous avions fait de mal.

— Faites vos devoirs d'abord, poursuivit Theresa. Et après, vous irez jouer dehors.

— C'est pas juste ! pesta David.

Mais Theresa avait déjà disparu dans le couloir et se dirigeait vers la chambre principale.

Chacun regarda les autres d'un air ahuri. Mais qu'est-ce qui pouvait bien se passer ?

Suivie de Sere, je me faufilai jusqu'à la chambre de papa et maman. À travers la fente de la porte, je vis notre père allongé sur le lit. Theresa était assise à côté de lui, la main posée sur son torse.

Je parvenais juste à distinguer leurs voix.

— Eh bien, je pense qu'on ferait mieux de le faire ensemble alors..., disait Theresa.

— Tu crois que ça va aller ?

— Qui sait ? Il faut juste qu'on soit là pour elle... La pauvre.

Qu'est-ce qui se passait ? Cela ne me disait rien qui vaille. Peut-être qu'on allait avoir des ennuis. Je me creusai la tête pour retrouver tout ce que j'avais fait ce matin-là. Est-ce que j'avais nettoyé la table après mon petit-déjeuner ? Est-ce que j'avais fait mon lit ?

Je conclus que tout était en ordre, mais, avec le recul, je n'en étais plus si sûre. Peut-être que j'avais oublié quelque chose. Est-ce que c'était mon tour de sortir la poubelle ?

— Tu crois qu'on va avoir des problèmes ? chuchotai-je nerveusement à Sere.

— J'en sais rien, répondit-elle, les yeux écarquillés. J'espère que non, mais j'en sais rien. C'est vraiment pas normal.

Chacune de nous retourna au salon sur la pointe des pieds, récupéra ses livres d'école dans son sac sur la véranda, puis s'allongea par terre pour faire ses devoirs.

Peu de temps après, Theresa apparut dans l'entrée.

— Nikki, ma chérie, dit-elle doucement. Tu peux venir avec moi ?

Je me levai à contrecœur. J'ignorais ce qui se passait, mais j'avais un mauvais pressentiment. Theresa me souriait, mais ses yeux étaient toujours bouffis ; on aurait dit qu'elle avait pleuré.

Elle m'emmena dans la chambre où mon père était allongé. Lorsque j'entrai, il se redressa pour s'asseoir. Papa n'avait pas non plus l'air normal. Son visage était tout bizarre, et sa voix, très douce.

— Nikki, viens t'asseoir à côté de moi, dit-il en tapotant le dessus de lit violet et soyeux.

Je n'aimais pas ça du tout. Je commençais à avoir une drôle de sensation au creux de mon estomac. Pourquoi me souriait-il ? D'ailleurs, ce sourire lui étirait tout juste les lèvres. Pourquoi étais-je la seule à me trouver ici ?

Je regardai Theresa qui se tenait à côté de moi.

— Il faut qu'on te parle, ajouta-t-elle. Je t'en prie. Assieds-toi.

Ce n'était pas normal. J'avais envie de m'enfuir en courant, de sauter sur mon vélo et de partir loin. Quelle que soit la nouvelle qu'ils avaient à m'annoncer, elle ne pouvait pas être bonne. Mais je ne m'enfuis pas. Je m'assis là où papa me l'avait demandé. Mon corps tout entier était tendu, j'étais extrêmement nerveuse.

Papa mit du temps à reprendre la parole. Je ne cessais de le regarder, puis de lever les yeux vers Theresa, qui dévisageait mon père intensément.

Il baissa la tête, puis soupira bruyamment. Enfin, il leva les yeux vers moi, puis très, très lentement, il dit :

— Nikki, tu ne reverras plus ton frère et ta sœur. Ce ne sera plus possible, parce que Mellie et Momo sont décédés.

Je sentis un énorme sanglot monter dans ma gorge. Je savais ce que « décédés » signifiait. Ça voulait dire « morts ». Mon frère et ma sœur étaient morts. Je connaissais ces mots, mais je ne parvenais pas à les comprendre.

Je les avais vus quelques jours plus tôt !

Je regardai mon père, puis Theresa, sous le choc. Ça ne pouvait pas être vrai. Comment était-ce possible ?

— Qu'est-ce qui s'est passé ? parvins-je à prononcer, tandis que mes larmes commençaient à couler.

Mon père me prit dans ses bras et me berça. Tout mon corps était secoué par les sanglots. Papa semblait avoir du mal à contenir son émotion.

— Ils sont partis.

C'est tout ce qu'il me dit.

— Ils sont partis, Nikki.

Il n'existe aucun mot pour exprimer ce que je ressentais. C'était comme si quelqu'un avait plongé la main dans mon corps et m'avait arraché les tripes. Mellie et Momo signifiaient tout pour moi.

Je les avais aimés et protégés depuis qu'ils étaient nés. J'avais joué et prié avec eux. Nous nous étions serré les coudes à chaque instant, nos cœurs avaient battu à l'unisson dans les moments douloureux, comme dans les moments de joie.

Comment pouvaient-ils être morts ?

Mon père me tint dans ses bras pendant une éternité, mais je ne pouvais pas arrêter de pleurer.

En vérité, je n'avais pas envie d'être dans ses bras, je voulais juste me pelotonner contre Mellie et Momo, comme je le faisais toujours. Je voulais qu'ils se blottissent tout contre moi. Je souffrais physiquement de ne pas pouvoir les tenir dans mes bras.

Au bout d'un moment, mon père se leva et, tout en continuant à me bercer, il me déposa dans le fauteuil en cuir inclinable de la chambre. J'entendis Theresa et lui chuchoter au-dessus de ma tête, mais c'était comme si je ne pouvais rien entendre ni rien sentir d'autre que cette terrible douleur en moi. Plus tard, Theresa me caressa le dos et m'offrit de l'eau.

— Je veux parler à grand-mère, reniflai-je, tandis qu'elle me tendait le verre.

— Non, ma chérie. Je suis désolée. Tu ne peux pas parler à ta grand-mère maintenant.

— Alors, je veux parler à maman, dis-je en me mordant la lèvre.

Theresa inspira profondément et me prit par les épaules.

— Tu ne peux pas non plus parler à ta mère, Nikki, dit-elle gentiment. Je suis désolée.

Là-dessus, je fondis en larmes. Pourquoi ne pouvais-je parler à personne ? Je me sentais si seule. Où étaient-ils tous ? Qu'est-ce qui se passait ?

Au bout d'un moment, papa revint dans la chambre et s'agenouilla près de moi.

— J’ai eu ton oncle Jerome au téléphone, Nikki. Tu peux lui parler si tu veux.

Je saisis le combiné comme si ma vie en dépendait.

— Jerome ? dis-je d’une toute petite voix.

— Oh ! Nikki ! répondit-il, la voix chargée d’émotion. Je suis tellement désolé.

Je dus faire un effort surhumain pour retenir mes larmes et prononcer ces mots.

— Qu’est-ce qui s’est passé, Jerome ? Où sont Momo et Mellie ?

— Oh ! mon Dieu, Nikki, dit-il péniblement. Ils sont partis au paradis, ma chérie. Le Seigneur a voulu qu’ils deviennent ses anges.

— Pourquoi ? Oncle Jerome, dis-le-moi ! Pourquoi Dieu a dû les emmener ?

— Je n’en sais rien. C’est son choix et aucun de nous ne connaît ses raisons.

— Qu’est-ce qui s’est passé ? demandai-je encore.

— Oh ! ma petite Nikki ! Je ne peux pas te le dire. Je t’en prie, ne me le demande pas, parce que je ne peux pas te le dire.

Je recommençai à sangloter. Jerome essaya de me consoler. Je hurlais des paroles incohérentes.

— Je t’en prie, Nikki, il faut que tu arrêtes de pleurer !

— Je peux pas !

— Il le faut. Il faut que tu sois forte, ma chérie. S’il te plaît. Fais-le pour moi.

— Je peux pas, pleurai-je.

Mon père me reprit le téléphone.

Je ne sais pas combien de temps je restai roulée en boule sur le lit de mon père. Theresa revint un peu plus tard. Le temps avançait de façon étrange ce jour-là. Il semblait s'étirer, puis s'accélérer. Le monde me revenait par flashs et par fragments. Rien ne se tenait, rien n'était réel.

Cette fois, Theresa était accompagnée de Sere.

— Nikki..., commença Sere avant de se précipiter vers moi pour me serrer dans ses bras. Je suis tellement désolée.

Je la laissai faire, puis m'écartai d'elle. Derrière se tenaient David et Buddy, l'air gêné tous les deux.

— On est désolés pour ton frère et ta sœur, Nikki, dit David.

— Ouais, désolés, répéta doucement Buddy.

Ils s'approchèrent et me serrèrent dans leurs bras.

Je les laissai faire brièvement, puis marmonnai un merci avant de me rouler de nouveau en boule sur le lit. Je ne pouvais pas les regarder dans les yeux, ni ajouter quoi que ce soit.

Ce n'était pas eux que je voulais. C'étaient Mellie et Momo.

Une fois que Theresa les eut fait sortir de la pièce, je restai assise sur le lit à regarder fixement par la fenêtre.

Maintenant, mes larmes avaient cessé de couler, mais les questions se bousculaient dans ma tête : qu'est-ce qui s'était passé ? Est-ce qu'ils avaient souffert ? Si seulement je le savais. Si seulement j'avais été là pour empêcher ce drame d'arriver.

D'une certaine façon, j'avais le sentiment que ma simple présence aurait suffi à l'éviter. Je me sentais si impuissante et isolée. Il fallait que je sorte.

Je me forçai à descendre du lit, j'allai dans la salle de bains et je me lavai le visage. Je trouvai papa et Theresa avec les enfants dans la cuisine, mangeant du gratin de macaronis de bon appétit.

— Hé ! Nikki.

Theresa me sourit d'un air encourageant.

— Tu as faim ? Tu veux manger quelque chose ?

Je secouai la tête.

— Je vais faire du vélo.

Papa leva les yeux de son assiette.

— Fais attention, Nikki, et ne traîne pas trop.

Mais j'étais déjà en chemin vers le garage, où était rangé mon vélo. Il fallait que je sorte de cette maison. J'avais besoin d'espace.

J'ouvris la porte du garage d'un coup sec, attrapai mon vélo noir – une vieillerie qui avait appartenu à David Junior – et je sortis dans la rue.

Il faisait bon ; une légère brise soufflait ce soir-là. L'heure de pointe était passée, et la rue paraissait déjà calme. Les lampadaires ne s'étaient pas encore allumés, et la lumière orangée du soleil qui déclinait éclairait encore le ciel.

Je vis une mère descendre péniblement l'avenue, les bras chargés de courses, quelques enfants qui traînaient dans le coin et un jeune couple qui se tenait par la main sur le banc d'en face. Tout paraissait normal. Le monde semblait le même que quelques heures plus tôt, mais tout avait changé pour moi.

J'avais besoin de sentir le vent sur mon visage. J'enfourchai mon vélo et pédalai aussi vite que possible jusqu'au bout de la rue, poussant rageusement sur mes pieds à chaque tour de roue, les mains agrippées au guidon.

Je sentais l'air s'engouffrer dans mes poumons. Après un demi-tour, je redescendis toute la rue en soufflant de plus en plus fort, debout sur les pédales afin d'augmenter ma vitesse.

Puis je fis de nouveau demi-tour et me rassis sur la selle. Je laissai mes pieds reposer avec légèreté sur les pédales. Le vélo avançait doucement.

De temps en temps, je donnais une brève impulsion pour garder mon élan, pendant que mon souffle s'apaisait et que les battements de mon cœur retrouvaient un rythme normal.

Je levai les yeux vers le ciel sans nuages. Les étoiles apparaissaient tout juste dans le ciel qui s'assombrissait, et je distinguai le contour laiteux d'une demi-lune.

— Vous êtes où ? Mellie ? Momo ? demandai-je à haute voix. Vous êtes là-haut ? Avec Dieu ? Pourquoi ? Pourquoi il a fallu que vous mouriez ? Je comprends pas. Je comprends rien à tout ça. Pourquoi je suis là ? Pourquoi je peux pas parler à grand-mère ou à maman ? Vous avez eu mal ?

Je laissai les larmes couler librement sur mes joues sans même tenter de les essuyer.

— J'espère que personne vous a fait de mal, poursuivis-je. J'ai juste envie de vous faire des câlins et de vous dire que tout va bien se passer...

Je dus parler à mon frère et ma sœur morts pendant au moins une heure. Finalement, à la nuit tombée, Sere sortit et m'arrêta dans la rue.

— Papa dit que c'est l'heure de rentrer maintenant.

Je la laissai me ramener à la maison et j'allai directement me coucher sur le canapé du salon. Je m'endormis en pleurant, cette nuit-là, comme j'allais le faire de nombreuses fois par la suite.

Le lendemain matin, Theresa et papa cachèrent le journal lorsque j'entrai dans la cuisine.

— De quoi ça parle ? demandai-je.

Leur comportement mystérieux avait éveillé ma curiosité.

— Rien, dit papa, agacé. Il n'y a rien d'intéressant pour toi.

Ce que j'ignorais alors, c'est que le visage de ma mère se trouvait partout dans les journaux locaux. Ils ne laissèrent aucun d'entre nous regarder la télé pendant toute une semaine après la mort de Mellie et Momo, et personne ne me dit ce qui s'était passé ou pourquoi ils étaient morts.

Au bout d'une semaine environ, papa appela grand-mère pour moi, mais elle ne fit que pleurer.

— Où est ma mère ? lui demandai-je. Pourquoi je ne peux pas voir maman ?

— Oh ! Nikki, c'est impossible ! Tu ne vas pas pouvoir la voir avant longtemps.

Ces mots suffirent à me faire éclater une fois encore en sanglots.

Après cette journée, ma vie changea du tout au tout. J'avais grandi avec mon frère, ma sœur, maman et grand-mère, mais, l'espace d'un terrible instant, on me les avait tous enlevés. Je ne me souviens pas vraiment des jours qui ont suivi la mort de Momo et Mellie.

Je me repliai sur moi-même, trop en état de choc pour parler aux gens, trop effondrée pour remarquer ce qui se passait.

Avant leur mort, je parlais à grand-mère tous les jours au téléphone, mais, pendant cette terrible première semaine de chagrin et de douleur, les liens furent complètement rompus.

On me dit que Sonny allait bien, mais j'ignorais totalement où il se trouvait. On aurait dit que tous les gens que j'aimais m'avaient été enlevés. Et sans aucune explication.

Pendant la journée, je me sentais apathique, indifférente à tout et à tout le monde autour de moi.

La nuit, je pleurais en silence sous les couvertures, une fois la lumière éteinte, et sombrais d'épuisement dans un sommeil lourd.

Je rêvais fréquemment que j'étais avec mon frère et ma sœur. On allait au parc ensemble, on faisait de la balançoire ou on dansait autour de notre vieille maison de Brentwood.

Au réveil, je ressentais une vague de joie en me rappelant les avoir vus tous les deux dans mon rêve. Est-ce que c'était un signe ? Est-ce que ça signifiait qu'ils étaient heureux ?

Mais ce sentiment agréable ne durait pas longtemps, car je finissais par me rendre compte que je ne les reverrais jamais. Je ne me réveillerais plus jamais entre leurs deux petits corps douillets.

Tout était fini. Je passerais le reste de ma vie toute seule.

Parfois, j'avais seulement envie de me rendormir pour être de nouveau avec eux.

7

L'enterrement

Je me cramponnais à la poupée Pocahontas d'une main et, de l'autre, j'agrippais celle de Theresa, tandis que nous avancions vers le funérarium de Brentwood.

Il semblait y avoir des centaines de personnes, vêtues de costumes et de robes noirs, errant et parlant à voix basse. Certaines se retournèrent pour me regarder, alors que nous approchions de l'entrée du funérarium, mais je ne reconnus aucune d'entre elles.

— Qui sont tous ces gens ? chuchotai-je à Theresa.

— Eh bien, je n'en suis pas sûre, mais je suppose que beaucoup sont des membres de ta famille, Nikki. Je crois qu'ils viennent de loin, de Géorgie et de Cincinnati. Ne t'inquiète pas, on va bientôt trouver ta grand-mère.

Soudain, au milieu de la foule, j'aperçus Roland, debout près de la porte, l'air embarrassé.

Je ne pus m'empêcher de lâcher la main de Theresa et de courir vers lui en l'appelant.

Il se tourna juste au moment où je sautais dans ses bras et que j'éclatais en sanglots.

Il me tint contre lui un moment, puis me reposa doucement par terre.

— Allez, Nikki, dit-il calmement. Essaie d'arrêter de pleurer. Grand-mère est à l'intérieur et elle a très envie de te voir.

C'était la première fois que je voyais un membre de ma famille depuis que j'avais appris la mort de Mellie et Momo une semaine plus tôt, et on aurait dit que j'attendais ce moment depuis des mois.

On était le 1er juillet, jour de l'enterrement de Mellie et Momo, et c'était Theresa qui m'accompagnait, car papa travaillait.

— On ferait mieux de préparer ta robe, dit-elle gentiment ce matin-là, une fois que les autres enfants furent partis à l'école. Viens donc chercher avec moi quelque chose de joli à porter.

Notre choix se porta sur une robe bleu roi ornée de dentelle, avec un col blanc à volants, que je ne portais que pour aller à l'église. Plus tard, elle tressa soigneusement mes cheveux et cira mes chaussures jusqu'à ce qu'elles brillent. Lorsqu'elle eut terminé, j'étais plus élégante que je ne l'avais jamais été. Dans la voiture, sur le chemin du funérarium de Brentwood, je me sentais aussi nerveuse qu'excitée. J'allais enfin pouvoir voir ma grand-mère, mais je n'étais jamais allée à un enterrement auparavant et j'ignorais totalement à quoi m'attendre. La foule était effrayante.

Combien de gens connaissaient mon frère et ma sœur ? S'ils avaient tous un lien avec Mellie et Momo, comment se faisait-il que je ne les aie jamais vus ?

C'était si étrange de voir tous ces inconnus qu'après avoir trouvé Roland, je ne voulus plus le laisser partir. Il me prit par la main et me fit entrer dans une grande salle, où toutes les chaises étaient alignées face à une estrade.

La plupart des sièges étaient déjà occupés. Je reconnus certains amis de maman venus de Brentwood, puis ma famille de Brooklyn et de Long Island. Mais aucune trace de maman ou de Sonny.

Un bruit de murmure régnait sur la salle, ponctué de temps à autre par un reniflement ou un sanglot.

D'un côté de l'estrade, une longue file de gens attendaient de monter vers deux petits cercueils blancs et brillants, posés sur un support couvert de velours rouge et entouré de fleurs blanches.

Je descendis lentement l'allée avec Roland et j'aperçus grand-mère. Elle occupait une chaise du premier rang, du côté de l'allée. Elle était vêtue de noir et avait un grand mouchoir à la main. Mon grand-père était assis à côté d'elle et semblait lui dire quelque chose, mais on aurait dit qu'elle n'écoutait pas. Elle ne cessait de parcourir la pièce du regard, de se retourner pour bien observer chaque personne qui entrait.

Mon cœur bondit dès que je la vis. Quand nos regards se croisèrent, elle ouvrit les bras et je courus m'y réfugier. Elle me serra très fort et posa la joue contre ma tête sans un mot. Pour la première fois depuis longtemps, je me sentis en sécurité, et les larmes envahirent mes yeux. Elle me caressa les cheveux, m'embrassa la tête et laissa éclater son désespoir sans se soucier des gens qui nous entouraient. C'était presque comme si nous étions dans une bulle.

Chacune de nous resta ainsi très longtemps. Les gens allaient et venaient autour de nous. Beaucoup saluaient grand-mère en déposant un baiser sur sa joue ou en lui présentant leurs condoléances, mais elle semblait totalement ailleurs. Theresa finit par s'approcher et s'agenouilla près de nous.

— Annie ? Vous voulez que je l'emmène les voir ? demanda-t-elle.

Je regardai grand-mère. Elle hocha la tête sans un mot, me fit descendre de ses genoux, puis Theresa me prit par la main et m'emmena vers la file.

Ce matin-là, Theresa m'avait préparée à ce qui allait se passer, afin que je sache à quoi m'attendre. Elle m'avait dit que les cercueils seraient ouverts au funérarium et que je pourrais voir mon frère et ma sœur une dernière fois. Elle m'avait demandé si je voulais leur donner quelque chose, et j'avais passé une heure à sélectionner minutieusement les jouets que je voulais laisser à mon frère et ma sœur. Maintenant que Theresa m'emmenait les voir, j'espérais que j'avais choisi les bons.

Aux États-Unis, la norme veut qu'on laisse les cercueils ouverts. Malgré les circonstances, ma famille avait tenu à organiser une cérémonie aussi normale que possible. Les cercueils étaient disposés sur une estrade et, devant nous, une longue file de gens attendait déjà de voir mon frère et ma sœur une dernière fois.

Derrière tous ces grands adultes, je ne voyais que des dos larges et uniformes, mais, de temps en temps, je percevais des sanglots et des exclamations de stupeur. J'essayai de jeter un œil sur le côté, mais l'homme devant moi était imposant, et je ne parvins pas à m'écarter assez de la file pour distinguer quoi que ce soit. Entre-temps, Theresa avait repris ma main pour éviter que je coure vers les cercueils.

L'attente sembla durer une éternité, mais, quand ce fut enfin à notre tour de voir Mellie et Momo, je sentis la main de Theresa se resserrer autour de la mienne. Je devinai qu'elle était tendue. Mais je n'étais ni nerveuse ni effrayée. J'étais heureuse, enthousiaste même. J'avais tellement voulu les voir. J'avançai aux côtés de Theresa et je grimpai sur le marchepied pour les regarder de plus près. Ils étaient là !

Mais ils étaient presque méconnaissables !

Ils portaient leurs plus beaux habits – Mellie, un costume noir, et ma sœur, une belle robe rouge –, mais leurs visages étaient couverts d'une espèce de matière marron, semblable à de la boue.

J'ignorais totalement pourquoi on leur avait mis de la boue sur le visage. Je voyais bien que c'était censé imiter leur propre peau, mais la couleur n'était pas la bonne. Elle était trop foncée ; on aurait dit que mon frère et ma sœur avaient des boursouflures sur le visage.

Je levai les yeux vers Theresa pour lui demander des explications, mais son visage était inondé de larmes, et elle se couvrait la bouche de la main.

Je me tournai de nouveau vers les cercueils, j'essayai de faire abstraction de cette matière bizarre et je sortis les cadeaux que j'avais apportés. Pour Momo, j'avais choisi la poupée Pocahontas avec ses longs cheveux noirs et sa robe à franges en daim. Nous aimions tellement jouer avec cette poupée. Elle faisait toujours partie de nos convives quand nous jouions à la dînette, et nous adorions brosser ses magnifiques cheveux. Je vis que certaines personnes avant moi avaient déposé des jouets dans les cercueils aux pieds de mon frère et de ma sœur. Je plaçai soigneusement Pocahontas à côté de Barbie et de la bergère de *Toy Story*. Puis je sortis la petite voiture blanche que j'avais apportée à Mellie et la posai à côté du camion-citerne qui reposait à ses pieds.

En retirant ma main, je laissai mes doigts glisser sur le tissu doux et brillant qui tapissait l'intérieur du cercueil. Il avait l'air très confortable.

Les yeux paisiblement fermés, Mellie et Momo semblaient dormir. Malgré cette chose étrange sur leur visage, ils paraissaient vraiment sereins.

Au bout d'un moment, Theresa me tira doucement par la main pour me faire avancer, mais je ne voulais pas partir. J'étais sûre que, si je restais là assez longtemps, Mellie et Momo finiraient par se réveiller. Ils secoueraient leur tête pour faire tomber cette chose foncée, sauteraient hors de leur cercueil, et on se précipiterait dehors pour jouer tous ensemble.

Moins de deux semaines s'étaient écoulées depuis la fête d'anniversaire, pendant laquelle ils avaient galopé, ri et crié, si débordants de vie. Ça n'avait aucun sens de les voir allongés ici comme ça, incapables de bouger.

Theresa réessaya de me tirer par le bras, mais je ne bougeai pas.

— Viens, ma chérie, me pressa-t-elle doucement. Il faut qu'on redescende parce que la cérémonie va commencer.

Mais je restai là, une main posée sur chaque cercueil, incapable de bouger et de quitter mon frère et ma sœur.

— Je ne veux pas partir, dis-je fermement. Je ne devrais pas les laisser tout seuls. Pas cette fois. Plus jamais.

À présent, mes larmes recommençaient à couler, et je sentais mon corps trembler, mais je ne parvenais pas à bouger. Finalement, Theresa me prit les deux mains et m'aida à descendre les petites marches.

Elle soutenait tout le poids de mon corps, car j'étais incapable de tenir debout. Des mains se tendaient vers moi, mais j'étais complètement ailleurs, et ce fut un vrai soulagement lorsque ma belle-mère me reposa sur les genoux de ma grand-mère.

Derrière moi, j'entendis des chuchotements :

— Oh ! pauvre petite !

— C'est la fille aînée de Debra. Elle n'était pas là.

— Est-ce qu'elle est au courant ?

— C'est terrible. Ne regarde pas !

— C'est affreux. Absolument affreux.

J'enfouis ma tête dans la poitrine de ma grand-mère et je pleurai sans essayer de me retenir. Le révérend de notre église baptiste monta sur l'estrade et prit la parole.

— Je partage aujourd'hui tout votre chagrin et votre perplexité, alors que nous sommes réunis pour pleurer le décès de Delvin King et de son frère Melvin King. Nous allons pleurer la disparition de leur corps. Leur âme, elle, appartient à Jésus-Christ. Les enfants sont censés survivre à leurs parents et leurs grands-parents, et vous êtes sans doute nombreux ici à vous demander pourquoi des enfants innocents ont autant souffert.

Une nouvelle vague de gémissements s'éleva, mais le révérend poursuivit :

— Dieu a ses raisons. Ces enfants sont ses lys des vallées. Et ils font maintenant partie des anges de la Milice céleste. Personne ne peut rien changer à ce qui est arrivé. Tout ce que nous pouvons faire, c'est prier que Dieu fasse en sorte que tout se passe bien. Aujourd'hui, nous devons nous garder de juger trop hâtivement. Aucun de nous ici ne sait ce qui s'est passé. Dieu se chargera du coupable.

Je cessai de prêter attention aux paroles du révérend. Au bout d'un moment, il se tut, et le chœur se leva pour interpréter un chant magnifique. Parmi les choristes, je reconnus Carmen, l'amie de ma mère. Mais son visage était ravagé par la détresse. Lorsqu'ils entamèrent le refrain, elle s'arrêta, porta la main à sa bouche et se tourna. Elle ne parvenait plus à chanter à travers ses larmes.

La cérémonie se poursuivit un moment, mais je ne m'en souviens pas très bien. Quand elle fut terminée, je levai les yeux vers ma grand-mère.

— Où est maman ? Quand est-ce que je pourrai la voir ?

— Ta maman est partie, mon bout' chou. Tu ne vas pas pouvoir la voir avant un moment.

— Je veux maman, répétai-je en boudant cette fois.

— Je sais, je sais, me réconforta-t-elle.

Au bout d'un moment, Theresa vint me chercher pour me ramener à la voiture. Je ne voulais pas quitter grand-mère, mais elle laissa Theresa me détacher d'elle.

— Sois bien sage avec ta belle-mère. Ton frère et ta sœur sont au paradis maintenant. Ils sont avec Dieu. Tu ne dois plus t'inquiéter pour eux.

Ce fut tout ce qu'elle me dit.

J'étais trop épuisée pour protester. Au moins, j'avais vu mon frère et ma sœur, même si ça avait été très douloureux. Je laissai Theresa me ramener à la voiture et dormis tout le long du trajet de retour. Quand Theresa me fit entrer dans la maison ce soir-là, je marchai comme un robot. J'avalai mon dîner et allai directement me coucher.

— Comment va-t-elle ?

À travers le mur, j'entendis mon père et Theresa discuter.

— Ça va aller. La journée a été très dure, mais c'est bien qu'elle ait assisté à la cérémonie. Elle a pu leur dire au revoir.

— Tu as vu Annie ?

— Oui, elle n'avait vraiment pas l'air bien. Je pense qu'ils lui avaient donné quelque chose. Elle pouvait à peine parler.

— Et les cercueils ?

— Oh ! David ! Ils avaient fait de leur mieux, mais leurs petits visages... !

Theresa ne put terminer sa phrase.

Je dus m'endormir tôt ce soir-là, mais, plus tard dans la nuit, le son de la télé qui braillait à travers le mur me réveilla. La gorge sèche et irritée, je me glissai hors du lit pour aller chercher un verre d'eau à la cuisine.

En longeant le couloir, je vis la lumière vacillante de la télé danser sur les murs du salon.

Je passai la tête dans l'entrebâillement de la porte pour voir qui la regardait, et j'eus la surprise de découvrir mon frère et ma sœur qui me regardaient fixement depuis la télé.

— Un peu plus tôt dans la journée, un détachement de policiers à moto du Suffolk a escorté la procession funéraire de Melvin King, cinq ans, et Delvin King, six ans, jusqu'au Pinelawn Memorial Park, où les enfants ont été ensuite inhumés, commenta une voix morne, tandis que passaient les images d'un corbillard avançant lentement dans la rue où je m'étais trouvée seulement quelques heures plus tôt.

C'était étrange de voir mon frère et ma sœur à la télé, et je me demandai pourquoi on m'avait ramenée à la maison après la cérémonie au lieu de m'emmener au cimetière. Sur l'écran s'afficha alors une photo granuleuse en noir et blanc de ma mère et la voix poursuivit.

— La mère, Debra Roberson, âgée de trente et un ans, fait actuellement l'objet d'une double inculpation pour meurtres au second degré.

Je dus lâcher un cri de surprise, car, à ce moment-là, Theresa et mon père, qui étaient assis tous les deux sur le canapé, se tournèrent vers moi. Papa s'écria :

— Éteins !

Mais j'en avais vu assez. Je savais ce que ça voulait dire. La télé disait que ma mère avait tué mon frère et ma sœur ! Non ! non ! non ! non ! non ! non !

Ça ne pouvait pas être vrai. Je n'y croyais pas.

Je quittai rapidement la pièce et courus me jeter dans mon lit. J'avais le vertige, mon cœur battait à tout rompre. Theresa s'était levée d'un bond pour me suivre.

— Ne fais pas ça ! dit mon père. Laisse-la tranquille. Laisse-la retourner au lit.

Mais je ne dormis pas beaucoup cette nuit-là. Frissonnant sous les couvertures, je tentai de surmonter le choc et mon incrédulité. Mon cerveau était envahi de questions. Des questions restées en suspens, des questions auxquelles je ne pouvais répondre.

Pourquoi disaient-ils que ma mère était accusée des meurtres de mon frère et de ma sœur ? Ça n'avait aucun sens. Maman ne nous aurait jamais fait de mal. Elle nous aimait. J'avais toujours ressenti son amour pour nous. Même quand elle se comportait bizarrement, priait et criait sans arrêt, je savais qu'elle ne nous ferait aucun mal, à Mellie, Momo et moi.

Il fallait que je sache la vérité.

Le jour suivant, tout le monde se comporta normalement autour de la table du petit-déjeuner. Theresa nous expédia à l'école, et papa disparut sans rien me dire de particulier.

Je savais qu'il était inutile de leur demander ce qui était arrivé à Mellie et Momo : ils s'y refusaient depuis le début. D'ailleurs, papa pensait que j'en savais déjà trop. Il disait toujours que maman et grand-mère me racontaient trop de choses d'adultes et me traitaient comme une grande personne au lieu d'une petite fille. Je suis sûre qu'il suivait simplement son instinct naturel. Comme la plupart des pères, il voulait protéger sa petite fille des horreurs de ce monde.

Je dus attendre une semaine de plus avant de reparler à grand-mère au téléphone. Une fois qu'elle m'eut demandé comment ça se passait à l'école et si j'allais bien, je l'interrogeai sans détour :

— Grand-mère, est-ce que c'est maman qui a fait ça ? Est-ce que maman a fait ça à Mellie et Momo ?

Il y eut un long silence, puis vint la réponse que je redoutais :

— Oui. Oui, c'est elle.

Non ! Ça ne pouvait pas être vrai. Je refusais de le croire.

Je restai éveillée toute cette nuit-là. Je me demandai ce qui était arrivé à Mellie et Momo, et pourquoi leurs visages n'étaient plus pareils. Et j'avais beau être une petite fille, c'était très douloureux de ne pas le savoir.

J'élaborai toutes sortes de scénarios dans ma tête sur la mort de mon frère et de ma sœur, des explications bienveillantes, faciles à imaginer et à supporter. Des accidents qui avaient lieu en une fraction de seconde. Des morts rapides, sans douleur.

Maman n'apparaissait jamais dans ces scénarios. Il m'était impossible d'imaginer qu'elle était responsable de leur mort.

Je suppose que mon père avait raison finalement. Je n'étais pas prête à entendre la vérité.

8

Après

Avant la mort de mon frère et de ma sœur, j'étais une petite fille très heureuse, bruyante, extravertie, ouverte et sûre d'elle. C'est vrai que je pouvais me montrer impertinente, mais, chez mon père, j'apprenais à reconnaître les moments où il valait mieux se taire.

Après la mort de Mellie et Momo, je me transformai. Je ne me sentais plus liée aux gens qui m'entouraient. Sere, David et Buddy avaient grandi tous ensemble, ils se connaissaient et s'aimaient. Mais j'étais différente. J'étais arrivée dans leur monde comme une étrangère, une enfant naturelle, une erreur, et j'avais toujours l'impression de porter ce stigmate.

Le frère et la sœur avec qui j'avais grandi étaient morts, et ceux qui m'avaient aimée et élevée depuis ma naissance n'étaient plus là. Personne ne parlait jamais de ma mère, ni de Sonny d'ailleurs, et j'avais rarement l'occasion de voir grand-mère maintenant.

Ma vie entière avait été mise sens dessus dessous. Tout ce que je considérais comme sûr et stable avait été réduit à néant, et je me retrouvais abandonnée dans un monde qui m'était toujours étranger.

Devenue très timide, je ne parlais plus aux autres. Et je refusais surtout de révéler mes sentiments à mon entourage. Si quelque chose me bouleversait, je ne le montrais pas. J'enfouissais ce sentiment et affichais un visage impénétrable et inexpressif. Personne ne devait savoir ce que je ressentais ; c'était trop dangereux pour moi. Avant, j'étais une petite fille ouverte et affectueuse, mais les gens sur qui je m'appuyais ayant disparu, je ne savais plus à qui faire confiance.

La nuit, quand personne n'était là pour voir mon chagrin, je m'endormais en pleurant.

Et si les paroles de quelqu'un parvenaient à m'atteindre, si j'étais incapable de retenir mes sanglots, je me dirigeais calmement vers la salle de bains et laissais couler mes larmes. Chaque fois que je pleurais dans mon coin, je me sentais plus forte et plus sûre de moi, et ces sentiments me faisaient du bien. Quelque chose au fond de moi me disait que je devais m'endurcir, me montrer forte ou bien je ne survivrais pas. J'étais toujours une petite fille en apparence. Mais, à l'intérieur, j'avais l'impression de grandir à la vitesse de l'éclair.

Peu après la mort de Mellie et Momo, des assistantes sociales commencèrent à nous rendre visite. Elles travaillaient pour les services d'aide sociale à l'enfance, et je suppose que leur mission consistait à prendre de mes nouvelles, à s'assurer que j'allais bien. Une fois par mois, on sonnait à la porte, puis Theresa ou papa venaient me chercher dans la pièce où je jouais ou faisais mes devoirs, et ils m'emmenaient leur parler. Je n'aimais pas être la seule de la maison à devoir le faire. Cette situation accentuait mon sentiment d'isolement, elle soulignait une fois de plus que j'étais différente des autres. Mais je faisais de mon mieux pour répondre à leurs questions.

— Tu es heureuse ici ?

— Ça va. J'aimerais mieux vivre avec ma grand-mère.

— Bon, est-ce que quelqu'un te frappe ?

— Non.

— Et à l'école ? Comment ça se passe ?

— Bien.

— Tu as des copines ?

— Quelques-unes.

— Tu t'entends bien avec tes frères et ta sœur ici ?

— Bien sûr.

Et ça continuait comme ça un moment – chaque mois les mêmes questions. Parfois, j'en avais quelques-unes à poser, moi aussi :

— Je veux juste que ma mère revienne. Ma maman me manque. Quand est-ce qu'elle rentre ? Vous pouvez me le dire ?

La réponse était dure et inflexible :

— Ta mère ne rentrera jamais à la maison.

Ce fut l'une de ces fois où je dus me retenir très fort de pleurer. Je détestais cette assistante sociale. Elle ignorait totalement combien c'était douloureux d'entendre que ma mère ne rentrerait jamais. Ne comprenait-elle pas à quel point j'étais seule ?

Mais je ravalai mes larmes et, tandis qu'elle continuait à me poser ses stupides questions, je me concentrai plutôt sur l'horloge accrochée au mur.

Tic, tac, tic, tac... La petite aiguille faisait un léger bruit sec en tournant autour du cadran, et je comptai chaque seconde à mesure qu'elle avançait.

Tiens bon..., me répétai-je. *Tiens bon.*

Cette procédure était si stupide et inutile.

Qu'est-ce que ces gens pouvaient bien faire maintenant ? Mellie et Momo étaient déjà morts ; ils ne les avaient pas sauvés ! S'ils voulaient me rendre heureuse, ils n'avaient qu'à me laisser voir ma grand-mère. Mais personne ne semblait s'intéresser à ce que je souhaitais. Apparemment, comme papa ne me battait pas, ils n'avaient aucune raison de me renvoyer chez elle.

Un jour, j'entendis par hasard mon père discuter avec l'assistante sociale quand elle en eut terminé avec moi.

— Elle dit qu'elle préférerait vivre avec sa grand-mère, expliqua-t-elle de sa voix chantante gentiment condescendante.

Papa grogna avec mépris.

— Bien sûr qu'elle en a envie ! explosa-t-il. Annie la gâte beaucoup trop. La plupart des enfants aiment ceux qui leur donnent tout ce qu'ils veulent. C'est sa grand-mère ! Elle ne sait pas lui dire non. Nikkia trouve ça difficile parce qu'on a quelques règles et une certaine organisation à respecter dans cette maison. Eh bien, je suis désolé, mais on fait ça pour son bien. Peut-être qu'elle n'aime pas cette maison et qu'elle ne s'en aperçoit pas pour l'instant, mais elle est bien mieux ici que chez n'importe qui d'autre à l'heure qu'il est. On la traite exactement comme ses frères et sa sœur, et elle a de la chance qu'on soit là. Beaucoup de chance !

— Mmmmm. Oui, oui...

L'assistante sociale en jupe longue semblait d'accord avec chaque phrase de mon père.

Cette scène me rendit encore plus furieuse, et je sortis en claquant la porte pour aller faire un tour à vélo.

Je suppose qu'il avait raison dans une certaine mesure, mais ses paroles ne résumaient pas toute la situation. C'est vrai que personne ne me traitait différemment chez papa, et pourtant je me sentais différente. J'appelais ma belle-mère « Theresa », alors que les autres enfants l'appelaient « maman ».

Elle ne me proposa jamais de le faire, et je ne le lui demandai jamais. J'imagine que ça ne nous est pas venu à l'esprit, tout simplement.

J'avais un frère et une sœur morts, en plus d'une mère absente. Personne n'évoquait jamais les gens qui me manquaient. Pourtant, leur absence avait laissé un grand trou béant dans mon cœur.

Si je voulais voir ma grand-mère, il fallait que je supplie mon père. D'ailleurs, pendant les semaines qui suivirent les décès, il la laissa seulement venir à la maison. Il ne m'autorisait pas à aller à Coconut Street.

J'ignore s'il avait peur que ça réveille des souvenirs en moi ou s'il craignait sincèrement pour ma sécurité. Je n'en sais vraiment rien. Peut-être que, tant que le tribunal n'avait pas pris de décision concernant ma mère, il ne pouvait être sûr de rien. Je ne me sentis jamais proche de mon père comme j'avais pu l'être de ma mère ou de grand-mère. Et le fait qu'il désapprouve mes visites chez grand-mère rendit nos relations difficiles.

Si je voulais la voir ou lui parler au téléphone, il fallait que je lui demande la permission ; s'il me la refusait, c'était très douloureux. Je n'étais certainement pas une enfant avec qui il était facile de discuter, mais, en même temps, ce n'était pas non plus un champion de la communication.

Les personnes et les endroits qui m'étaient familiers me manquaient. Je me sentais abandonnée et perdue, comme un petit voilier secoué par une gigantesque tempête. Je ne pouvais plus me raccrocher à rien et, même si j'aimais beaucoup Theresa et j'appréciais sa gentillesse, elle n'était pas comme une vraie mère.

Un jour, grand-mère vint passer quelques heures chez nous un dimanche après-midi et m'apporta une nouvelle poupée Barbie et deux robes. J'allai me promener avec elle au parc, mais le temps s'écoula beaucoup trop vite, et il fut bientôt l'heure pour elle de repartir.

Après lui avoir fait au revoir depuis la véranda, je restai assise là, la tête posée sur mes bras croisés, bouleversée par son départ. Je ne pris pas la peine de cacher ma détresse pour une fois.

Vingt minutes plus tard, comme j'étais toujours assise dans la même position, papa vint me voir.

— Pourquoi tu pleures ? me demanda-t-il froidement.

— Je veux ma mère. Je veux ma grand-mère, braillai-je.

J'étais juste une petite fille.

— Eh bien, si tu avais vécu avec ta mère, tu serais six pieds sous terre maintenant, répondit-il avec désinvolture.

Sa réflexion me bouleversa encore plus. Ce n'était pas pour rien que je cachais ma douleur à tout le monde !

J'ignore s'il voulait me blesser à ce point ce jour-là, mais ses mots me firent l'effet d'un poison. Il s'agissait de ma mère ! Elle était tout ce que j'avais connu, et je savais au fond de moi qu'elle n'avait rien fait. Non, elle n'avait pas pu faire de mal à Mellie et Momo, et celui qui disait le contraire n'était qu'un menteur !

On aurait dit que tout le monde agissait comme si tout était normal, mais ça me faisait drôle que personne ne parle de Mellie et de Momo.

Les avaient-ils oubliés ? Eh bien, pas moi !

Je refusais de faire comme si mon frère et ma sœur n'avaient jamais existé. Je gardais des photos d'eux dans mes livres d'école et j'étais toujours contente de pouvoir parler d'eux.

Certains copains à l'école savaient déjà qu'ils étaient morts, mais d'autres se montraient curieux quand ils voyaient leurs photos.

— C'est qui ? demandaient-ils.

— Mon frère Mellie et ma sœur Momo, disais-je fièrement en désignant leurs visages heureux et souriants. Elle a un an de moins que moi, et lui, deux ans de moins. On a grandi tous ensemble.

— Ah ouais ? Et ils sont où maintenant ?

— Ils sont morts.

Quelques semaines plus tard, papa me demanda d'arrêter d'emporter ces photos à l'école. Je pense qu'un des parents s'était plaint et que c'était parvenu aux oreilles des professeurs. J'avais juste envie de sentir que mon frère et ma sœur étaient tout le temps avec moi.

Quand leurs photos se trouvaient dans mon sac, je leur parlais dans ma tête et je me sentais de nouveau proche d'eux. Je n'avais jamais imaginé que ça puisse faire peur à mes camarades d'école.

Bien sûr, certains enfants, surtout les plus âgés, savaient déjà ce qui s'était passé. Après tout, la maison de ma mère se trouvait à Amityville, et c'était là que nous habitions et allions à l'école. C'était une petite ville, et la mort de deux jeunes enfants représentait une nouvelle de taille. Ces jeunes en savaient certainement plus que moi et ils n'avaient pas peur de m'approcher.

— Pourquoi ta mère a tué ton frère et ta sœur ? me demandait-on quelquefois.

Je répondais :

— Tais-toi ! Tu sais rien !

Ils ne voulaient pas me faire de mal pour la plupart ; c'était juste des enfants. Ces fois-là, je retenais mes larmes et j'attendais d'être à la maison pour pleurer.

En fait, on ne m'embêta vraiment qu'une seule fois avec cette histoire. Un jour, au terrain de jeux, à l'heure du déjeuner, un garçon vint jusqu'à moi et se mit à me pointer du doigt en répétant :

— Ta mère est une tueuse !

J'étais folle de rage, mais je n'eus aucun mal à le faire taire. Je me levai du banc sur lequel je déjeunais, lançai mon bras vers l'arrière et lui envoyai un bon coup de poing ! Il s'effondra aussitôt, et je lui donnai quelques coups de pied juste pour m'assurer qu'il avait compris le message.

— Ferme-la, connard ! crachai-je. Si tu veux encore insulter ma mère, tu ferais mieux de revenir avec tes copains !

J'avais beau être silencieuse et timide, je n'avais pas peur de me servir de mes poings. Oh non ! Je n'étais pas une proie facile.

À ce stade, je savais sans doute au fond de moi que ma mère avait quelque chose à voir avec la mort de Mellie et Momo, mais je ne pouvais pas accepter le fait qu'elle les ait vraiment tués. Je n'étais pas prête à laisser s'installer cette possibilité dans mon esprit. Je m'imaginais que tout le monde se trompait et qu'un jour, une simple explication viendrait prouver son innocence.

En attendant, je profitais de chaque moment où j'étais seule pour prier ou pour parler à Mellie et Momo. La solitude me donnait l'espace nécessaire pour penser à mon frère et ma sœur, pour me rappeler leurs traits de caractère : la moue boudeuse de Momo, son petit visage fâché et ses manières rebelles ; le doux sourire de Mellie, ses cris de joie, son caractère tranquille et sa façon charmante de glisser sa petite main dans la mienne quand il avait peur ou se sentait seul.

Je pensais si fort à eux que je les voyais presque à mes côtés. Je me mettais à leur parler, leur racontais ma journée, les choses qui m'ennuyaient et combien ils me manquaient, tous les deux. Je ne leur parlais jamais à haute voix. Je le faisais dans ma tête, car je ne voulais pas que les autres sachent que je m'adressais à eux. Parfois, sous la douche, je chuchotais sous l'eau.

Je leur posais des questions de temps en temps. Tard dans la nuit, sous les couvertures, je demandais à Momo :

— Pourquoi il fallait que tu partes ? Qu'est-ce qui s'est passé ? Montre-moi ce qui s'est passé ce jour-là. Dis-moi qui l'a fait. Est-ce que tu vas bien maintenant ?

Je désespérais de savoir ce qui était arrivé et j'avais besoin de sentir qu'ils étaient maintenant en sécurité.

Un jour, je rassemblai tout mon courage et demandai à ma grand-mère, alors que nous parlions au téléphone :

— Est-ce qu'ils ont souffert ? Est-ce que Mellie et Momo ont eu mal ?

— Oui, soupira-t-elle. Ils ont eu très mal.

Elle aurait pu me mentir, je suppose, mais ce n'était pas dans son caractère. Ces mots furent insupportables à entendre, mais ma grand-mère ne me cachait jamais la vérité, si douloureuse qu'elle fût. C'est pour ça que je lui accordais toute ma confiance.

Une autre fois, au téléphone, je la suppliai de trouver une solution pour que je puisse voir ma mère.

— Je veux juste voir maman, pleurai-je. Quand est-ce que je pourrai la revoir ?

— Ça ne va pas être possible avant un bout de temps, répondit grand-mère.

Je commençai à sangloter, et elle soupira d'exaspération.

— Eh bien, si tu te mets à pleurer dès que je te dis certaines choses, je ne vais plus rien dire du tout. Ton père est déjà furieux : il trouve que je te raconte trop de choses. Si tu pleures, il ne va plus du tout vouloir que je te parle !

Ses paroles m'effrayèrent. Je tentai d'étouffer mes sanglots, mais la vérité était dure à entendre pour une enfant tenue à l'écart des personnes qu'elle aimait le plus au monde. Je voulais savoir. Je le voulais vraiment, mais c'était tellement douloureux. Je faisais de mon mieux pour ne pas pleurer, ni me laisser affecter par ce qu'elle me racontait, mais je ne pouvais pas m'en empêcher.

Quelques mois après la mort de Mellie et Momo, Theresa m'emmena sur leurs tombes au Pinelawn Memorial Park. Je la suppliais de m'y accompagner depuis des semaines, et Theresa finit par accepter.

Je reconnus l'entrée du cimetière, puisque je l'avais vue à la télé. Les jardins étaient très paisibles, les parterres de fleurs, éclatants de couleurs. Toutes sortes de teintes dorées coloraient le feuillage des arbres, tandis que l'eau des fontaines étincelait sous le soleil de ce début d'automne. Theresa se gara près de l'entrée, puis je traversai avec elle différents jardins garnis de sculptures, de chapelles, de mausolées et de cryptes en marbre avant d'atteindre un cimetière tout simple entouré de buissons de rhododendrons. Theresa me conduisit alors vers une tombe unique. Sur la pierre, leurs noms étaient gravés en caractères sobres.

DELVIN KING (1992-1998)
ET
MELVIN KING (1993-1998)

Les dates de leur naissance et de leur mort étaient si proches. Un frisson me parcourut le dos.

L'idée de les avoir enterrés ensemble me parut magnifique. Je m'agenouillai, posai la main sur l'herbe devant la pierre tombale et me mis à leur parler dans ma tête. L'atmosphère était si paisible que j'avais envie de rester là tout l'après-midi, mais Theresa me rappela que nous devions rentrer à la maison. Une heure plus tard, elle me força à me lever.

— On reviendra, promit-elle. On apportera des fleurs la prochaine fois. Allez, ton frère attend qu'on vienne le chercher à sa répétition. On va être en retard !

Je m'en moquais. Je voulais rester ici, près de mon vrai frère et de ma vraie sœur. Mais je ne le lui dis pas.

En fait, je me sentis mieux, le soir, en rentrant à la maison. J'étais d'une certaine façon plus tranquille de les savoir là-bas, dans cet endroit magnifique.

Cette nuit-là, je leur parlai dans mon lit.

— Je reviendrai et je vous apporterai des fleurs la prochaine fois, promis-je. Peut-être quand ce sera l'hiver et qu'il n'y en aura plus dans votre jardin. J'apporterai de belles fleurs colorées pour vous donner du courage. Et, quand je mourrai, on m'enterrera à côté de vous à Pinelawn. On sera alors de nouveau tous ensemble.

9

Crétine

Dans le silence de cet après-midi d'été, le rocking-chair de Nanny oscillait bruyamment sur le plancher de la véranda. Criiic, crac, criiic, crac, criiic, crac...

Nanny était la mère de mon père. Les balancements de son fauteuil me berçaient, et je me sentais glisser vers une sorte de torpeur méditative sous l'effet de la chaleur implacable, du silence oppressant et du mouvement indolent du rocking-chair.

Soudain, après nous avoir inspectés tour à tour entre ses paupières plissées, Nanny s'anima brusquement.

— David Junior ! aboya-t-elle en pointant du doigt mon frère aîné.

Comme nous tous, il était appuyé contre la balustrade de la véranda et, d'une main, se protégeait les yeux du soleil.

— Oui, Nanny !

— Épelle-moi « essentiel » ! ordonna-t-elle avant de répéter lentement le mot afin qu'il entende bien chaque syllabe.

— D'accord. « Essentiel », commença-t-il avec assurance. E-S-S-E-N...

Il marqua un temps, et le craquement reprit.

— Euh...

Son silence parut durer une éternité.

Je jetai un regard dans sa direction. Les yeux levés vers le ciel et le front plissé, David semblait fouiller la partie de son cerveau qui abritait l'orthographe correcte du mot « essentiel ».

Il avait l'air en difficulté.

Tiens, tiens ! Ça devenait intéressant.

David Junior savait épeler tous les mots de Nanny. Il obtenait toujours d'excellents résultats aux concours d'orthographe qu'elle organisait pendant les vacances ou le week-end.

Et il n'était pas le seul à briller pendant ces longs après-midi chauds et pénibles sur la véranda. Mon père avait quatre frères et sœurs, et leurs enfants passaient comme nous les vacances chez Nanny et PopPop, pendant que leurs parents travaillaient encore. Sans blague, on aurait dit qu'ils avaient tous été gavés de stimulants intellectuels depuis leur naissance !

Ils semblaient prendre grand plaisir à mettre en avant leur vaste vocabulaire à la moindre occasion, et la compétition atteignait souvent un niveau qui dépassait largement le mien. Chez moi, personne n'avait jamais testé mon vocabulaire. Je suppose que, pour ma mère et ma grand-mère, l'instruction était nécessaire, mais pas quelque chose qu'on démontrait à la maison.

Si mes cousins y participaient avec joie, ces concours d'orthographe impromptus me remplissaient de terreur.

À huit ans, j'avais maintenant l'habitude d'être expédiée chez Nanny et PopPop à Wyandanch, dans l'État de New York, pour être mise à l'épreuve par notre grand-mère, une examinatrice sévère, mais juste.

Infirmière à la retraite, c'était une femme aimante, mais qui observait des principes de discipline et d'éducation rigoureux, et croyait sincèrement au pouvoir rédempteur du progrès. En ce qui concernait notre instruction, elle tenait à s'assurer que nos esprits restaient actifs, et notre orthographe, à un niveau satisfaisant, quelles que soient les notes que nous rapportions à la maison.

C'est sans doute pour cette raison que papa était si strict à propos de notre éducation.

Ceux qui épelaient correctement les mots proposés recevaient ses éloges, mais elles m'étaient rarement destinées. Je ne veux pas dire que j'étais stupide. C'est juste que, comme on n'avait jamais testé mes connaissances de cette façon auparavant, mon niveau était plus faible que celui des autres enfants, y compris Buddy, pourtant âgé d'un an de moins que moi.

Mais Nanny n'était pas cruelle. Jamais elle ne riait, ne me taquinait ou ne me punissait si je me trompais en épelant un mot, ce qui arrivait souvent. Elle marquait simplement une pause, pendant laquelle j'attendais de savoir si mes réflexions m'avaient menée par miracle à la bonne orthographe. Puis généralement, elle disait :

— Non, Nikkia. J'ai bien peur que ce soit faux.

Et elle demandait à quelqu'un d'autre d'essayer à ma place.

Si l'un des enfants parvenait à me battre, il n'en fallait pas plus pour me faire rougir, et je serrais les poings de frustration et de colère.

Pire encore, il arrivait que l'un d'eux laisse échapper un ricanement lorsque mon orthographe était particulièrement fantaisiste. Nanny les faisait aussitôt taire, mais, plus tard, quand les adultes ne pouvaient pas nous entendre, les autres se montraient sans merci.

Oh ! comme ce serait agréable si David le lèche-bottes massacrait un mot une fois dans sa vie. Je ricanai intérieurement en le regardant se creuser la tête en quête de la bonne réponse.

Allez. Allez !

S'il se trompait, j'aurais enfin ma revanche.

— T-I-E-L ! termina-t-il triomphalement.

Impatiente de connaître le verdict, je me tournai vers Nanny. Après tout, je n'avais aucune idée de l'orthographe du mot « essentiel ». Et là, elle hocha la tête.

— Très bien ! lui sourit-elle. Notez bien, vous autres, que, lorsque vous vous sentez bloqués, il vous suffit de faire une pause, de réfléchir, d'imaginer le mot devant vous et d'essayer de le lire. Il n'y a pas d'urgence ; l'important, c'est de l'épeler correctement.

Personne ne faisait attention à ce qu'elle disait. Sere se tenait debout à côté de moi, puis venaient Buddy, David, Kenny, Kason, Bruce, Charles et Rochae. Chacun était accablé par la chaleur étouffante de la ville et espérait qu'on nous accorderait bientôt une pause pour aller boire. Le craquement recommença.

Je laissai mes paupières se fermer, et tout mon corps se relâcha contre la balustrade de la véranda. Je sentis alors un énorme bâillement commencer à se former et j'eus beau essayer de le retenir, il refusa de disparaître. Finalement, je laissai ma mâchoire s'ouvrir, ma tête se renverser en arrière et je bâillai bruyamment.

— Nikki ! m'interpella soudain Nanny, juste au moment où le bâillement fendait mon visage en deux.

Je mis la main devant ma bouche et marmonnai :

— Oui, m'dame !

— J'espère que je ne t'empêche pas de dormir ! Tu as peut-être besoin d'une petite sieste !

Un rire nerveux parcourut la file.

— Non, Nanny ! protestai-je. Ça va. Ça va.

— Bon, alors, épelle-moi donc « mignon ».

— D'accord, euh... Mignon. M-I-N-I-O-N. Mignon.

Silence.

Presque sûre d'avoir trouvé la bonne réponse, je regardai Nanny, mais elle se contenta de me dévisager en retour, les sourcils levés d'un air narquois.

Je jetai un œil sur ma droite vers la rangée d'enfants et découvris que certains pouffaient derrière leurs mains. David Junior finit par éclater de rire, et les autres s'esclaffèrent comme une bande d'hyènes.

— Arrêtez ! ordonna Nanny.

Mais c'était trop tard. Ils riaient tous sans retenue.

— Je vous ai dit de vous arrêter. Allez, calmez-vous maintenant. Franchement, ce n'est pas si drôle.

Puis, elle se tourna vers moi :

— Nikki, ma chérie, tu ne crois pas qu'il y a une petite erreur ?

J'esquissai une grimace étonnée, puis je plissai les yeux comme si je fouillais mon cerveau à la recherche de la bonne réponse, mais impossible de mettre la main dessus ! Je n'avais aucune idée de ce qui n'allait pas, et la colère montait peu à peu en moi. À quoi pouvait bien servir tout ça ? Je me sentais totalement idiote, et l'attitude de Nanny n'arrangeait pas les choses. Elle ne faisait qu'encourager les autres à se payer une bonne rigolade grâce à ma stupidité. Finalement, David Junior n'y tint plus et vint à mon secours :

— Mignon, ça s'écrit avec « GN », pas « NI ». Sinon, ça fait « minion », pas « mignon » !

— Ah oui, c'est vrai, marmonnai-je, encore plus humiliée.

Je n'avais qu'une envie : m'enfuir d'ici.

Nanny dut remarquer mon embarras, car elle jeta un œil à sa montre et dit :

— Bon, vous devez tous être un peu fatigués maintenant. Allez donc jouer une demi-heure et puis nous irons boire de la limonade.

Elle se leva de son fauteuil à bascule et nous chassa de la main. Je donnai un coup de pied dans la balustrade de la véranda et me tournai face à la route, quand David Junior se dirigea vers moi.

— Ben merde, Nikki ! T'es vraiment une crétine ! Elle te donne un mot vraiment facile, et toi, tu le rates ! Comment tu t'es débrouillée ? Tu sais, Nanny a essayé de t'aider à en trouver au moins un. Ben ouais, t'as pas su épeler un seul mot de tout l'après-midi, et puis, elle t'en donne un trop fastoche, et toi, tu le foires ! Espèce de crétine !

— Ouais ! rit Buddy. Crétine !

— La ferme ! grognai-je. Fermez-la, vous tous. Je suis pas une crétine.

Sere était de mon côté.

— Ouais, laissez-la tranquille. C'est pas sa faute.

Je m'en voulais d'avoir laissé paraître ma colère. Maintenant, il savait qu'il pouvait m'atteindre. Jusqu'à ce jour, j'avais fait très attention de ne pas mordre à l'hameçon chaque fois que David essayait de me pousser à bout. Il me considérait toujours comme une intruse dans leur petite vie de famille confortable et ne perdait jamais une occasion de nous démontrer à tous combien j'étais « différente ». La découverte de mes lacunes en orthographe était un véritable cadeau du ciel pour lui, et, dès que Buddy s'était mis à répéter « crétine », j'avais perdu mon sang-froid.

À la maison, ce soir-là, David Junior passa son temps à me traiter de crétine et à encourager les autres à se moquer de moi en inventant des plaisanteries au sujet de ma stupidité.

— Elle est tellement crétine qu'elle ne sait même pas comment écrire « crétine » ! gloussait-il sans la moindre pitié. Si on lui demande d'épeler « je », elle patauge ! Elle a essayé d'épeler son prénom hier ; elle va peut-être y arriver aujourd'hui !

Les autres essayèrent de ne pas le suivre, mais Buddy ne put s'en empêcher ; il finit par se tordre de rire, et Sere s'amusa avec indulgence de l'inventivité de son grand frère. C'était très douloureux.

Je me sentais comme un chien en cage, prête à lui arracher la tête avec mes crocs, mais, comme d'habitude, je réprimai ma colère. Plus tard, au lit, je dis à Sere que je détestais être traitée de crétine.

— Et alors ? me chuchota-t-elle dans le noir. Tu as peut-être du mal à épeler les mots correctement, mais tu sais faire plein d'autres choses. Tu danses très bien et tu es douée dans d'autres domaines. Ignore-le, c'est tout.

Mais il ne s'agissait pas seulement de lui. La famille de mon père avait pour principal objectif de réussir professionnellement. Sa sœur était avocate, deux de ses frères, dans la police, et un autre, mécanicien.

Chacun accordait beaucoup d'importance à l'instruction et à l'exploitation optimale de son potentiel intellectuel. J'avais vraiment l'impression d'être la « crétine » de la famille. Et c'est un sentiment que j'ai dû combattre toute ma vie.

J'allais à l'école élémentaire Susan E. Wiley avec David, Buddy et Sere, et, comme mes frères et ma sœur, on me traitait à la maison en fonction des bulletins de notes que je rapportais.

Malheureusement, je n'avais pas un talent inné pour les études. J'avais du mal en anglais, j'avais du mal en maths et j'avais du mal à faire tous mes devoirs.

— Si tu ne ramènes pas de bonnes notes ce trimestre, je vais te mettre une raclée, Nikki ! m'avertit mon père plus d'une fois.

Mais il ne mit jamais ses menaces à exécution.

Il n'avait pas le droit de me frapper. Les autres recevaient plein de raclées, mais il m'épargnait toujours. Il avait sans doute peur que je le dénonce aux assistantes sociales et qu'on lui retire ma garde.

Certains jours, je souhaitais qu'il me frappe pour de bon, juste pour pouvoir échapper à son éducation tyrannique et retrouver la chaleur douce et familière de la maison de grand-mère. Mais, d'autres fois, quand, assise sur mon lit, j'écoutais les cris de mes frères et de ma sœur, j'étais soulagée que mon père ne lève pas la main sur moi.

Bien entendu, je ne pouvais pas être sûre qu'il aurait toujours assez de sang-froid pour contenir sa colère. Son caractère étant parfois explosif et imprévisible, ses menaces restèrent aussi crédibles et effrayantes tout au long de mon enfance.

— Tu as déjà fait tes devoirs ? me demandait-il parfois quand il rentrait du travail.

— Bien sûr, répondais-je avec désinvolture, parfaitement consciente qu'il avait dû voir mon cartable toujours fermé, abandonné sur la véranda.

— Tu ferais mieux de ne pas me mentir, ma p'tite, grognait-il alors d'un ton menaçant. Je suis flic. Je sais quand tu mens.

Ça m'agaçait terriblement. Bien sûr que je mentais ! Mais j'avais réussi à m'en sortir les fois d'avant ; alors, pourquoi pas maintenant ?

Je levais les yeux au ciel avec emphase, mais je courais ensuite à la cuisine, j'attrapais mon sac sur la véranda et je me dépêchais d'aller faire mes devoirs dans ma chambre.

En fait, aller à l'école ne me dérangeait pas. J'adorais traîner avec mes amis. Mais le travail n'était qu'une corvée embêtante qui m'empêchait de m'amuser.

Plus tard, au collège, papa fit en sorte que les professeurs lui rendent compte directement de mon comportement. Il me fut plus difficile de faire des bêtises. Mais, même si je trouvais certains sujets difficiles, il y avait plein de choses agréables à l'école.

Theresa et papa encourageaient chacun de nous à développer ses talents. Sere jouait de la flûte, et je trouvais ça vraiment cool. Ils m'achetèrent une clarinette, pour leur plus grand malheur, car, au début, je ne pus sortir que des couinements. Mais quelque chose dans cet instrument long et noir aux clés bondissantes et à l'anche en bois me semblait si ravissant que je persévérai et finis par en tirer un son plutôt convenable. J'adorais apprendre à jouer et à lire les partitions.

Avec le temps, je m'améliorai et rejoignis finalement l'orchestre de l'école. Entre-temps, Theresa et papa, qui refusaient de me laisser partir à la dérive comme je le faisais avant, employèrent les grands moyens pour que je « m'améliore » dans tous les domaines.

Cheftaine de notre groupe local de scoutes, Theresa me força à l'accompagner toutes les semaines et à participer à des choses qui ne m'intéressaient pas du tout, comme la pâtisserie, la couture, les activités de plein air et le bénévolat. Parfois, je faisais des bêtises juste pour le plaisir. Par exemple, lorsqu'elle s'adressait à un groupe, je me mettais à parler très fort à la fille à côté de moi ou je m'éloignais en plein milieu d'un moment important. Si elle me demandait de faire quelque chose, je refusais ou lui répondais d'un ton de défi :

— Pourquoi ?

Et ça me faisait sourire intérieurement. J'étais insolente et rebelle, exactement comme Momo !

Parfois, elle le racontait ensuite à mon père, qui me punissait. Mais c'était Theresa qui devait appliquer ma sanction, et je finissais par lui crier :

— Si ça continue, vous me punirez encore quand j'aurai cinquante ans !

Je me sens coupable aujourd'hui, parce que je sais que je profitais de sa gentillesse naturelle. Je n'avais pas peur de lui répondre, alors que c'était impossible avec mon père. C'était donc elle qui faisait les frais de ma rage et de ma révolte. Theresa ne nous battait jamais. C'était une femme paisible, qui se laissait facilement attendrir. Pour être honnête, au cours des tempêtes qui menacèrent de m'engloutir totalement, elle devint le roc auquel je me raccrochai tout le reste de mon enfance difficile.

Au bout d'un moment, je commençai à l'appeler timidement *mi madre*, « ma mère » en espagnol. Je ne pouvais pas me résoudre à l'appeler « maman » ; j'en avais déjà une. Mais j'avais besoin d'un terme plus proche et plus intime qu'un simple « Theresa ».

Au fil du temps, il devint évident que je commençais à ressembler à ma mère, une femme très belle. Nous avions toutes les deux le nez fin, les yeux en amande et les lèvres pulpeuses. Mais j'étais trop jeune pour m'apercevoir que j'étais jolie et je n'avais pas besoin de ce physique singulier pour me sentir différente.

Je faisais de mon mieux pour m'intégrer à l'école et j'essayais de ne pas laisser transparaître ma peur de ne pas être intelligente. Mais le fait d'appartenir à une famille pauvre n'arrangeait pas les choses. Nous n'étions pas pauvres au point de recevoir une aide sociale, mais nos parents gagnaient juste assez pour subvenir aux dépenses quotidiennes et aux frais scolaires.

Ni Theresa ni mon père ne se souciaient vraiment de notre apparence ou de nos tenues. Ma grand-mère, elle, était douée pour me trouver des vêtements.

Dans l'ensemble, aucun de nous ne possédait rien de beau. J'arrivais tous les jours à l'école dans mes vêtements d'occasion usés ou dénichés à bas prix au supermarché. L'achat de tenues neuves en gros permettait de réduire un peu les dépenses vestimentaires de notre famille nombreuse.

Après de nombreuses supplications, on m'accorda une unique entorse à cette règle pour mes neuf ans : l'acquisition d'une paire de baskets Adidas de contrefaçon. Nos parents ne pouvaient pas m'en offrir de vraies, bien sûr. Elles coûtaient soixante dollars, une fortune pour notre budget très limité. Mais j'étais ravie qu'on m'emmène au marché acheter une paire de baskets, même contrefaites. Elles faisaient ma fierté et ma joie. Chaque matin, je les nettoyais et les cirais pour qu'elles restent aussi blanches qu'au premier jour.

À l'école, il y avait un petit groupe de filles qui ne m'aimait pas. Peut-être parce que je commençais à attirer l'attention des garçons, je ne sais pas. Quand, le soir, je racontais à Theresa qu'elles m'avaient embêtée ou tyrannisée, elle me répondait invariablement :

— C'est parce qu'elles sont jalouses. Ignore-les.

Eh bien, j'ai tout fait pour essayer de les ignorer, mais, ce jour-là, elles sont allées trop loin.

C'était quelques semaines après mon anniversaire, et je portais mes nouvelles baskets. Personne ne savait qu'elles étaient fausses. Il fallait les regarder de très près pour distinguer les quatre bandes sur l'écusson au lieu des trois habituelles. Mais, manifestement, ces filles m'avaient examinée d'un œil expert, ce matin-là en classe, et elles l'avaient découvert. Dans le couloir qui menait à la cantine, la plus grande des filles, leur chef, vint marcher à côté de moi. Ses copines traînaient derrière nous, assez près pour nous entendre.

— Elles sont sympas, tes Adidas, murmura-t-elle gentiment. Ce sont des vraies ?

Je la regardai en face et perçus un sourire entendu.

— Euh, j'en sais rien, marmonnai-je.

Là-dessus, ses copines éclatèrent de rire derrière nous, et leur chef me lança un petit sourire suffisant.

— Ah ! d'accord, dit-elle en haussant les épaules.

Puis elle rejoignit ses amies, et chacune se mit à hurler de rire.

Elle savait que c'étaient des fausses, elles le savaient toutes ! Elles voulaient juste me mettre dans l'embarras.

La salope ! me dis-je tout en sentant mes joues s'empourprer.

J'avais été tellement contente de ces baskets. À cause d'elle, je me sentais totalement nulle maintenant. Je serrai mes livres si fort contre moi que les phalanges de mes mains étaient blanches. Furieuse, je partis immédiatement vers ma classe.

Plus tard, après l'école, tous les élèves allaient traîner au gymnase. Cette fille était là avec ses copines.

Maintenant, me dis-je, *c'est maintenant le moment de prendre ta revanche !*

Je me dirigeai vers elle et me plantai juste sous son nez, les bras croisés. Je l'examinai lentement de la tête aux pieds, avec le même regard vache et inquisiteur qu'elle m'avait fait subir. C'était une attitude si ouvertement agressive que les filles et les garçons autour de nous se turent pour me regarder. J'attendis que tout le monde ait les yeux tournés vers moi, puis le sourcil levé et la main sur la hanche, je lui demandai :

— Quoi de neuf ?

Les autres filles s'étaient tues aussi ; elles ne s'attendaient pas à ça. Elles avaient sans doute cru que je continuerais à avoir peur d'elles et à les laisser me tyranniser.

La fille eut l'air surprise, mais elle décida de tenir bon. Elle n'allait pas se laisser intimider ou provoquer devant ses petites brutes de copines. Elle fit un pas en avant, et je sentis son souffle sur moi.

— Rien, connasse ! répondit-elle en me regardant de la tête aux pieds avec le même air de défi. Mêle-toi de tes oignons, putain !

Fin de la discussion. Je m'élançai vers elle et lui envoyai mon poing dans la figure de toutes mes forces. Elle m'entraîna dans sa chute et commença à me frapper.

Je pris quelques coups sur la tête et dans les flancs, mais c'était clairement moi la plus forte, et je parvins bientôt à l'immobiliser sur le sol, tandis qu'elle se débattait pour se libérer. Avant d'avoir pu lui donner un autre coup, Buddy m'appela :

— Nikki ! Maman est là !

Je baissai les yeux vers la fille qui se tortillait sous mon corps. Ses cheveux parfaitement coiffés étaient maintenant tout ébouriffés, et sa bouche couverte de salive grimaçait de fureur. Je lui dis avec un large sourire :

— Reste en dehors de mon chemin, compris ?

Je roulai sur le côté et sortis en courant pour rejoindre mes frères et ma sœur dans la voiture de Theresa.

Personne ne me parla sur le chemin du retour. Les autres ne voulaient pas me trahir devant Theresa. Ils étaient assez intelligents pour ne pas le faire, chacun ayant ses propres combats à mener. J'étais tellement seule que, si quelqu'un me provoquait, il fallait que je me défende moi-même. Il n'y avait personne d'autre pour le faire à ma place. J'avais toujours été une petite dure à cuire, mais les événements des dernières années m'avaient rendue encore plus forte. Le monde pouvait bien me jeter ce qu'il voulait à la figure.

Le temps s'écoula de cette façon bizarre et fluctuante qu'on ressent quand on est enfant. Parfois, je le trouvais si long qu'il semblait s'être arrêté. Je sentais passer, avec le sentiment qu'il pourrait encore durer une éternité, chaque seconde, chaque minute et chaque heure d'un ennui abrutissant. Et pourtant, ces années passèrent en un éclair. Je m'aperçus bientôt que deux ans s'étaient écoulés depuis la mort de mon frère et de ma sœur, et depuis ma dernière rencontre avec ma mère.

Un dimanche, j'étais assise devant la télé dans le salon de grand-mère et j'engloutissais un sandwich au jambon, quand elle me passa le téléphone. Elle ne dit rien d'autre que :

— Tiens !

Je l'interrogeai du regard, mais portai tout de même le combiné à mon oreille.

— Allô ?

Ce devait être mon père qui appelait pour savoir quand on me ramènerait à la maison. Il y eut un silence, puis la voix d'une femme, hésitante :

— Allô ?

— Qui est à l'appareil ? demandai-je.

Puis vinrent les mots qui firent bondir mon cœur.

— C'est toi, mon bébé ?

C'était la voix de ma mère ! Je ne lui avais pas parlé depuis deux ans, et voilà qu'elle était à l'autre bout du fil, criant de joie et répétant sans cesse :

— Oh ! mon Dieu ! Nikki ? Tu me manques tellement. Nikki, ma chérie, dis quelque chose ! C'est toi, mon bébé ? Je sais que c'est la voix de ma petite fille ! Dis quelque chose à maman !

— Salut ! dis-je timidement, mais avec un large sourire.

Je ne savais pas du tout où elle se trouvait, ni pour quelle raison j'avais soudain le droit de lui parler, mais c'était merveilleux d'entendre simplement sa voix. Et elle semblait tellement en forme, tellement heureuse !

— Tu m'as manqué, maman. Tu es où ? Je peux venir te voir ?

— Pas encore, mon chou, mais bientôt. On va se voir très bientôt. Maintenant, dis-moi comment tu vas. Comment ça se passe à l'école ? Tu es bien sage avec ton père ? Dis-moi tout !

Tout lui dire ? Ça faisait deux ans ! Je savais à peine par où commencer. Je lui racontai que je m'étais mise à la clarinette et je lui parlai de tous mes amis à l'école. Je lui parlai de ma vie chez papa et Theresa, et de toutes mes corvées. Je ne lui dis pas qu'on me traitait de crétine ; j'ignore pourquoi. Au bout d'un moment, je lui demandai, essoufflée :

— Tu reviens bientôt ?

— Je ne sais pas, ma chérie.

C'est tout ce qu'elle me répondit.

— Écoute, il faut que j'y aille maintenant, mais sois bien sage et n'oublie pas de dire tes prières tous les jours. Maman va rester en contact avec toi à partir de maintenant. Grand-mère sera là pour nous aider. Et n'oublie pas que, quel que soit l'endroit où tu te trouves ou ce que tu fais, ta maman t'aime et t'aimera toujours.

— Ne pars pas, maman !

Je criai presque dans le combiné, les yeux soudain inondés de larmes.

— Je veux pas que tu partes.

C'était trop court. Combien d'années devrais-je encore attendre avant de lui reparler ? J'étais terrifiée à l'idée de la perdre pour de bon si je reposais le combiné ; j'avais très peur de ne plus jamais l'entendre.

— Ne t'en fais pas, me réconforta-t-elle, la voix pourtant chargée d'émotion. Ta maman t'aime, et on va se revoir très bientôt. Je te le promets. D'accord ?

— D'accord.

Je souris malgré mon angoisse. Je lui faisais toujours confiance, je l'aimais toujours. Elle était ma mère, et, un jour, on se retrouverait.

— Au revoir, maman.

— Au revoir, ma chérie.

10

La vérité

Je ne sais pas ce qui m'a donné envie de chercher ce jour-là.

Quand j'y repense, cette journée n'avait rien de différent des autres. Mais une pensée ne me quittait plus depuis que j'avais posé les yeux sur les ordinateurs de ma nouvelle école.

J'avais dix ans, presque onze, le jour où j'entrai au collège Copiague, comme mon frère et ma sœur avant moi. Dès les premiers instants, Sere fut là pour m'épauler. Elle me fit visiter l'école, me rejoignit chaque midi pour le déjeuner et m'aida à m'adapter à mon nouvel environnement d'une manière générale.

Je fis la connaissance de quelques filles qui devinrent rapidement de bonnes amies et, au fil des semaines, je sentis que je m'habituais à cette nouvelle routine.

Dans cette école se trouvaient des ordinateurs connectés à Internet. La première fois que je visitai la salle informatique, je fus stupéfaite : tout avait l'air si moderne, si perfectionné. Je n'avais jamais rien vu de tel de toute ma vie. Quatre rangées de huit machines modernes, élégantes et bourdonnantes, toutes connectées au monde entier. J'avais déjà vu des ordinateurs : Nanny et PopPop en avaient un et nous aimions nous amuser avec quand nous étions chez eux.

Mais, au collège, on nous apprit vraiment à les utiliser, à faire des recherches sur Internet et à faire fonctionner différents programmes utiles à nos études.

Et la soudaine omniprésence des ordinateurs dans notre travail scolaire m'offrit alors une foule de nouvelles opportunités. Notre accès à Internet était illimité. Si j'avais une question, pas besoin de la poser à un adulte, Google était là pour me répondre.

Toutes les questions qui me rongeaient depuis une éternité au sujet de la mort de mon frère et de ma sœur allaient enfin obtenir une réponse. Je savais qu'en cherchant bien, je pourrais découvrir la vérité que tout le monde avait essayé de me cacher.

La vraie question n'est pas de savoir pourquoi je me décidai à chercher des réponses ce jour-là précisément, mais pourquoi j'avais attendu si longtemps.

Je suppose que c'était en partie dû à la peur. Si personne ne me disait ce qui s'était passé, c'était pour une bonne raison. Au fond de moi, je savais que la vérité n'allait pas être agréable à découvrir.

Mais je crois que personne n'aurait jamais pu me préparer à ce que j'allais apprendre ce jour-là... Ni à la douleur que j'allais ressentir.

Quand le moment arriva enfin, c'était un matin gris, froid et triste du début du mois de décembre, quelques semaines après mon onzième anniversaire.

Attablée devant mon déjeuner, je terminais un sandwich poulet-salade en songeant à mon frère et à ma sœur. Ce n'était pas inhabituel ; je pensais à eux tout le temps. Personne n'aurait pu imaginer à quel point ils occupaient mes pensées. Mon comportement devait sembler assez normal, mais je vivais en réalité dans un monde de fantômes, occupé par deux petits enfants morts depuis longtemps.

Je décidai d'essayer d'en découvrir plus sur leur mort en utilisant les ordinateurs de la salle informatique.

Avant ce jour, j'avais toujours eu une bonne raison de ne pas le faire : je manquais de temps, la salle était pleine, ou bien je croisais des amis et m'arrêtais pour discuter avec eux. Si je me lançais dans mes recherches, il fallait que les circonstances soient parfaites.

Je jetai un œil à l'horloge de la cantine : midi et quart. Je disposais d'une heure environ avant mon cours de treize heures cinq.

Après avoir jeté l'emballage de mon sandwich à la poubelle, je me mis en chemin vers la salle informatique. Elle était vide.

À cet instant, j'hésitai. J'aurais très bien pu partir sur-le-champ et aller m'exercer à la clarinette dans la salle de musique. Mais quelque chose me poussait ce jour-là. J'avais l'impression que Mellie et Momo étaient tout près de moi.

Maintenant, chuchotaient-ils. *On veut te le dire MAINTENANT.*

Mon cœur se mit à battre violemment. Dans quelques minutes seulement, je connaîtrais la vérité.

Je m'assis à une table tout au fond de la salle. Si quelqu'un entrait, j'aurais au moins le temps d'éteindre l'ordinateur avant qu'il voie ce que je faisais.

J'avais tout à fait le droit d'être ici, pourtant, je me sentais coupable. Jusque-là, comme on m'avait fortement dissuadée de demander pourquoi mon frère et ma sœur étaient morts, j'avais l'impression de commettre une énorme transgression en allant chercher des réponses par moi-même.

J'allumai l'écran, et l'ordinateur se réveilla. Ensuite, je trouvai la page d'accueil de Google. J'entrai la première chose qui me vint à l'esprit : « Meurtre de Delvin et Melvin. »

Rien.

Ensuite, j'entrai le nom de ma mère, « Debra Roberson », et « Amityville, New York ».

Le premier article proposé par la liste des résultats était un reportage de notre journal local, *Newsday*. Je cliquai sur le lien et commençai à lire :

> *Hier, un juge du Suffolk a déclaré Debra Roberson non coupable pour cause de déficience mentale. Cette mère de trente-deux ans, habitante d'Amityville, était inculpée des meurtres de ses deux jeunes enfants, qu'elle avait immergés dans de l'eau bouillante.*

Je m'arrêtai. Je ne savais pas ce que signifiait « immerger ». Je notai le mot, puis j'ouvris une autre fenêtre et je le cherchai dans un dictionnaire en ligne. Définition : « Plonger dans un liquide. »

Je laissai échapper un cri involontaire, tandis que mon cœur se figeait dans ma poitrine. Elle les avait noyés ? Dans de l'eau bouillante ? Ma mère avait fait ça ?

Mon souffle s'accéléra, le sang se mit à battre dans mes oreilles. C'était comme si je venais de tomber à la renverse dans un long trou noir... Je tombais, tombais, tombais...

Il n'y avait plus rien autour de moi à présent. J'étais coincée au fond d'un puits, inaccessible au monde extérieur, enfermée dans une terreur secrète.

Je poursuivis ma lecture :

Lorsque le tribunal l'a interrogée sur ses souvenirs de la soirée, Roberson a répondu qu'elle se rappelait seulement que des « choses incroyables » étaient arrivées.

« Je me souviens juste que des phénomènes étranges se passaient. Il y avait des choses qui descendaient des murs... et puis un homme est venu et je l'ai serré dans mes bras et embrassé », a-t-elle dit.

Michael Mullen, juge par intérim de la Cour suprême de l'État, qui a déclaré Roberson non coupable à Riverhead, a demandé qu'elle subisse des examens psychiatriques d'ici au 30 novembre, jour où il décidera si elle doit être ou non internée dans une institution psychiatrique. Si elle était jugée mentalement stable, elle pourrait alors être relâchée.

Le procureur a approuvé ce jugement de non-culpabilité, soulignant, comme l'ont fait les avocats de la défense, que Roberson avait derrière elle un long passé de problèmes mentaux. Les deux psychiatres qui l'ont examinée, l'un pour la défense, l'autre pour l'accusation, ont conclu qu'elle aurait tué les enfants alors qu'elle était victime d'hallucinations.

L'article expliquait ensuite qu'en 1995, maman avait été internée pour cause de comportement irrationnel et que ses enfants lui avaient été retirés par les services d'aide sociale à l'enfance, mais qu'une fois sortie de l'hôpital, on les lui avait rendus. Deux ans plus tard, en ce jour fatidique de 1998, la police était entrée de force dans la maison de maman et avait trouvé Mellie et Momo sur le canapé... Grand-mère avait appelé la police, car maman lui avait dit au téléphone qu'elle pensait que Mellie et Momo étaient morts.

L'article révélait ensuite l'atroce vérité :

Les policiers ont déclaré que les enfants avaient des brûlures sur les bras, le visage et le corps, et qu'ils ont trouvé Roberson dans un état de transe. Une bible serrée contre elle, elle psalmodiait de façon incohérente et se signait sans cesse. Hasson, le fils de Roberson âgé de sept mois, a été découvert indemne, dormant dans le lit d'une pièce adjacente.

Les résultats d'autopsie ont montré que Melvin était mort par asphyxie et immersion dans de l'eau chaude, et que Delvin était morte par asphyxie, sans doute avant d'avoir été immergée elle aussi.

Un peu plus loin, j'appris qu'à la lecture de l'acte d'accusation, maman était vêtue d'une simple bâche jaune dans laquelle les gardiennes de la prison avaient dû l'envelopper, car elle avait retiré tous ses vêtements dans sa cellule. Selon le journal, maman avait déclaré un jour à une personne de l'hôpital qu'elle devait « faire bouillir ses enfants pour les débarrasser des démons ».

Je lisais et j'assimilais chaque mot du reportage en pleurant sans bruit. Ainsi, maman avait tué Momo et Mellie. C'était ce que disait le journal. Elle était folle et leur avait fait quelque chose de terrible dans sa maison ce soir-là.

Maintenant, je savais pourquoi les visages de mon frère et de ma sœur étaient cachés sous cet étrange mastic. Leur visage, leurs bras et leur corps avaient été brûlés par de l'eau bouillante. Dieu sait à quoi ils ressemblaient là-dessous !

Pas étonnant que personne ne m'ait permis de voir ma mère : elle était folle. Et c'était une tueuse.

Pendant tout ce temps, je n'avais jamais vraiment cru que ma mère avait fait du mal à Mellie et Momo. C'était impossible. Je savais qu'elle nous aimait tous.

Mais il était écrit noir sur blanc qu'elle était folle et droguée. Je me représentais très bien sa première apparition devant la cour, son délire et ses mouvements incontrôlables. Je savais que c'était vrai.

L'état dans lequel ils l'avaient trouvée, comme en transe, agrippée à sa bible, le jour où ils avaient découvert Mellie et Momo, c'était vrai. Tout était vrai.

On l'avait même internée une fois, et elle avait parlé de « faire bouillir » ses enfants pour les débarrasser des démons.

Elle avait voulu nous tuer avant !

Je savais ce qui arrivait quand on s'ébouillantait un peu le doigt avec de l'eau chaude. On avait une très grosse cloque blanche, et la peau en dessous était rouge sang. Il m'était impossible d'imaginer combien Mellie et Momo avaient souffert si elle les avait plongés dans de l'eau bouillante.

Je ne pouvais plus refouler mes sanglots à présent. Je n'avais encore jamais craqué à l'école, mais, cette fois, mes larmes étaient impossibles à retenir. Je portai instinctivement les mains à ma bouche, comme pour essayer d'étouffer la douleur, mais rien ne pouvait atténuer un tel choc.

Oh ! mes chéris ! pleurais-je intérieurement. *Mes pauvres chéris ! Comment est-ce qu'elle a pu vous faire ça ?*

« Immergés dans de l'eau bouillante. » Je continuais à balayer ces mots du regard sur l'écran. Je ne pouvais pas m'en détacher et, en même temps, je ne les voyais même plus.

Mes yeux étaient plongés dans le regard terrifié de mon frère et de ma sœur, au moment où ma mère s'emportait et se jetait sur eux. Je sentais leur terreur, la chair de poule sur leur peau et leur affreux sentiment d'impuissance, tandis qu'elle soulevait l'énorme casserole d'eau bouillante et la vidait sur eux.

À cet instant, je ressentis la douleur cuisante qui rongeait leur corps.

Ils mouraient. Ils mouraient.

Non, non, non, NON ! J'avais envie de crier, mais j'étais figée, bloquée sur mon siège, simple spectatrice des événements atroces qui se déroulaient dans ma tête.

Je les avais vus souffrir par le passé, quand ils étaient battus par ma mère. J'avais déjà vu leur peur, j'avais entendu leurs gémissements terrifiés. C'était très douloureux à l'époque, mais cette nouvelle vision était insupportable, déchirante.

Je détestais connaître la douleur qu'ils avaient ressentie ce jour-là. Je détestais ma mère de leur avoir fait ça. Comment quelqu'un pouvait-il trouver la volonté de faire une chose pareille à deux adorables enfants ? À *ses* adorables enfants ?

Je décidai sur-le-champ de ne plus jamais reparler à ma mère, pas maintenant, pas en sachant ce qu'elle avait fait. Soudain, une sonnerie retentit au loin, et je levai les yeux : il était treize heures, presque l'heure de mon cours.

La deuxième sonnerie parvint à me tirer de ma transe. Je bondis, j'éteignis l'ordinateur et je courus aux toilettes pour me laver le visage.

J'adressai à peine la parole à quelqu'un le reste de la journée. Après l'école, je rentrai à la maison et ne révélai rien de ce que j'avais fait.

Je n'avais pas besoin qu'on me raconte des mensonges supplémentaires, que quelqu'un essaie encore de dissimuler la réalité. Il me fallait juste du temps, du temps et du silence pour assimiler la vérité.

Au cours de la semaine suivante, je retournai à la salle informatique chaque fois que c'était possible.

Je lus l'article encore et encore, me familiarisai avec les termes, les gens et les événements. Je fis des recherches sur le système judiciaire, sur le fonctionnement des plaidoyers et sur le sens de « plaider non coupable pour cause de déficience mentale ».

Je saisis l'essentiel : elle les avait tués, mais ne pouvait être tenue responsable, car elle n'était pas dans son état normal.

Donc, elle était coupable. C'était tout ce que j'avais besoin de savoir.

Ensuite, je cherchai d'autres articles. J'en trouvai un du *New York Times*, écrit le lendemain de la découverte des corps, qui confirmait ce que j'avais lu et que ni les professeurs ni les voisins n'avaient vu Mellie et Momo pendant une semaine avant l'événement.

C'était comme un puzzle dont j'assemblais les morceaux dans ma tête. Brooklyn : c'était la dernière fois que j'avais vu Mellie, Momo et maman. Ce jour-là aussi, elle avait perdu la tête. Le lendemain étant un lundi, mon frère et ma sœur auraient dû aller à l'école, mais maman ne les y avait pas emmenés. L'article datait du jeudi ; ils avaient donc dû être tués le mercredi.

Ainsi, elle avait passé tout ce temps dans son délire. L'angoisse et la terreur de Mellie et Momo ne pouvaient alors se résumer à un unique instant d'épouvante. Ils s'étaient retrouvés coincés dans cette maison pendant des jours. Elle les avait sans doute battus, affamés, négligés, agressés et terrifiés au gré de ses humeurs.

Sonny n'était qu'un bébé. Comment avait-il pu survivre à ces journées, et surtout à ce moment de folie qui avait emporté la vie de mon frère et de ma sœur ?

Pour la première fois, je ressentis un élan d'admiration pour le petit garçon qui avait vécu tant de moments terrifiants avant même d'avoir un an.

Environ six mois après l'incident, on l'avait rendu à ma grand-mère, et c'était maintenant un petit garçon de quatre ans heureux. Il était vif et épuisait mes grands-parents avec son énergie et ses exigences.

Je savais qu'il ne garderait aucun souvenir des événements, et c'était l'unique pensée qui me réconfortait. Mais pourquoi avait-il été épargné, alors que les deux autres avaient été tués ?

Pourquoi n'avais-je pas été là pour les protéger ?

Mais, avant tout, où étaient donc passés les adultes à ce moment-là ? Ma grand-mère ? Mon grand-père ? Les services sociaux ? Comment avait-on pu laisser ma mère s'occuper seule de ses trois enfants cette semaine-là, alors que moi-même, encore petite fille, je savais que quelque chose ne tournait pas rond dans sa tête ?

Tout ça n'avait aucun sens.

Je trouvai un autre article du *Newsday*, publié quelques mois après l'audience au cours de laquelle elle avait plaidé non coupable. Elle était maintenant considérée comme malade mentale dangereuse, et on pensait que l'abus de cocaïne avait aggravé son état.

J'appris beaucoup de choses pendant cette première année au collège (mais pas nécessairement en cours). Internet m'expliqua tout sur la toxicomanie, la cocaïne, les procédures juridiques, les méthodes des services sociaux et la signification de « déficience mentale ».

Contrairement à mon frère et ma sœur défunts, je grandis beaucoup cette année-là. Je m'autorisai à accepter ce que je lisais et laissai la vérité me pénétrer entièrement, au point de ne plus pouvoir jamais nier les faits.

À présent, au lieu de voir le visage de mes frères et sœurs au réveil, j'ouvrais les yeux chaque matin sur cette nouvelle réalité. *Maman est une tueuse*, me disais-je.

Ma maman est une tueuse.

11

Fugue

— Tiana, tu m'emmènes chez toi ? demandai-je un jour à l'une de mes cousines plus âgées après la fin des cours.

À cette heure-là, j'étais censée me mettre en rang pour attendre le bus avec mes demi-frères et ma demi-sœur, mais, dès le matin, j'avais pris la décision capitale de fuguer.

Je ne m'enfuyais pas sans y avoir réfléchi, dans un moment de panique, comme on aurait pu s'y attendre de la part d'une enfant de onze ans. En fait, j'avais plus en tête de me réfugier chez quelqu'un que de m'enfuir pour de bon de chez mon père. Voilà : j'en avais marre de me sentir seule chez papa. J'avais besoin d'être avec ma grand-mère.

Elle me manquait, tout comme le reste de ma famille, ces personnes auprès de qui j'avais grandi. Mellie et Momo étant partis, maman aussi – et peut-être que je ne la reverrais jamais –, les seules personnes à qui je pouvais me raccrocher étaient ma grand-mère et mon grand-père. Il n'y avait qu'avec eux que je me sentais en sécurité.

Tout le monde s'était peut-être attendu à ce que j'oublie simplement ma vie d'avant et que je passe à autre chose, mais, presque cinq ans après mon installation chez mon père, j'étais plus malheureuse que jamais.

Je voulais grandir aux côtés de Sonny, jouer avec mon petit frère et m'occuper de lui. Je l'aimais plus que tout et je savais qu'il avait besoin de moi.

Je finis donc par mettre mon plan à exécution : je me rendis à l'école comme d'habitude ce jour-là et, après les cours, je repérai Tiana, qui avait deux ans de plus que moi.

— Bien sûr, sourit-elle. Quand est-ce que tu veux venir ?

— Aujourd'hui, répondis-je en la regardant dans les yeux. Maintenant.

Elle rit, persuadée que j'allais éclater de rire aussi, comme s'il s'agissait d'une plaisanterie.

Tiana était la fille de Melissa, la compagne de mon oncle Jerome. Il avait lui-même accueilli mon frère et ma sœur à l'époque où ma mère était trop malade pour s'occuper d'eux. Je savais que Tiana avait un faible pour moi et que, si j'avais besoin d'aide, elle m'offrirait la sienne à coup sûr.

— Quoi ? Pourquoi tu veux aller là-bas maintenant ? Tu ne devrais pas rentrer chez toi, Nikkia ?

— Je n'irai pas, répondis-je lentement et fermement. Je dois aller voir ma grand-mère, et ta mère m'a dit que, si un jour j'avais besoin d'aide ou de quoi que ce soit d'autre, il fallait que je vienne la voir. C'est ce que je fais. Et il faut que tu m'aides. S'il te plaît. Emmène-moi chez toi.

Il y eut un silence. Tiana se demandait si elle devait me prendre au sérieux. Il n'était pas difficile de refuser ;

d'un autre côté, j'avais sous-entendu que, si elle ne m'aidait pas, elle aurait des problèmes à la maison.

N'ayant aucun moyen de vérifier mes revendications, elle semblait perdue.

Peut-être l'intensité de mon regard la toucha-t-elle, ou bien eut-elle pitié de moi parce qu'elle savait ce qui était arrivé à Mellie et Momo. Quoi qu'il en soit, elle ne mit pas longtemps à se décider.

— D'accord, dit-elle à contrecœur. Mais je ne peux pas t'emmener en bus.

J'étais si soulagée de voir que la première partie de mon plan avait fonctionné que je bafouillai :

— Je sais. Je sais. Ils ne voudront pas que je monte. J'y ai pensé. Mais on peut prendre un taxi, j'ai de l'argent.

En fait, j'avais juste un dollar cinquante, l'argent de mon déjeuner. Mais tante Melissa vivant à Amityville, j'étais sûre que ça suffirait pour nous payer le trajet de l'école à sa maison.

Tiana héla un taxi, et je montai avec elle. La lumière s'alluma, et les chiffres rouges du compteur indiquèrent instantanément soixante-quinze cents. Les battements de mon cœur s'accélèrent. On n'était même pas partis que déjà la moitié de mon argent s'était envolée !

Tiana surprit mon regard paniqué.

— T'en fais pas, j'ai de l'argent, sourit-elle.

Le prix de la course s'éleva à sept dollars. Heureusement, Tiana avait cinq dollars sur elle, et le chauffeur de taxi nous offrit les cinquante cents manquants.

La première partie de mon plan avait fonctionné ; il fallait maintenant que je passe à la deuxième : convaincre tante Melissa de m'emmener chez grand-mère.

Alors que nous grimpions l'escalier jusqu'au quatrième étage de leur immeuble, je sentis l'odeur de poulet frit qui s'échappait de l'appartement. Le parfum de la liberté était déjà grisant !

— Maman ! cria Tiana après avoir ouvert la porte avec sa clé. Maman ! Nikkia est là !

Tante Melissa sortit soudain de la cuisine.

— Nikki ?

Le simple fait de voir son visage et de l'entendre prononcer mon nom suffit à réveiller ce sentiment de solitude et d'abandon que je refoulais depuis si longtemps. Le caractère familier de l'appartement, sa voix, les odeurs. C'en était trop.

Cet endroit faisait partie de ma vie cinq ans plus tôt. J'étais venue ici régulièrement pendant les années tumultueuses où maman n'avait pas réussi à nous offrir une vie de famille stable.

Mais, depuis que je vivais chez mon père, je n'étais pas venue ici une seule fois.

Je courus dans les bras de ma tante et sanglotai bruyamment.

— Ma chérie, qu'est-ce qui ne va pas ?

Elle s'écarta de moi et étudia mon visage, comme si elle y cherchait une réponse.

— Il s'est passé quelque chose ? Qu'est-ce qui ne va pas ? Dis-le-moi !

Tante Melissa avait bien assez à faire avec ses cinq enfants. Je ne voulais pas rester ici, ni être une charge pour elle. Je me contentai de dire :

— Il ne s'est rien passé. Je veux juste voir grand-mère, c'est tout.

— Mais pourquoi ?

— Je veux juste voir grand-mère... Il ne s'est rien

passé. C'est juste... C'est juste que je ne veux pas retourner chez mon père.

Puis je recommençai à pleurer, et tante Melissa me dit :

— D'accord, d'accord... Écoute, ne t'inquiète pas. Tiens, prends un soda. Assieds-toi avec Tiana et les autres pendant que j'appelle ton oncle Jerome.

Je l'accompagnai jusqu'à la cuisine. Deux de ses plus jeunes enfants jouaient par terre. Je me baissai pour m'amuser avec eux. J'adorais voir mes petits cousins. La simple proximité de bébés ou de jeunes enfants me rendait heureuse.

Quelques minutes plus tard, alors que nous étions absorbés par la construction d'une tour en briques, j'entendis tante Melissa téléphoner à mon oncle.

— Jerome ? Tu ferais mieux de venir. Nikki est là... Je ne sais pas, elle ne veut rien me dire. Elle est arrivée avec Tiana après l'école. Elle dit qu'elle veut voir Annie... Non, elle a l'air d'aller bien. D'accord, d'accord. À plus tard.

Et voilà, deuxième partie de mon plan réussie. J'avais menti à Tiana en lui disant que tante Melissa avait accepté de m'aider. Je ne crois pas qu'elle avait dit quelque chose de ce genre, mais elle m'avait assuré qu'elle serait toujours là pour moi. Je l'avais prise au mot. Et je savais que, si j'arrivais jusqu'à elle à Amityville, elle m'aiderait à retourner chez ma grand-mère. Maintenant qu'oncle Jerome était en chemin, je me sentais plus proche que jamais de mon retour chez grand-mère. De mon retour dans ma vraie maison.

Il dut faire de son mieux pour revenir de Brooklyn aussi vite que possible, mais il s'écoula encore une heure entière avant son arrivée.

Dès qu'il franchit le pas de la porte, il m'aperçut devant la télé, vint vers moi et me serra fort dans ses bras.

— Viens, ma puce. Allons discuter.

Il me fit signe de le suivre dans l'une des chambres pour que nous puissions avoir une conversation seule à seul. Une fois dans la chambre de tante Melissa, il s'assit au bout du lit, et je m'installai sur une chaise en face de lui.

— Nikki, dit-il d'un ton sérieux. Qu'est-ce qui ne va pas ? Pourquoi tu es venue chez ta tante ?

— Je veux vivre avec grand-mère.

— Mais pourquoi ? Tu n'aimes pas habiter chez ton père ?

Mes larmes commencèrent à couler, mais je les essuyai avec un geste de défi.

— Il est méchant, expliquai-je. Je déteste vivre là-bas.

— Il te frappe ?

— Hum, hum…

Je secouai la tête.

— Mais ça pourrait bien arriver. Il met des raclées aux autres, et ça leur fait très mal. Il leur dit de se déshabiller pour que ce soit encore plus douloureux. J'ai peur de lui.

— Tu sais que ta grand-mère n'a pas le droit de t'héberger, dit-il lentement. Si elle avait pu, elle l'aurait fait il y a des années, à la mort de Mellie et Momo. Ton père a obtenu ta garde, et elle risque d'avoir des problèmes si tu vas chez elle sans en avoir parlé avec David.

— Il ne me laisse jamais la voir de toute façon ! m'écriai-je, laissant exploser l'indignation et le sentiment d'injustice que j'avais éprouvés pendant toutes ces années.

À bout, je m'enflammai sous le coup de l'émotion.

— C'est ma grand-mère, mais il me laisse seulement aller chez elle de temps en temps, et seulement quand il en a envie. Et je dois lui demander la permission comme si c'était un immense service, mais il n'accepte pas toujours, et j'ai peur de le faire au cas où il dirait non. De quel droit il m'empêche de voir ma propre grand-mère ? Je ne savais même pas qui il était avant qu'il vienne me chercher quand j'avais sept ans ! Il ne me parle pas, il rentre à la maison et nous crie après. Je crois même pas qu'il m'aime. Je le déteste et je veux plus jamais le revoir !

Jerome me regardait dans les yeux, muet d'étonnement devant cet emportement si contraire à mes habitudes. Il me connaissait depuis que j'étais née et, même si je pouvais me montrer impertinente et répondre aux adultes, je ne crois pas qu'il m'avait vue dans cet état avant, pleine de colère et de passion. Peut-être qu'il n'avait jamais compris à quel point c'était dur pour moi. Peut-être qu'il voulait m'aider.

Il me prit dans ses bras et me berça doucement tout en essayant de calmer les sanglots bruyants qui montaient maintenant du plus profond de mon être.

— Chuuuut..., m'apaisa-t-il en me caressant les cheveux. Arrête maintenant, Nikki. Écoute, je vais appeler ta grand-mère, d'accord ? Je ne sais pas ce qu'elle va pouvoir faire aujourd'hui, mais tu as raison. Tu as déjà trop perdu, ma puce. Tu devrais avoir le droit de la voir quand tu veux.

On appela ma grand-mère et, de nouveau, je tempêtai et pestai, lui expliquant encore et encore à quel point la situation était injuste.

Elle hocha la tête, exprima sa compassion, soupira et pleura avec moi. Mais, au bout du compte, elle me dit que je devais rentrer chez mon père.

— Je ne peux rien y faire, mon chou, dit-elle tristement en secouant la tête. Ton père n'a rien fait de mal. S'il t'avait frappée, j'appellerais les services sociaux sans aucune hésitation. Crois-moi, plus rien ne m'arrêterait. Mais il sait que, tant qu'il ne te frappe pas, nous n'avons aucune raison de l'empêcher de te garder. Je sais que c'est dur, ma puce, je le sais. Tu manques aussi à grand-mère. Mais tu n'as pas d'autre choix que de demander à ton père l'autorisation de me voir et n'aie surtout pas peur s'il refuse. Il ne te fera aucun mal.

Personne n'avait l'air de comprendre. Je n'avais pas besoin d'être fouettée ou cognée pour avoir mal. Le rejet suffisait à me blesser profondément.

Pire encore : maintenant qu'on me renvoyait chez lui, j'allais avoir de gros ennuis à cause de ma fugue. Je sanglotai violemment et m'agrippai à ma grand-mère, comme si ma vie dépendait d'elle.

— Tu crois vraiment que j'ai envie de te faire ça ? dit-elle en essuyant ses propres larmes. S'il te plaît, Nikki chérie, ne me rends pas les choses plus difficiles. J'ai tellement mal, je ne peux plus supporter de t'entendre pleurer.

Finalement, épuisée, je laissai oncle Jerome me ramener chez mon père plus tard ce soir-là.

Papa ne dit pas un mot quand j'entrai dans la maison, mais la colère que je lus dans son regard froid me fit l'effet d'une grosse gifle. Theresa me servit une assiette du ragoût qu'ils avaient mangé plus tôt, et puis j'allai me coucher, vaincue et déprimée.

Cette nuit-là, je m'endormis de nouveau en pleurant, mais de frustration cette fois. Dans mon cœur, je me sentais extrêmement vieille.

Et pourtant, en nombre d'années, j'étais seulement une enfant, incapable d'agir sur sa vie et son environnement, telle une feuille emportée par le vent.

Je me sentais impuissante et minuscule.

Le lendemain matin, papa partit travailler sans m'adresser la parole, et ce fut Theresa qui m'expliqua la situation :

— Nous avons décidé de te punir. Pas de télé, pas de jeux dehors et une heure de tâches ménagères en plus chaque jour pendant une semaine.

Je ne répondis rien. Qu'y avait-il à dire ? Je m'y attendais. Ce que je n'avais pas prévu, c'était le silence total de papa. Il ne m'adressa pas un mot pendant longtemps après ma fugue.

Un jour, deux semaines environ après ma tentative d'évasion, j'étais assise à la table de la cuisine et je m'efforçais de faire mes devoirs de maths, lorsque je demandai à Theresa si papa était toujours furieux contre moi.

— Il ne l'est plus, soupira-t-elle. Il est bouleversé. Ta fugue l'a profondément blessé. Elle nous a blessés tous les deux, mais lui encore plus. Il fait de son mieux, Nikki. Il veut te donner les mêmes chances dans la vie qu'à tes frères et ta sœur. Je sais qu'il ne le montre pas très souvent, mais il t'aime vraiment. Énormément. Ta fugue..., eh bien, ça lui a fait de la peine.

Je ne comprenais pas. Est-ce qu'il ne réfléchissait jamais à mes propres sentiments ?

Chaque jour, je me réveillais sans Mellie et Momo, sans ma mère. Chaque jour, je me réveillais dans un univers déjà cruel et pénible. Pourquoi me rendait-il les choses encore plus difficiles ?

Mais je ne dis rien de tout ça. Je ne recherchais pas sa compassion.

— Je veux juste voir grand-mère, dis-je mollement. Pourquoi il m'en empêche ?

— C'est dans ton propre intérêt, insista-t-elle.

Peut-être que c'était vrai, peut-être qu'il avait raison sur toute la ligne. Tout ce que je sais, c'est qu'en me gardant éloignée de la seule personne que j'avais connue et aimée toute ma vie, il ne s'attirait que ma haine.

Je n'arrivais pas à comprendre mon père. D'un côté, il semblait ne me témoigner aucune affection, mais, de l'autre, il était déterminé à faire en sorte que je reste avec lui et à ne pas me laisser vivre avec ma grand-mère, qui m'aimait vraiment.

Theresa disait qu'il m'aimait aussi, mais je ne l'entendais jamais de sa propre bouche.

Ses actes me semblaient aussi déroutants que ses yeux étranges et changeants. Ils pouvaient passer du gris au vert, puis du vert au bleu, en fonction du temps. S'il y avait du soleil, ils étaient bleu-vert, et s'il faisait gris, ils l'étaient aussi. On pouvait deviner la météo à la couleur des yeux de mon père. D'une manière générale, ses humeurs me paraissaient aussi variables que le temps qu'il faisait dehors.

Certains jours, il était très sympa et facile à vivre, mais d'autres, il avait l'air furieux, même s'il ne semblait y avoir aucune raison à ça. Je sondais ses yeux pour essayer d'évaluer son humeur et, en même temps, quel type de journée nous allions passer.

Les yeux de mon père me servaient de girouette.

Ma belle-mère m'aimait, je n'en doutais pas. Aujourd'hui encore, je sens que je peux parler de tout avec elle.

Mais, à cette époque, je n'étais vraiment proche de personne, hormis Sere et les deux garçons. Nous vivions tous dans la peur de papa.

Il devait croire que ses méthodes étaient les bonnes, mais je ne le comprenais pas. Je ne pouvais vraiment pas le comprendre. Je grandis dans un état de colère, contrariée et malheureuse.

12

Maman

Un samedi après-midi de mars, alors que le vent balayait les feuilles dehors, grand-mère m'apprit la nouvelle. C'était l'un de ces rares week-ends qu'on m'avait permis de passer chez elle, et nous venions de terminer le déjeuner. Assise à table, je finissais une grande coupe de glace au chocolat.

— Tu veux voir ta maman ? me demanda-t-elle, un grand sourire aux lèvres.

Mon cœur fit un bond dans ma poitrine.

— Oui ! m'écriai-je.

— Eh bien, on peut t'emmener la voir demain, poursuivit-elle. C'est le jour des visites au centre, et on a demandé au tribunal de t'autoriser à y aller.

Je me sentais tout étourdie à la perspective de ce qui m'attendait le lendemain. Ça faisait si longtemps : quatre ans ! Et, malgré tout ce que j'avais lu, malgré cette cruelle vérité, j'avais toujours besoin de la voir.

C'était ma mère et, à onze ans, elle me manquait plus que jamais. Je ne pouvais imaginer ne plus jamais la revoir. Mais l'excitation laissa presque aussitôt place à la peur.

— Est-ce qu'il n'y aura que nous ? demandai-je avec hésitation.

Je savais maintenant que ma mère était une meurtrière. Et si j'étais totalement bloquée devant elle ? Et si je n'arrivais pas à lui parler ? Une grande partie de moi la méprisait encore, et je ne savais même pas si j'avais envie de lui parler après avoir appris ce qu'elle avait fait à Mellie et Momo. S'il était prévu que je la rencontre seule, je ne voulais pas y aller.

— Non, mon chou, rit ma grand-mère. On sera nombreux ; j'emmène Sonny aussi.

Cette nuit-là, allongée dans le noir, j'essayai d'imaginer ce qui allait se passer le lendemain tout en traçant distraitement les ombres sur le mur avec mon doigt.

Je savais où nous allions : au centre de psychiatrie médicolégale Mid-Hudson. Je l'avais lu dans les journaux et je savais que c'était un hôpital à haute sécurité pour les gens vraiment dérangés.

Je n'arrivais pas à imaginer cet endroit. Je ne parvenais pas non plus à me représenter ma mère là-bas. J'avais vu une photo d'elle dans le journal, prise juste après son arrestation ce soir de 1998, et elle avait l'air d'un zombie, le regard fixé devant elle, totalement vide, le visage fermé.

J'avais vu ces yeux de nombreuses fois quand elle paraissait perdue dans son monde.

Dans quel état sera-t-elle demain ? me demandais-je. *Est-ce que je vais me retrouver face à un zombie ?*

Je n'en avais aucune idée. La description de ma mère dans les articles de journaux me semblait si étrange.

Et qu'est-ce qu'elle allait penser de moi ? La dernière fois qu'elle m'avait vue, je mesurais peut-être trente centimètres de moins. J'avais beaucoup changé ces quatre dernières années, et pas seulement en apparence.

— Elle a tué Mellie et Momo, me chuchotais-je dans le noir. *Elle n'a pas voulu le faire, elle avait perdu la tête.* Je me repassais la conversation que j'avais déjà eue avec moi-même tant de fois.

Depuis que j'avais lu les articles sur Internet racontant ce qu'elle avait fait, mes sentiments pour ma mère étaient complètement partagés. Je ne pouvais pas lui pardonner et oublier, mais je ne pouvais pas non plus l'abandonner totalement. Il fallait qu'elle-même me raconte la vérité. Il fallait que je l'entende de sa propre bouche. Parfois, je parlais à grand-mère de ce que j'avais lu, mais, dès que j'abordais le sujet, elle était incapable de faire face à la vérité.

— Grand-mère, l'article disait qu'elle avait perdu la tête à cause de la drogue.

— Oui, c'est vrai. Mais je ne vois pas comment elle aurait pu faire ça. Elle n'aurait jamais fait une chose pareille à ton frère et ta sœur. Elle les aimait.

— Mais peut-être qu'elle ne les voyait pas vraiment, persévérais-je. Peut-être qu'au moment où elle les a tués, elle ne voyait que le diable face à elle.

— Mmm, mmm, acquiesçait de nouveau grand-mère. C'est ce que disent les docteurs et les avocats. Ils disent qu'elle ne savait pas ce qu'elle faisait.

— Qu'est-ce que tu en penses, grand-mère ?

— Moi ? Je crois que le diable s'est emparé de l'esprit de ta mère. Je n'en sais rien. Je ne sais pas quoi penser. Je dois simplement continuer à l'aider parce que je sais que c'est une femme malade.

Et c'était tout. Maman était la seule personne qui savait exactement ce qui s'était passé ce terrible soir, et je décidai qu'elle finirait par me raconter les faits, d'une manière ou d'une autre.

Pourtant, j'étais terriblement nerveuse. Qu'est-ce que j'allais lui dire ? Comment allait-elle s'adresser à moi ? Voudrait-elle me serrer dans ses bras ? Serais-je capable de le faire ? Ces questions tournaient en boucle dans ma tête ce soir-là, tandis que je me préparais à rencontrer une véritable criminelle. Ma mère.

Le lendemain matin, je me douchai de bonne heure et j'enfilai les vêtements que j'avais préparés la veille au soir. Mon pull rouge préféré, un jean et des baskets. Ce n'étaient pas vraiment de beaux habits, mais je trouvais que c'étaient ceux qui m'allaient le mieux et j'étais contente de porter ma tenue préférée pour ma mère.

Il nous faudrait environ deux heures pour faire le trajet de la maison de Coconut Street, à Long Island, au centre psychiatrique Mid-Hudson, à New Hampton, dans le nord de New York.

J'étais dans tous mes états ce matin-là, à peine capable de me contenir. Je me sentais nerveuse, effrayée, et heureuse à la fois.

J'aidai Sonny à enfiler une adorable tenue bleue, tandis que nous attendions l'arrivée des autres. Comme c'était le jour de visite des familles, maman pouvait recevoir toutes les personnes qui souhaitaient venir la voir. Quelques sœurs de ma grand-mère, mon oncle Jerome et quelques-uns de mes cousins nous accompagnaient donc.

Le voyage sembla sans fin. Après avoir quitté l'extension urbaine, la voiture prit l'autoroute 87, filant à travers les grands espaces, puis dépassa l'autoroute à péage du New Jersey pour prendre la route nationale 6.

Nous devions ensuite traverser les petites villes de Chester et de Goshen avant d'arriver dans la banlieue de Middletown à New Hampton.

Tout au long du voyage, je me laissai submerger par les divers changements de paysage tout en me préparant à ce qui allait suivre. Je n'avais envie de parler à personne. Je gardai la tête appuyée contre la vitre et les yeux fixés sur le paysage.

Au bout de deux heures, la voiture quitta la route et s'engagea dans une longue allée. Soudain, un bel ensemble de bâtiments en brique rouge apparut au loin. Même à cette distance, je percevais leur taille imposante. Les battements de mon cœur s'accélérèrent. Devant moi, entouré d'une clôture en fil barbelé, se trouvait un énorme complexe tentaculaire de bâtiments à l'apparence anonyme. L'endroit me faisait penser aux prisons que j'avais vues à la télé : imposant, intimidant, impénétrable. Une fois la voiture garée, notre groupe commença à se diriger vers l'entrée.

J'aperçus alors des gens qui marchaient derrière la clôture. Mon cœur fit un nouveau bond.

Oh ! mon Dieu, et si elle pouvait me voir ? Chaque immeuble comptait des centaines de fenêtres opaques. M'observait-elle derrière l'une d'elles ? Savait-elle que nous étions là ?

Grand-mère m'avait dit la veille au soir que le tribunal avait empêché maman de me voir pendant tout ce temps et qu'elle avait dû se battre pour que je puisse venir.

— Elle a vraiment envie de te revoir, mon chou, me rassura grand-mère. Ta maman remuerait ciel et terre rien que pour avoir une chance de te serrer dans ses bras.

J'étais contente de l'entendre. Mais, en même temps, je ne pouvais pas m'empêcher d'avoir peur.

Lorsque notre groupe franchit l'entrée principale du plus grand bâtiment, je m'accrochai fermement à la main de ma grand-mère. Nos sacs furent ensuite fouillés. Grand-mère avait apporté une grande pizza pour ma mère, et les vigiles regardèrent même à l'intérieur de la boîte !

Après la pizza, ce fut au tour de notre groupe de subir quelques contrôles. D'abord, chacun de nous passa par un détecteur de métaux, et on me demanda de retirer tous mes bijoux à bouts pointus, comme mes boucles d'oreille. Il fallut que je repasse plusieurs fois par le détecteur avant que les vigiles soient satisfaits.

— Pourquoi on doit retirer nos bijoux avec des bouts pointus ? chuchotai-je à grand-mère.

Au lieu de me répondre, elle me fit taire d'un signe de la main et demanda son chemin à un agent de sécurité particulièrement grand et visible grâce à son uniforme.

On nous conduisit à un casier où chacun dut déposer ses bijoux avant de pouvoir entrer dans la pièce principale.

Soudain, je m'agrippai de nouveau à ma grand-mère. Est-ce que c'était maintenant ? Comme j'ignorais si maman et les autres patients nous attendraient dans le vestibule à notre arrivée, je me préparai à me retrouver face à face avec ma mère.

***

Dès mon entrée dans la grande salle aux hauts plafonds qui ressemblait à une cafétéria, je vis qu'aucun patient n'était encore présent. Il y avait seulement un tas de familles un peu nerveuses, et des tonnes de nourriture de fast-food, qu'elles avaient apportée à leurs proches en guise de « cadeau ».

Même si les gens étaient nombreux, il n'y avait pas beaucoup de bruit dans la pièce. On aurait dit que chacun retenait sa respiration et attendait en contenant son émotion. Grand-mère nous fit tous asseoir autour d'une longue table, et je me changeai les idées en m'occupant de Sonny. Il était environ onze heures, et j'avais une terrible envie de faire pipi. J'aperçus un panneau indiquant les toilettes, qui pointait vers un long couloir. Au bout d'un quart d'heure, je décidai d'y aller.

Alors que je me trouvais à mi-chemin du long couloir, tout un groupe d'hommes et de femmes apparut au coin et avança vers moi. Ils étaient vêtus de tenues normales, mais, même de loin, je devinais qu'il s'agissait des patients. C'était dû à leur façon de se déplacer ensemble, pas comme un groupe d'adultes, mais comme une file d'enfants qu'on emmène en sortie scolaire.

Vu leur manière d'avancer vers moi deux par deux, ils devaient se tenir par la main. La file s'étirait encore et encore : ils étaient sans doute une centaine !

Je restai figée sur place, incapable d'avancer vers la file de patients ou de faire demi-tour en courant.

Quelque part dans ce groupe se trouvait ma mère. M'avait-elle déjà vue ?

Finalement, la peur eut raison de moi. Je tournai les talons et repartis en courant vers notre table. Je ne voulais pas la voir. Pas comme ça, pas toute seule !

Dans la grande pièce peuplée de familles, le silence se fit soudain. Les patients entrèrent et s'alignèrent contre le mur du fond. Puis un homme avec une écritoire, le responsable visiblement, parcourut la file, cocha les noms des patients et les fit avancer en direction de leurs familles.

Quelques petits rires et bavardages isolés commencèrent à jaillir autour des patients qui venaient de retrouver leurs proches. L'estomac noué, je parcourus attentivement la file des yeux et tombai enfin sur ma mère !

Elle portait un pull blanc et un jean, et ses yeux souriaient avec tant de chaleur et d'amour que je ne pus m'empêcher d'esquisser un sourire à mon tour.

Lorsqu'on appela son nom, elle se mit presque à courir vers nous en souriant et en riant, exactement comme au bon vieux temps

Grand-mère s'était levée elle aussi et marchait vers maman. Toutes deux se rejoignirent au milieu de la pièce et s'étreignirent passionnément.

Puis maman vint en bondissant vers moi. J'avais si peur que je tremblais.

— Oh ! mon bébé ! s'écria-t-elle d'une voix perçante, surexcitée. Viens faire un gros câlin à ta maman !

Mais je ne pouvais pas. Je ne parvenais pas à bouger. Je ne voulais pas lui faire de câlin. Je ne voulais pas qu'elle me touche avec ses mains.

Elle passa quand même ses bras autour de moi et me serra fort contre elle.

Les miens restaient plaqués le long de mon corps ; je ne pouvais pas bouger. Elle me relâcha rapidement, puis recula d'un pas et me dévora littéralement des yeux, un immense sourire aux lèvres.

— Oh ! ma chérie ! souffla-t-elle. Tu as tellement grandi ! Tu ressembles déjà à une jeune fille.

Dès qu'elle m'eut relâchée, je me glissai sur le banc et m'assis à l'autre bout de la table. Elle dut sentir mon hésitation, car elle ne me suivit pas et ne fit aucun commentaire. Elle me laissa simplement m'asseoir à côté de ma grand-mère.

Je laissai démarrer la conversation autour de moi. Tous mes oncles et tantes lui adressèrent leurs vœux et lui offrirent la nourriture qu'ils avaient apportée.

Jerome complimenta ma mère sur sa grande forme. C'est vrai qu'elle avait l'air d'aller bien. En tout cas, son visage était expressif, ses yeux, brillants, et elle n'arrêtait pas de sourire. Elle semblait un peu plus ronde au niveau des joues, et peut-être qu'elle avait pris quelques kilos sur les hanches, mais elle était toujours belle, et l'enthousiasme lui donnait l'air pétillant.

Mais je ne pouvais cesser de regarder ses mains. Elles s'agitaient et accompagnaient ses paroles, voletaient autour de sa tête, de son visage et de son cou, et refusaient de se poser sur la table. Elles agrippaient celles des autres et serraient affectueusement leurs épaules. C'étaient ces mains qui avaient tué mon frère et ma sœur. Mes yeux étaient rivés sur elles. Environ dix minutes plus tard, maman me regarda et sourit.

— Viens là, Nikki, dit-elle d'une voix douce en tapotant le banc à côté d'elle. Viens donc t'asseoir à côté de moi.

Je ne pus résister. Il y avait quelque chose de si doux, de si serein dans sa voix. Maman me voulait près d'elle, et, depuis une éternité, je mourais d'envie qu'elle me dise qu'elle m'aimait, que je lui manquais. J'avais eu tellement hâte de sentir son étreinte.

Je me levai, m'assis à côté d'elle, puis elle passa un bras autour de moi. Pour la première fois depuis des années, je me sentis bien.

Je restai contre elle un moment, tandis que maman bavardait avec chacun autour de la table et nous faisait tous rire grâce aux récits de son quotidien à l'hôpital.

Elle était dans une forme éclatante, ravissante, captivante, charismatique. C'était bon de me retrouver simplement à côté d'elle. Toute la table n'avait d'yeux que pour ma mère, tandis qu'elle singeait les femmes qui partageaient sa chambre, le personnel hospitalier et sa façon de la mener à la baguette.

Plus tard, j'allai enfin aux toilettes. À mon retour, maman attaquait une part de pizza, et mon oncle distribuait des sodas. Elle se tourna vers moi et me demanda comment j'allais.

— Et ton père va bien ? s'enquit-elle en mâchant une grosse bouchée de pizza au pepperoni.

— Oui, répondis-je, encore un peu timide.

— Et ta belle-mère ? Tu t'entends bien avec Theresa ?

— Ouais, bien sûr. Elle est très sympa.

Je ne voulais pas trop lui en dire. Après tout, j'avais toujours l'impression que nous étions des étrangères, dans une certaine mesure. Au bout d'un moment, elle termina sa pizza, attrapa une boîte de Uno, et notre groupe joua quelques parties. Puis quelqu'un proposa d'enchaîner avec un Yahtzee et, pour finir, la famille se lança dans une très longue partie de Monopoly.

Je ne dis pas grand-chose pendant cette première visite. Bien sûr, je n'abordai pas le sujet de Mellie et Momo. Ça ne me semblait pas être le bon moment. Je savais qu'un jour, j'obtiendrais la vérité, mais, pour l'instant, être assise en compagnie de ma mère me suffisait.

Elle avait l'air si normale, si lucide et présente.

Toute la famille passa des heures à parler, à manger et à jouer, mais, aux environs de seize heures, le personnel commença à faire sortir les visiteurs, et chacun dut rassembler ses affaires.Maman semblait vraiment bouleversée, mais je devinais qu'elle essayait de le cacher.

— Tu vas revenir me voir très bientôt ? me demanda-t-elle.

Je m'empressai de hocher la tête.

— Et je t'écrirai, promit-elle. Peut-être que tu pourrais m'écrire, toi aussi. C'est si bon de te voir, ma puce. Tu m'as tellement manqué.

À la fin, maman nous fit tous joindre les mains et dire une prière ensemble.

— Ô Seigneur, éleva-t-elle la voix en fermant les yeux. Bénis cette magnifique famille, protège-la et fais qu'elle reste unie. Fais que l'amour ne quitte pas leurs cœurs et garde-les près de toi, mon Dieu, afin qu'ils connaissent la joie et le bonheur de ton amour. Ramène-les bientôt ici, ô Seigneur, pour que nous soyons tous réunis, qu'un jour, on me permette de rentrer à la maison et d'être une bonne personne en société. Amen.

— Amen, répétèrent doucement les membres de la famille.

Maman se tourna vers moi.

— Tu dis tes prières tous les soirs, Nikki ?

— Parfois.

— Tu devrais prier tous les jours, ma chérie, dit-elle d'un ton sérieux. Prie Dieu de te montrer le droit chemin et prie pour ta maman. Prie pour qu'ils me laissent bientôt sortir, afin que nous soyons tous réunis.

— D'accord, maman, dis-je, la voix basse et tremblante d'émotion.

Je ne voulais pas la laisser dans cet endroit. Cette fois, je m'élançai vers elle pour lui faire un gigantesque câlin. Je pressai mon corps contre le sien.

Elle me serra très fort à son tour, puis s'écarta de moi et me caressa le visage en souriant.

— Sois bien sage avec ton papa et Theresa.

Ensuite, elle souleva Sonny, le serra dans ses bras et couvrit son visage barbouillé de petits baisers.

En partant, je me tournai vers elle. Elle souriait, nous faisait des signes de la main et me cria :

— Je t'écrirai, ma puce !

Mais je devinai qu'elle était très affectée. Je détestais ça, je détestais la quitter.

Une fois que chacun eut récupéré ses bijoux dans les casiers, je pris la main de grand-mère, et tout le monde se dirigea vers la voiture. Personne ne dit un mot. Toute la famille était bouleversée.

Pendant le trajet de retour, j'eus beaucoup de chagrin parce que je ne savais pas quand je reverrais ma mère. En même temps, je ne pouvais pas m'empêcher d'être heureuse : elle était restée la même maman que dans mes souvenirs. Peut-être que sa taille était un peu plus épaisse, mais ça n'avait pas d'importance. Elle était ma mère, et son amour pour moi existait toujours, lui aussi.

Grand-mère me déposa chez mon père, et je courus me réfugier dans la salle de bains, où je m'assis sur les toilettes et pleurai. Différentes émotions luttaient en moi. Ma mère était toujours une tueuse, et je détestais ce qu'elle avait fait, mais, en même temps, je ressentais toujours de l'amour pour elle. J'ignorais simplement quel sentiment était le bon. Pourrais-je lui pardonner un jour ?

Chaque kilomètre qui nous éloignait du centre psychiatrique me maintenait loin de ma mère. Et maintenant, je me retrouvais là, perdue et seule, face à son absence une fois de plus.

13

Lettres de ma mère

J'avais peut-être retrouvé le monde réel sans ma mère, mais, par la suite, elle ne m'oublia jamais, pas un seul instant.

Et comme le tribunal lui avait accordé le droit de me voir, elle tint sa promesse et commença à m'envoyer des lettres, puis à téléphoner à la maison.

Elle m'écrivait à longueur de journée, et je conservais toutes ses lettres. En voici quelques-unes.

Le 2 mai 2002

Chère Nikki,
Que la paix et la bénédiction de Dieu soient avec toi et toute la famille. Je prie pour que cette lettre te trouve en pleine forme. Pour ma part, je suis d'excellente humeur. J'arrive juste d'une réunion avec mon groupe de parole dans le bâtiment des anciennes écuries. Nous passons notre temps à participer à des travaux de groupe ou des choses de ce genre. Mais j'aime bien ça. C'est toujours mieux que de rester assis à ne rien faire.

J'ai essayé de t'appeler. Je ne peux pas supporter les moments où j'ai besoin de te parler.
Si seulement tu avais ton propre portable. Mais, comme je te l'ai dit, chacune de nous est présente dans le cœur de l'autre.
Même si je ne suis pas là physiquement, je le suis affectivement. Mon ange adoré, nous allons avoir une vie agréable maintenant.
Toutes ces choses que je possédais quand j'étais hors de ces murs, elles n'auraient pas dû m'être offertes. Car mon attention n'était pas centrée sur le Christ. J'ai des bases solides à présent.
Ma vie est entre les mains de Dieu. Quand il me libérera, la vie sera tellement magnifique.
Il y a une histoire dans la Bible. Celle de Job. Elle parle d'un homme qui a perdu toute sa famille et toutes ses richesses. Mais, même s'il a tout perdu, y compris la santé, il garde toujours foi en Dieu.
À la fin, le Seigneur lui donne encore plus que tout ce qu'il a perdu. Tu veux savoir pourquoi ? Parce qu'il a toujours gardé la foi.
Ma puce, désormais, ta mère n'est plus guidée par ses yeux, mais par la foi...
Fais-moi confiance, ma chérie, les choses vont aller mieux. Ta mère ne restera pas enfermée toute sa vie. Sache simplement que Dieu t'aime et que, bien sûr, maman t'aime aussi. Continue à prier, ne t'arrête pas. Dieu ne répondra peut-être pas à tes prières dès que tu le voudras, mais il sera toujours là si nécessaire.

Affectueusement,
Maman ☺

Le 16 juin 2002

Chère Nikki,
Que la paix et la bénédiction de Dieu soient avec toi et toute la famille. Je prie pour que cette lettre te trouve en pleine forme. Pour ma part, je dois dire que je vais bien aujourd'hui. J'ai survécu à ces deux anniversaires.
Dieu merci, cette épreuve ne se représentera pas avant un an.
Alors, comment vas-tu, ma chérie ? Nikki, est-ce que tu comprends à quel point tu comptes pour moi ?
J'attends avec impatience le jour où nous dînerons ensemble dans mon restaurant préféré.
Dès mon premier jour dehors, j'irai au cimetière déposer des roses dans le vase dont tu m'as parlé. Les roses sont mes fleurs préférées. Ensuite, je veux qu'on aille manger tous ensemble. Et puis qu'on rentre à la maison et qu'on remercie Dieu d'avoir rendu ce jour possible.
Ma puce, il faut que je te raconte ce qui s'est passé dans ce taudis. Il y a une femme employée ici qui se comporte comme si elle était amoureuse de moi.
Il a fallu que j'en parle deux fois déjà. La première, en 1999, quand je suis arrivée ici pour mon évaluation. La seconde quand elle m'a touchée. Elle n'a toujours pas compris la leçon. C'est parce qu'ils n'ont rien fait pour l'en empêcher. Elle est très grosse, avec des seins énormes qu'elle a le culot de me coller dans le dos.
Elle me tape vraiment sur les nerfs. Parfois, je

suis contrariée parce qu'elle croit pouvoir me faire ce qu'elle veut.
La semaine dernière, j'ai été convoquée à une grande réunion avec mon équipe. Crois-le ou non, c'était à cause d'elle. Elle a dit que je lui avais fait une grimace. Elle dit que je me montre distante, pour la simple raison que je n'essaie pas d'entretenir la conversation avec elle.
L'infirmière m'a dit qu'elle avait même écrit un mot dans mon dossier médical. Mais elle peut bien écrire jusqu'à ce que ses doigts lui en tombent.
Quand ce sera à mon tour de partir, je partirai. Dieu a déjà fixé la date de mon départ.
Il faut juste que je reste sur le droit chemin. Je ne laisserai personne prendre ce que Dieu m'a donné.
C'est ce qui fait ma joie. Oui, je déteste cet endroit, mais je dois faire avec pour le moment. J'ai une famille qui m'aime, et, surtout, Dieu Tout-Puissant est avec moi. Ma chérie, je te le dis et te le dis encore : ne t'en fais pas, sois heureuse. Si tu te sens triste, alors, prie.
Tu peux aussi lire un livre. Ou bien écrire, faire un puzzle. Je ne pouvais pas le croire quand j'ai terminé toute seule un puzzle de mille pièces.
L'été arrive, alors, pendant les vacances, occupe-toi l'esprit. C'est ce que je fais ici.
Ma puce, quand j'ai passé un an et huit mois en prison, j'étais enfermée dans une petite cellule vingt-trois heures sur vingt-quatre. J'ai dû lire, prier, faire des mots mêlés, tout ce que je trouvais pour m'occuper. Dieu soit loué, j'y ai

survécu. Est-ce que quelqu'un t'a dit qu'il t'aimait aujourd'hui ? Maman t'aime ! ☺
Ma lettre touche à sa fin, mais mon amour pour toi, jamais. ☺

Affectueusement,
Maman
Plein de câlins et de bisous.

Le 12 janvier 2003

Chère Nikki,
Que la paix et la bénédiction de Dieu soient avec toi et toute la famille. Je prie pour que cette lettre te trouve en pleine forme. Pour ma part, je tiens bon grâce à Dieu. Ma puce, ton attitude provoque en moi des sentiments partagés.
Quand tu n'as pas de nouvelles de moi, tu me dis que tu es inquiète. Et puis, quand je t'appelle, tu ne dis pas grand-chose. Il me semble que tu devrais avoir un tas de choses à me raconter puisque nous sommes séparées.
Mais ce n'est pas grave, ma chérie, ça ne me dérange pas. Dis-moi simplement quand tu veux que je t'appelle. Une fois par semaine, est-ce que ça te suffit ? Ne t'inquiète surtout pas pour moi. Maman ira toujours bien. J'aime et je dépends de Dieu. Il me donne la force dont j'ai besoin pour surmonter tout ce qui se met en travers de mon chemin. Je t'aime tellement, mon ange adoré. Je suis tellement impatiente que tout ça soit terminé, mais c'est Dieu qui décidera du moment. Il ne

vient pas quand on a besoin de lui, mais toujours lorsque c'est nécessaire.
Ma puce, ma lettre touche à sa fin, mais mon amour pour toi, jamais.
Aime ta maman.
Plein de câlins et de bisous. ☺

Le 19 mars 2003

Nikki chérie,
Mon ange adoré, rends-moi un service. Quand les gens te tapent sur les nerfs, éloigne-toi d'eux. J'ai tant appris depuis que je suis dans cet hôpital. On nous enseigne quelque chose qui s'appelle la « thérapie rationnelle-émotive ». Pendant ce cours, on apprend qu'on se rend fou soi-même. Je veux que tu y réfléchisses. Tu ne peux pas maîtriser les gens, mais tu peux te maîtriser toi-même. Je veux que tu restes calme et que tu deviennes une médiatrice.
Roland et toi avez de si mauvais caractères. Mais ma présence ici m'a fait légèrement changer. J'imagine que tu as dû apprendre à te battre. Enfin, bref, ma chérie, souviens-toi que Dieu est amour. Ne laisse pas les gens t'obliger à faire des choses contre ton gré. Je prie pour être bientôt de retour à la maison et que nous puissions aller à l'église ensemble.
Reste concentrée sur tes études. Prie. Prie. Prie. Lis ta bible pour enfants. Tu n'es pas censée te battre. Et récolter des bleus sur ton si beau visage. Je t'en prie, évite de te battre si possible. Je sais

que tu renfermes beaucoup de colère en toi, mais prie Dieu ou écris à propos de ce qui t'ennuie. C'est l'heure d'aller au lit, mon ange, alors, je vais te dire bonne nuit. Fais de beaux rêves. Maman t'aime. Tu lui manques tellement !

Le 30 juin 2004

Nikki chérie,
Comment vas-tu, mon ange ?
J'ai essayé de te joindre à plusieurs reprises. Je suis contente que tu profites de l'été en t'amusant dehors. Reste forte et, quoi qu'il arrive, n'oublie jamais que je t'aime. Ma puce, je t'en prie, reste une petite fille aussi longtemps que possible. Tiens-toi éloignée de ces méchants garçons. Ils te diront toujours ce que tu as envie d'entendre pour atteindre leur but. Si tu veux mon avis, ils ne pensent qu'à la chose.
Enfin, j'imagine qu'il y a aussi de gentils garçons. Mais, ma puce, je veux que tu te tiennes éloignée d'eux pour le moment. Tu as toute la vie devant toi. Il faut que tu fasses des études et quelque chose de ta vie. Je veux que tu sois une jeune femme capable de s'occuper d'elle-même.
Je ne veux pas que tu restes avec un homme parce que tu as besoin de lui. Je veux que tu sois avec lui parce que tu en as envie. Travaille et gagne ton argent. Je veux que tu ne dépendes de personne. Sois une femme indépendante. C'est là que j'ai fait des erreurs. Je n'ai jamais eu de travail régulier et j'ai fréquenté des hommes qui n'étaient

que des bons à rien. Je veux ce qu'il y a de mieux pour toi. Je ne veux pas que tu fasses les mêmes erreurs que moi dans la vie... Les hommes te décevront toujours. Il te suffit d'une prière pour être près de Dieu. Continue à prier tous les soirs. Ma puce, il est temps que je m'arrête. Je voulais juste t'écrire et te dire que je pense toujours à toi. Voilà, ma chérie, ma lettre touche à sa fin, mais mon amour pour toi, jamais.

Affectueusement,
Maman

[Carte d'anniversaire faite main]
Novembre 2004

Nikki, nous avons toi et moi une façon assez exceptionnelle de communiquer. Nous n'avons pas besoin de beaucoup de mots, ni de beaucoup de temps pour nous comprendre. Cette osmose rare s'est suffisamment intensifiée au fil des années pour supporter les longs silences et les séparations, et elle continue à grandir.

[À l'intérieur de la carte]
Toi et moi sommes les meilleures amies du monde et nous serons toujours ensemble, d'une certaine façon. Tu représentes une telle bénédiction dans ma vie. Je te remercie de m'aimer et de ne pas m'abandonner. Je t'aime et tu me manques.

Affectueusement,
Maman

[Lettre jointe à la carte]
Dieu fera en sorte que nous restions heureuses toute la vie. Tout ce que nous avons perdu, nous le récupérerons. Nous ne pourrons peut-être pas voir ton frère et ta sœur avant d'aller au paradis, mais nous savons que nous les aimons maintenant et les aimerons toujours.
Nous devons accepter les choses que nous ne pouvons pas changer. Nous ne pouvons pas laisser le passé déterminer notre avenir. Demain ne nous est pas promis. Nous devons apprendre à vivre un jour à la fois. Que rien de ce qu'on pourra te dire sur ta mère ne te bouleverse. Tu m'as vue telle que je suis.
Je me sens plus en forme que je ne l'ai jamais été de toute ma vie. C'est pour ça que j'ai l'air si jeune. Je suis en train de devenir la personne que Dieu voulait que je sois. Je t'assure qu'il y a une bonne raison à tout ça.
Si Dieu le veut, je deviendrai psychologue. Je serai le docteur Roberson, jusqu'au jour où je me marierai, et j'ajouterai peut-être le nom de mon mari au mien.
Bon, ma puce, c'est tout pour le moment. Est-ce que quelqu'un t'a dit qu'il t'aimait aujourd'hui ? Eh bien, Dieu t'aime ! Et ta maman t'aime plus que ne peuvent l'exprimer les mots.

Plein de câlins et de bisous,
Maman

Je ne répondais jamais.

Ce n'est pas que je ne voulais pas le faire, mais je ne savais pas quoi dire. Je n'arrivais jamais à trouver les bons mots. Une fois seulement, je parvins à écrire une lettre d'une page, mais elle me revint parce que je ne l'avais pas assez affranchie. Après ça, j'abandonnai toute tentative.

Je pensais qu'elle se satisferait d'un coup de téléphone de temps en temps, mais, avec le recul, je me dis que j'aurais dû faire plus d'efforts. Maman arrêta de m'écrire quelques années plus tard. Je suppose que ça ne servait pas à grand-chose de le faire, puisque je ne lui répondais jamais. Elle continua à m'envoyer des cartes pour mes anniversaires et Noël, mais notre communication se limita ensuite aux coups de téléphone hebdomadaires. Je regrette qu'elle ne m'écrive plus maintenant. Elles me manquent, ces lettres joyeuses et énergiques, si pleines d'espoir, de prières et d'amour.

J'étais en fait une petite fille très perturbée. Je prenais un stylo, et ma main planait au-dessus du papier, se figeait, puis je finissais par le reposer et me creusais la tête pour trouver quelque chose à écrire.

Finalement, j'abandonnais, épuisée, frustrée et l'esprit totalement vide.

Parce que la vérité était trop douloureuse à écrire et que tout le reste me semblait futile et vain.

J'étais en colère, blessée et perdue.

J'avais envie de lui crier : « Pourquoi tu m'as quittée ? Pourquoi tu as tué mon frère et ma sœur ? Pourquoi tu t'es bousillée avec toutes ces drogues, ces hommes et tout le reste ? Est-ce qu'on ne te suffisait pas ? Tu ne nous aimais pas assez ? »

Elle parlait de bénédictions et de paix. Elle disait à quel point nos vies allaient être agréables dorénavant, mais la mienne ne l'était pas, c'était un désastre. Et je le lui reprochais.

Le problème, c'est que je n'étais pas prête à lui dire ces choses.

Je voulais rester son ange adoré, sa puce, sa meilleure copine et la fille merveilleuse qu'elle décrivait dans ses lettres. Chaque fois que j'en recevais une, je courais dans ma chambre, je me jetais sur le lit et dévorais chaque mot, ligne après ligne. Je savourais lentement ces délicieuses effusions d'amour et de tendresse.

J'avais eu si faim de l'amour de ma mère pendant des années que ses mots étaient une vraie nourriture pour moi. C'était tout ce dont j'avais besoin et, une fois qu'elle eut commencé à m'écrire, je tremblai à l'idée de dire ou de faire quelque chose qui l'arrêterait.

Grâce à ses lettres, je pouvais croire qu'elle m'aimait autant qu'elle le disait et que tous les merveilleux projets qu'elle m'exposait se concrétiseraient bientôt. J'en avais tellement besoin que je repoussais au fond de mon esprit mes petits doutes concernant sa libération imminente. J'essayais d'oublier que, selon les journaux, ma mère était trop dangereuse pour être libérée.

Alors, je fis ce qu'elle me disait : je priai fort pour sa libération. Je voulais qu'elle sorte pour que grand-mère et elle puissent venir me chercher et m'emmener dans son restaurant préféré. Je voulais que maman revienne dans le monde réel, où elle allait étudier et devenir psychologue.

Parce qu'ici, j'avais besoin d'elle.

En dehors de l'hôpital, la vie était dure. Je me démenais pour créer un lien avec ma famille, j'avais du mal à suivre à l'école et je trouvais difficile de rester sur le droit chemin.

La réponse de maman était toujours la même : prie, prie, prie ! Ce n'était pas un mauvais conseil, quand j'y repense maintenant, mais, à l'époque, ça me semblait si banal, si facile à dire pour elle.

Et elle, est-ce qu'elle avait vraiment réussi sa vie quand elle en avait eu les moyens ? Ses conseils étaient parfois durs à avaler, surtout parce qu'elle se trouvait elle-même à l'origine de mes difficultés.

***

Bien sûr, je compris rapidement que toute cette belle histoire de vie ensemble n'arriverait sans doute jamais.

Les étapes importantes de ma vie s'enchaînaient, et maman ne parvenait toujours pas à obtenir sa libération.

Je dus porter mon premier soutien-gorge à douze ans. Ma grand-mère m'emmena en acheter un.

Et puis j'eus mes premières règles. Je ne le dis à personne, pas même à Theresa. Un matin, je remarquai des taches de sang dans mon pyjama et je sus que c'étaient mes règles. Je piquai quelques serviettes hygiéniques dans la salle de bains de Theresa et les emportai à l'école. En bricolant un peu dans les toilettes, je parvins à comprendre comment fixer la partie collante à ma culotte. Et plus tard, ce jour-là, j'allai voir l'infirmière de l'école pour qu'elle me donne un autre lot de serviettes.

J'aurais dû faire toutes ces choses avec ma mère. Si elle avait été là, je le lui aurais dit immédiatement. Mais elle était loin, et j'étais trop embarrassée pour en parler à Theresa.

Je grandissais, mais en silence, à la dérobée, dans le dos de tout le monde.

Pendant ce temps-là, maman constatait souvent à quelle vitesse les années passaient et combien Dieu avait béni notre famille. Je n'avais pas du tout cette impression, bien sûr, mais, au lieu de la contredire, je me contentais de ne pas répondre.

Au fil du temps, je commençai à voir apparaître un cycle dans le comportement de maman. Elle allait bien pendant quelques semaines, puis, un jour, elle m'appelait pour me dire quelque chose de très étrange, comme :

— Tu sais que ta grand-mère va avoir des jumeaux ?

Je laissais passer, soucieuse de ne pas détruire ses illusions.

— Oh ! c'est vrai ? J'avais pas remarqué.

Puis je changeais de sujet. Lors de notre conversation suivante, elle articulait mal et parlait très lentement.

J'en vins à comprendre que maman n'était pas guérie ou que son « ancien comportement » n'avait pas disparu. Elle était la même qu'avant. Au fond, il y avait toujours quelque chose qui ne tournait vraiment pas rond dans sa tête, mais, maintenant, dans l'environnement sûr de l'hôpital, il était possible de maîtriser son comportement.

Dès qu'elle traversait une période difficile, on augmentait simplement ses médicaments. C'est ce qui la rendait lente et semblable à un zombie.

Elle se plaignait du personnel de l'hôpital, mais je savais que ces gens faisaient seulement leur travail.

Un an après nos retrouvailles, je cessai de prier pour sa liberté immédiate. J'avais l'impression que ce n'était pas la bonne chose à faire. Au lieu de ça, je demandai à Dieu de l'aider à sortir au bon moment et pas avant. Je demandai à Dieu de la guérir d'abord.

Comment pouvais-je lui demander de la libérer, alors que son esprit était toujours dérangé ? Vu ce qu'elle avait fait la dernière fois !

Nous ne parlions jamais de Mellie et Momo. Du moins, elle ne les évoquait pas. De temps en temps, je prononçais leur nom, mais elle n'abordait jamais le sujet elle-même.

Un jour, au téléphone, je lui racontai que j'avais rêvé d'eux.

La conversation se poursuivit un petit moment, puis maman s'arrêta et me demanda :

— Est-ce que tu es en colère contre moi ?

Je ne savais pas quoi dire.

Après un silence, elle poursuivit :

— Parce que, tu sais, ton frère Roland est très fâché contre moi. Est-ce que tu l'es aussi ?

— Je ne suis pas comme Roland.

C'est tout ce que je parvins à dire.

— Eh bien, qu'est-ce que tu ressens pour moi alors ? demanda-t-elle. Est-ce que tu peux me le dire ?

La réponse la plus courte était que non, je ne pouvais pas le lui dire, parce que je ne le savais pas moi-même. Un tas de choses se passaient dans ma tête à l'époque, et me demander d'exprimer mes sentiments, c'était me demander l'impossible.

Alors, j'esquivai.

— Je t'aime, maman. Et tu me manques vraiment.

Et c'était vrai. Tout était vrai.

Le problème, c'est que mes souvenirs ne me quittaient jamais, j'étais hantée par des fantômes qui m'attendaient à chaque coin de rue.

Notre ancienne maison à Amityville, au 501, Broadway, se trouvait juste en face du marché aux poissons, pas très loin d'où nous habitions.

De temps en temps, Theresa nous y emmenait quand elle voulait acheter du tilapia.

Je m'arrêtais alors au coin de la rue, le regard fixé sur la maison où maman avait vécu avec Mellie et Momo. Je la revoyais, des années plus tôt, debout à la fenêtre, sa bible serrée contre elle, prononçant tout bas le *Notre Père*.

À cet instant, je redevenais la petite fille de sept ans qui regardait sa mère perdre la tête et ne savait pas ce qui se passait, ni comment l'arrêter.

Parfois, mon imagination était si vive que je la voyais exactement là où elle se tenait habituellement, près de la fenêtre.

Et puis, comme à travers un brouillard, j'entendais quelqu'un appeler mon nom encore et encore. Finalement, une main douce sur mon épaule me tirait de mon rêve éveillé. Theresa se tenait face à moi, le regard inquiet.

J'avais dû m'enfermer dans ma bulle sans m'en rendre compte.

Je me répétais sans cesse que ces choses devaient arriver, que Dieu avait voulu que Mellie et Momo deviennent ses anges. Car je savais que, s'ils avaient vécu, leur vie aurait été terrible. Je me souvenais de ce que nous avions subi enfants, et je ne pouvais imaginer être traitée ainsi une vie entière.

Vivants, ils auraient été malheureux. Mais ça ne m'empêchait pas de regretter leur mort chaque jour.

— Ce sont les petites choses qui me manquent, me répétait maman au téléphone. Pouvoir ouvrir une porte, par exemple. Tu sais que ça fait des années que je n'ai pas ouvert une porte moi-même ? Ou une fenêtre. Parfois, j'aimerais juste ouvrir grand les fenêtres et respirer un peu d'air. Mais c'est impossible.

Dans mon monde, j'avais le problème inverse. Je devais ouvrir toutes les portes moi-même, personne n'était là pour m'aider.

Je savais que Theresa m'aimait, et, avec le temps, je m'autorisai à l'aimer aussi, mais ce n'était pas comme si ma mère avait été là avec moi.

Lorsque j'attrapai la varicelle, Theresa s'occupa de moi comme de sa propre fille. Je n'aurais pas pu en demander plus. La pauvre femme avait accueilli dans sa vie l'enfant naturelle de son mari et m'avait fait une place dans son cœur. Mais je voulais ma mère.

14

Perturbée

J'avais treize ans la deuxième fois que je tentai de m'enfuir.

Ce jour-là, j'allai à l'école comme d'habitude, puis j'appelai mon oncle Jerome depuis une cabine téléphonique.

— Tu ferais mieux de venir me chercher, lui dis-je fermement, sinon je vais partir, et vous ne me retrouverez jamais. Je me fiche de ce que tu peux dire, je ne retournerai plus jamais dans cette maison.

J'en avais marre de mon père, de ses sautes d'humeur, de sa froideur, et de vivre dans la crainte de sa violence. Tout ce que je voulais, c'était retrouver ma grand-mère. Pourquoi personne ne pouvait-il le comprendre ? Pourquoi insistaient-ils tous pour que je reste avec mon père, si ça me rendait aussi malheureuse ? Ça n'avait aucun sens.

— Eh bien, où veux-tu aller ? demanda Jerome.

— Emmène-moi chez ma grand-mère, répondis-je aussitôt.

— Je ne peux pas faire ça, Nikki, tu sais que c'est impossible. Ton père ne veut pas que tu y ailles.

— Eh bien, tu ferais mieux de venir me chercher parce que je ne rentrerai pas à la maison.

Alors, cet après-midi-là, oncle Jerome vint me chercher à l'école. Grand-mère était avec lui dans la voiture. Mon cœur fit un bond lorsque je l'aperçus, mais, plus tard, je vis que la route que nous prenions n'était pas celle de chez grand-mère, mais celle du retour vers Amityville. Nous nous dirigions tout droit vers la maison. Et devinez qui m'attendait là : mon père !

Je courus dans ma chambre, blessée et folle de rage d'avoir été trahie.

Tante Melissa, la compagne de mon oncle, était là aussi, et mes pleurs déclenchèrent une énorme dispute dans la famille. À un moment, quelqu'un appela même la police. Dès qu'ils entrèrent dans la maison, les policiers m'emmenèrent seule dans ma chambre et me firent asseoir sur le lit.

— Qu'est-ce qui ne va pas, Nikkia ? me demanda l'un d'eux.

— Je ne veux pas rester ici, sanglotai-je. Je veux vivre avec ma grand-mère.

— Eh bien, pourquoi tu ne veux pas rester ici ?

— Parce que j'ai peur. Si vous me laissez chez mon père, je me tuerai parce que je ne veux pas rester ici !

Je le pensais vraiment à ce moment-là. Je sais que ça semble un peu exagéré, mais je ne voulais plus vivre sous son toit. Une fois morte, je retrouverais Mellie et Momo, au moins. Je serais auprès d'eux.

Mes paroles eurent un effet immédiat et décisif sur les policiers. Ils me firent monter à l'arrière de leur voiture et m'emmenèrent au commissariat.

J'avais peur au début. Je me demandais où ils m'emmenaient et pourquoi on allait au commissariat au lieu de partir chez ma grand-mère. J'étais très fatiguée. Tout ce que je voulais, c'était me rouler en boule et m'endormir sur les genoux de grand-mère, tandis qu'elle me caresserait les cheveux.

Une fois au commissariat, ils m'emmenèrent dans une petite pièce blanche aux murs capitonnés. Je n'avais jamais entendu parler de ce genre de cellule avant, mais je compris tout de suite ce que ça voulait dire : si je voulais me tuer, ils n'allaient certainement pas m'en donner les moyens. Pour la première fois de ma vie, je fis le lien entre l'état psychologique de ma mère et le mien. Cette idée me fit l'effet d'une gifle.

Mon Dieu, peut-être que j'étais folle aussi ! Est-ce que c'était la première étape du chemin qu'elle avait suivi ? Tout le monde disait que je lui ressemblais beaucoup… Et si je lui ressemblais en tout ?

Je m'assis sur un banc fixé au mur, le cerveau en ébullition, le souffle court. Qu'est-ce qui m'arriverait s'ils pensaient que j'étais folle comme ma mère ? Je ne voulais pas qu'on m'enferme ; j'aimais ma liberté.

Je ne voulais plus vivre chez mon père, c'est tout. Peut-être que je n'étais pas folle, juste très malheureuse. Est-ce que le malheur pouvait rendre fou ?

Tandis que ces questions se bousculaient dans ma tête, la porte de la cellule s'ouvrit et se referma derrière un groupe de personnes gentilles et bien intentionnées qui voulaient juste « discuter » avec moi. Elles me posèrent beaucoup de questions sur ce qui se passait à la maison. Est-ce que mon père me battait ? Est-ce qu'il me touchait ?

J'avais peur. Je ne voulais pas qu'ils me croient folle et m'enferment ; en même temps, je ne voulais pas que mon père ait des problèmes. Comme l'idée de mentir ne m'effleura pas un instant, je racontai simplement la vérité, dans l'espoir de leur montrer que j'étais toujours saine d'esprit.

— Il ne me bat pas et ne me touche pas non plus, admis-je. Mais il bat mes frères et ma sœur.

Au bout de plusieurs heures de discussion, l'un des policiers qui étaient venus à la maison entra et s'assit à côté de moi.

— Prépare-toi à rentrer maintenant, dit-il gentiment.

À ce stade, j'avais toujours de l'espoir. Je pensais vraiment qu'ils avaient fini par me comprendre et qu'enfin, quelqu'un allait prendre mes désirs en compte.

Je me levai pour le suivre, mais je découvris alors mon père qui m'attendait à l'accueil. Mon cœur se serra. J'allais donc retourner chez lui. J'étais trop épuisée à ce moment-là pour pleurer ou protester. J'avais fait et dit tout ce à quoi je pouvais penser sans mentir, et, cette fois encore, personne ne m'avait écoutée.

Il était près de minuit quand ils me laissèrent sortir du commissariat, et le trajet de retour fut horrible. Mon père ne me dit pas un mot. Il se contenta de rouler à travers les rues désertes, le regard fixé devant lui, le visage dur et triste. Je m'endormis en chemin. Une fois la voiture arrêtée, il claqua la portière pour me réveiller. Je me levai et le suivis dans la maison.

Après ma deuxième tentative de fugue, les services sociaux m'obligèrent à suivre une thérapie. Les quelques fois où j'y allai, on me posa sans cesse les mêmes questions : « Comment te sens-tu aujourd'hui ? » « Qu'est-ce qui te traverse l'esprit ? » « À quoi penses-tu ? »

C'était pas mal, mais, tout ce que je voulais vraiment, c'était vivre avec ma grand-mère. Ça me semblait incroyable que tout le monde fasse autant d'efforts pour me faire rester chez mon père, alors qu'ils auraient vraiment pu m'aider en m'envoyant vivre chez grand-mère.

Je ne leur disais pas que j'avais toujours des pensées suicidaires. Je n'en voyais pas l'utilité. Ça ne m'avait menée nulle part la dernière fois et, d'une certaine façon, j'aimais garder ces pensées pour moi. Elles étaient mon réconfort, ma consolation secrète.

Ça va, me disais-je. *Si les choses tournent vraiment mal, tu pourras te tuer et retrouver Mellie et Momo.* C'était ma stratégie de secours, et je pense que, d'une certaine façon, elle m'a permis de rester saine d'esprit. Au bout d'un moment, la thérapie s'arrêta, et personne à la maison ne mentionna mes tentatives de fugue.

Mes visites à maman étaient rares : une ou deux par an au maximum. Mon père refusant de m'y emmener parce que c'était trop loin, je pouvais seulement y aller avec ma grand-mère, et mes visites chez elle étaient limitées, elles aussi.

Quand j'allais enfin voir ma mère, on faisait des parties de Uno et de solitaire, on riait et on s'amusait bien. Je savais qu'elle m'aimait – elle ne manquait jamais de me le rappeler –, mais je ne pouvais pas m'empêcher de repenser à notre vie à l'époque où elle était dehors, où la drogue et les hommes passaient en priorité. Elle nous déposait chez grand-mère « pour la journée » et puis ne revenait pas. Grand-mère l'appelait sans cesse, mais elle ne répondait pas au téléphone. Parfois, elle nous y laissait deux ou trois jours. Comment pouvait-elle faire une chose pareille si elle aimait ses enfants ?

Un jour, pendant l'une de nos conversations téléphoniques, je décidai de lui poser la question qui me préoccupait. Maman était inquiète, me demandait comment j'allais, si elle pouvait faire quelque chose pour m'aider, s'il y avait une question que je voulais lui poser. Quand elle me le demanda, je restai silencieuse un court instant, puis je dis :

— Dis-moi, maman, est-ce que tu savais ce que tu faisais ce soir-là ?

Ma mère retint brusquement sa respiration au bout du fil. Suivit un silence pesant. Mon cœur se mit à battre à toute allure. Je voulais juste entendre la vérité de sa bouche, je voulais des réponses. Si elle aimait Mellie et Momo, comment avait-elle pu leur faire autant de mal ?

— Maman ? demandai-je avec hésitation.

Une plainte sourde monta à l'autre bout du fil :

— Non, non, non ! Je ne le savais pas. Je ne savais pas ce que je faisais. Je ne le sais toujours pas. On me raconte ce que j'ai fait, mais je ne peux pas y croire. Je ne me souviens de rien. Je vous aimais tous !

Maintenant, elle pleurait et criait en même temps.

Ne sachant pas quoi faire, j'essayai de l'apaiser, comme un parent qui calme un tout-petit sur le point de piquer une colère :

— Ça va, maman, ça va. Je sais que tu nous aimes. Ça va, vraiment. N'y pense pas. Allez, parlons d'autre chose.

Je ne voulais pas entendre sa peine ou ses pleurs. Je ne voulais pas être la cause de cet état. Je changeai donc de sujet. Par la suite, je n'eus aucune envie de poser d'autres questions à ma mère.

J'en posai à grand-mère.

15

Grand-mère

— Tu es vraiment sûre de vouloir tout savoir, mon bout' chou ?

Assise en face de moi à la table de la salle à manger, grand-mère me tenait la main et observait minutieusement mon visage.

— C'est vraiment pas une belle histoire, tu sais, et je suis sûre qu'elle va te bouleverser. Dieu sait que je n'aime pas penser à ce jour-là moi-même. Je ne peux pas. Ça fait resurgir trop de douleur.

J'avais choisi un samedi après-midi pluvieux pour parler à ma grand-mère. L'idée m'avait vraiment obsédée ces derniers temps et je ne supportais plus d'ignorer ce qui s'était passé ce jour de juin 1998. Je lui racontai que j'avais lu des articles sur Internet au sujet des événements et du procès qui avait suivi. Je savais que c'était elle qui avait trouvé mon frère et ma sœur.

— Il faut que je sache ce qui leur est arrivé.

Je secouai la tête.

— J'ai le sentiment qu'ils veulent que je le sache. Tu étais là. Tu les as vus. S'il te plaît, dis-moi simplement ce que tu as vu.

Grand-mère prit une grande inspiration et réajusta sa jupe, l'air pensif. Je devinais qu'elle pesait le pour et le contre avant de partager avec moi les souvenirs qui lui pesaient chaque heure de la journée. Je n'avais que treize ans après tout.

Mais grand-mère ne m'avait jamais caché les choses de la vie, et je savais que c'était le bon moment. J'étais assez forte et j'avais besoin de savoir.

S'il te plaît, grand-mère, suppliai-je. Il s'agit de mon frère et de ma sœur. C'est tellement important pour moi.

Elle me regarda de nouveau.

— Eh bien, si tu penses que ça ira et que tu ne feras pas de cauchemars, je suppose que tu as le droit de savoir.

— Je suis assez forte. Je ne ferai pas de cauchemars, c'est promis.

Elle commença à me raconter toute l'histoire...

— Bon, d'accord. Comme tu le sais, je parlais tous les jours à ta mère à l'époque. Je sais que le week-end d'avant, nous étions tous allés à Brooklyn et qu'elle s'était comportée bizarrement, mais, l'ayant déjà vue dans un état pire que celui-là, je ne pensais pas que quelque chose clochait vraiment.

« Donc, la semaine se poursuit. On est jeudi et il y a un très gros orage. Je parle à ta mère au téléphone dans la journée, et elle me raconte que, chaque fois que la foudre tombe sur sa cuisinière, ça fait un bruit d'enfer ! Elle dit que c'est comme si la foudre entrait dans sa maison. Je commence à me demander si elle reprend de la drogue. Tu sais, ta mère avait suivi une cure de désintoxication pour arrêter de prendre ces horribles drogues et elle s'en sortait très bien. Elle n'y avait pas touché depuis six mois déjà, et j'étais fière d'elle. Je la voyais tous les dimanches, et elle ne trichait pas. Au moment où je l'entends parler comme ça, je lui pose directement la question : "Est-ce que tu as fait quelque chose que tu n'aurais pas dû ? Je suis inquiète, tu sais." Mais elle répond : "Oh non ! Non, je touche plus à la drogue."Je lui dis : "Bon, alors, c'est Dieu qui essaie de te dire quelque chose." Et elle me répète : "Eh bien, je touche plus à la drogue, ça, c'est sûr." Tu sais, quand Dieu se manifeste comme ça, tu ne le vois pas, mais il essaie de te dire quelque chose. Bref, on en est restées là.

« Plus tard, ce soir-là, elle m'appelle à vingt-deux heures. On discute, on parle normalement, mais, dans le fond, j'entends le bébé. C'est Sonny qui pleure. Je demande à ta mère : "Qu'est-ce qu'il a, Sonny ?" Elle répond : "J'en sais rien, il a pleuré comme ça toute la journée." "Pourquoi ?" "J'en sais rien ; il a fait que pleurer comme ça." On raccroche, et je sens que quelque chose ne va pas. L'orage est terminé, et la maison est très calme.

« À vingt-trois heures, elle me rappelle. Elle dit : "Tu sais, mes enfants dorment depuis très longtemps. Je suis allée les voir et je crois qu'ils sont morts." Toute calme, normale, comme ça. Je réponds : "Qu'est-ce que tu veux dire ?" Et puis, elle raccroche.

« Oh ! mon Dieu. Je dévale l'escalier et je vais chercher Jerome. Je dis : "Jerome, il faut qu'on aille à Amityville, parce que Debra dit qu'elle croit que les enfants sont morts." Et je tremble de la tête aux pieds parce que je sens qu'il s'est passé quelque chose de très grave dans cette maison. Jerome nous conduit jusqu'à Broadway, on saute de la voiture et on grimpe les marches. Mais, quand on arrive là-bas, impossible d'entrer parce qu'elle a fermé la porte à clé. Je crie son nom encore et encore, et je tape sur la porte comme une folle, mais elle ne répond pas et je n'entends aucun bruit à l'intérieur. Maintenant, j'ai vraiment peur pour les enfants.

« Oncle Jerome traverse la route entre deux voitures pour aller téléphoner depuis la cabine du garage, en face de la maison, et il appelle la police. Quand les policiers arrivent, je leur raconte ce qu'elle m'a dit. Ils l'appellent et frappent à la porte plusieurs fois avant de décider de la casser. Les policiers entrent en premier et ils me crient de rester là où je suis, mais je peux pas m'en empêcher : je veux vérifier qu'ils vont bien. Je me précipite derrière eux et je vois que Debra se trouve au centre de la pièce, dans une flaque d'urine, et que son visage est violet. Violet ! Elle reste là, en transe, et je crie son nom sans arrêt, mais elle ne réagit pas. Je vois que Sonny est derrière elle sur le lit et je me dis : *Merci, mon Dieu, il est vivant.* Je peux voir qu'il va bien.

« Mais la maison tout entière est trempée. Il y a de l'eau partout sur les murs en bois foncé, et tout a été détruit, renversé. On se croirait dans une décharge, et ta mère est toujours debout au milieu de la pièce, les yeux retournés. Les policiers m'ordonnent de rester où je suis. Ils ne veulent pas que je fouille la maison avec eux, mais je ne les écoute pas. Je les suis partout et, quand ils jettent un œil dans la chambre, je le fais en même temps qu'eux. C'est alors que je les vois sur le canapé.

« Mellie est allongé sur les genoux de Momo, et ils ont de grosses cloques sur la peau. Momo a une bosse au front, comme si on l'avait frappée avec un objet lourd. Je sais qu'ils sont morts à cause de leur apparence. Ils sont gonflés. Leur tête est aussi grosse que celle d'un adulte, et on peut voir qu'ils sont morts depuis longtemps. Je m'évanouis. Ensuite, je me réveille à l'hôpital. Je suis hystérique, je ne peux pas croire ce que j'ai vu.

« Plus tard, ton oncle Jerome me raconte qu'après mon évanouissement, les policiers ont pris Debra, l'ont jetée sur le lit et lui ont passé les menottes. Jerome leur a dit que c'était pas la peine de la traiter comme ça. Tu sais, elle s'était mouillée, mais ils ne l'ont pas laissée se changer. Et puis voilà : ils l'ont fait sortir de la maison comme ça, pieds nus.

« Ta maman est restée longtemps en prison avant d'aller à l'hôpital, mais personne ne sait ce qui s'est passé ce jour-là. Ta maman ne s'en souvient pas.

« L'autopsie a conclu que Mellie était mort ébouillanté, mais pas Momo. Elle avait une grosse bosse sur le front, juste au milieu, comme si elle avait un troisième œil. Elle a été frappée avec quelque chose, mais on ne sait pas quoi. Il y avait une grande marmite sur la cuisinière, et les policiers disent que ta maman s'en est servie pour faire bouillir l'eau qu'elle a renversée partout dans la maison. Elle l'a fait un grand nombre de fois, c'est sûr, parce que j'ai bien vu que cet endroit était complètement trempé.

« Je ne savais pas quoi penser. Je ne pouvais pas imaginer que ta mère avait fait une chose pareille, parce que j'étais certaine qu'elle aimait ton petit frère et ta petite sœur. Mais tu sais ce que son avocat m'a dit ? Il m'a expliqué que, sur le coup, elle ne voyait pas Momo et Mellie ; elle ne voyait que du feu et le diable.

« Tu sais, elle prenait de la drogue. Ils en ont trouvé chez elle. Elle me mentait. Je pensais qu'elle n'y touchait plus, mais elle en reprenait depuis un moment. Elle m'a dit plus tard qu'elle avait eu du crack par un type et que, quand il était venu chez elle, il en avait pris le premier et avait pété les plombs. Je lui ai demandé : "Mais alors, pourquoi tu en as pris après avoir vu ça ?" Elle a répondu : "Je sais pas."

« Mais elle en a bien pris, et ça lui a fait perdre la tête, à elle aussi. Et puis elle s'est évanouie et a repris connaissance plusieurs fois pendant un long moment, ce jour-là, jusqu'à ce que les pleurs de Sonny la réveillent. C'est peut-être à ce moment-là qu'elle a retrouvé ses esprits et m'a appelée. L'avocat dit que, quand quelqu'un prend du crack, ce n'est plus la même personne. Elle n'avait aucune idée de ce qu'elle faisait. Ça a pu se passer en une minute, et elle ne sait même pas ce qu'elle a fait.

« Le jour de l'enterrement, je me sentais légère comme une plume. Je ne sais pas ce qu'on m'a donné au funérarium, mon chou, mais cette petite pilule blanche m'a vraiment détendue. Je me souviens que tu t'es assise sur mes genoux, mais j'ai oublié presque tout le reste de cette journée.

« Ton grand-père et moi, on est restés un mois à la maison après ça. On avait tellement de chagrin, c'était si douloureux. On voulait voir personne. Chacun a dû suivre un traitement, même moi ! Et je suis une dure à cuire. J'ai mis longtemps à prendre les médicaments, mais, tu sais, je tremblais comme une feuille à la fin. J'étais tellement nerveuse et agitée. J'en ai pris pendant un an et demi. Comme toi, je me posais plein de questions, mais je n'avais aucune réponse.

« Ils n'ont pas voulu me laisser voir ta mère pendant longtemps, mais j'ai parlé à la police et à son avocat. Je leur ai dit : "Je voudrais vous poser une question, à vous tous. Vous répétez que mes petits-enfants sont morts ébouillantés. Est-ce que ma fille a des brûlures sur le corps ?" On m'a répondu que non. Donc, j'ai dit : "Alors, comment ma fille a pu faire ça sans se brûler avec une seule goutte d'eau ?" Et ils m'ont répondu : "C'est une très bonne question." Mais ils ne m'ont pas donné d'explication.

« Ta mère a plaidé non coupable pour cause de déficience mentale, et ensuite elle est partie à Mid-Hudson. Depuis, je me couche chaque soir avec la vision de ces deux petits. Et chaque matin, je me réveille avec le même souvenir d'eux, allongés sur le canapé. Pas un jour ne passe sans que je les revoie. C'est pareil pour ton oncle Jerome, parce qu'il les a vus aussi. D'après lui, la personne qui leur a fait ça devrait brûler en enfer, même si c'est sa propre sœur. Alors, je pose la question à Dieu. Je lui demande si j'ai fait quelque chose de mal pour que ça arrive ; il dit que non. Mais la vision de ces enfants ne me quitte jamais.

« Et maintenant, ta maman est en train de moisir dans cet hôpital, et il y a rien que je puisse faire pour ça non plus. »

Grand-mère se tut et serra les lèvres, les yeux perdus au loin. Je lisais la colère et l'incompréhension sur son visage. Je percevais le doute caché dans ses paroles et les nombreuses nuits d'insomnie passées à ressasser cet horrible souvenir.

Elle resta comme ça quelques instants, puis secoua la tête, se leva et débarrassa la table.

— Maintenant, tu sais tout, mon chou. Et peut-être que ça va t'aider, mais j'en doute. Parce que je ne peux pas t'apprendre autre chose que ce que tu as déjà lu dans ces journaux. Tout ce que je peux dire, c'est qu'il s'agit d'une terrible tragédie. C'est la nôtre, et on va tous devoir vivre avec le restant de nos jours.

Les choses ne changèrent pas vraiment après le récit de grand-mère. La mort de mon frère et de ma sœur restait un mystère, et, au cœur de ce mystère, se trouvait ma mère.

Jc faisais toujours les mêmes rêves, le même terrible cauchemar où quelqu'un me poursuivait armé d'un pistolet. Je ne pouvais pas le voir et je ne savais pas qui c'était, mais j'étais consciente que, si je ne courais pas assez vite, il me tuerait. Je courais sans m'arrêter, la bouche sèche, le cœur battant, submergée par une peur si intense que je me réveillais en sueur et en pleurs. Le visage mouillé, je continuais à ressentir pendant des heures cette même peur terrible et paralysante, comme si j'étais encore dans mon rêve.

Je faisais ce cauchemar presque toutes les semaines. Mais, plus encore, je rêvais de mon frère et de ma sœur. On faisait des choses ordinaires comme nous amuser ensemble à la maison ou jouer à la dînette.

Quand je rêvais, j'étais tellement heureuse qu'au réveil, le violent retour à la réalité suffisait à me mettre d'une humeur terrible pour la journée.

J'éprouvais une grande culpabilité à l'époque. J'étais convaincue que, si j'avais été là, j'aurais pu faire quelque chose, j'aurais pu en sauver un, ou même les deux. Quand je disais ça à quelqu'un, on me répondait toujours que je n'aurais eu aucune chance : elle nous aurait tués tous les trois. Mais je ne le croyais pas. J'aurais au moins appelé la police ou je serais sortie pour aller chercher de l'aide.

Pas un jour ne passait sans que je pense à Mellie et Momo. Ils étaient toujours avec moi.

Et le pire, c'est que je ne pouvais pas penser à eux sans imaginer la terreur qu'ils avaient éprouvée cette semaine-là et la douleur qu'ils avaient ressentie le jour de leur mort. Parfois, ça me revenait quand j'étais seule la nuit. Ou bien les événements ressurgissaient lorsque je faisais quelque chose d'ordinaire, comme mes devoirs ou le ménage.

Et le même sentiment d'horreur me submergeait chaque fois.

J'essayais de comprendre. Je rejouais la scène sans arrêt dans mon esprit, parfois du point de vue de grand-mère, parfois de celui de Momo, d'oncle Jerome ou même de maman.

Dans ma tête, je me voyais dans la peau de ma mère, répétant le *Notre Père* à la fenêtre. Je me signais et récitais les Saintes Écritures à voix basse.

Et puis j'entendais des voix, je voyais le diable et du feu qui rampait sur les murs.

Il envahit ma maison, il va s'emparer des enfants et nous détruire tous ! Il a allumé un feu, et ses flammes grimpent le long des murs ; de grosses boules de feu montent vers le plafond.

Ensuite, je faisais bouillir de l'eau dans la grande marmite sur la cuisinière, je regardais les bulles monter lentement à la surface, puis de plus en plus vite, et l'eau se mettait à bouillonner, les bulles éclataient, et un gros nuage de vapeur se formait.

Les flammes étaient partout maintenant ; elles bondissaient des murs, léchaient mon corps et menaçaient de m'engloutir entièrement.

Il faut que j'éteigne ce feu. Il faut que je nous sauve !

Je soulevais la grosse marmite de la cuisinière et, en désespoir de cause, je la balançais de tous les côtés de la maison, j'aspergeais tout d'eau bouillante.

Je ne les voyais pas, mais Mellie et Momo se tenaient là, tandis que je lançais de l'eau en balançant la marmite. Mellie était trempé, et Momo recevait un coup sur la tête.

Leurs petits corps s'effondraient sur le sol, mais, aveuglée par ma folie, ignorant ce qui s'était passé, je continuais à jeter de l'eau sur les murs.

Je faisais encore bouillir de l'eau.

Et puis plus rien.

Je revenais à moi sur le sol de ma maison, les enfants allongés à mes côtés. Me disant qu'ils devaient dormir, je les soulevais doucement chacun leur tour et je les portais jusqu'au canapé. Je posais Momo en premier, en position assise. J'allongeais Mellie sur ses genoux, puis je prenais la pipe à crack et je fumais de nouveau avant de m'évanouir.

Quand je me réveillais, le bébé pleurait. Grand-mère appelait. Les enfants étaient endormis sur le canapé...

Est-ce que les choses s'étaient passées ainsi ?

Les avait-elle frappés intentionnellement ? Ou est-ce qu'ils s'étaient juste trouvés sur son chemin ?

Lorsque je me repassais cette scène, j'entendais ma sœur hurler. Je connaissais sa façon de pleurer et de crier. Mellie, lui, ne criait pas. Et il pleurait sans bruit.

Quand maman m'écrivait ces lettres, je ne les lisais qu'une seule fois, deux au maximum, et puis je les rangeais. Mais les articles que j'avais imprimés à l'école, je les relus des centaines de fois. Des milliers de fois.

Je cherchais des indices. Je ne parvenais pas à les laisser de côté. Chaque fois que je les relisais, j'essayais d'y trouver le détail qui m'avait échappé la fois d'avant. Je voulais savoir ce qui s'était passé.

J'aimais ma mère, c'est vrai, mais, parfois, le simple son de sa voix me rappelait mon frère et ma sœur, et je me mettais à pleurer.

Alors, elle sanglotait à son tour. Elle savait sans doute que je pleurais à cause de ce qu'elle avait fait, de cette chose qu'elle ne pouvait pas supporter de se rappeler.

16

Nouvelles étapes

L'année de mes treize ans, ma famille déménagea.

C'était peu de temps après ma fugue, et ce déménagement coïncida avec un grand nombre de changements positifs dans ma vie. D'abord, j'adorais notre nouvelle maison. Elle était beaucoup plus grande que l'ancienne à Amityville, mais, ce qu'il y avait de mieux encore, c'est qu'elle ne se trouvait pas à Amityville !

J'en avais tellement marre de cet endroit. Je détestais passer devant l'ancienne maison de ma mère, qui s'était délabrée au fil des années. Depuis le meurtre de mon frère et de ma sœur, c'était devenu la maison des horreurs d'Amityville. Les gens avaient peur d'y entrer pour la visiter, encore plus d'y habiter et elle tombait en ruine. Elle fut finalement démolie, puis on en construisit une autre à la place, mais, pendant les années où je grandis à Amityville, elle resta le monument emblématique de ma douleur. Comment pouvais-je tourner la page, si je devais sans cesse passer devant ?

Notre maison à Wyandanch était celle de Nanny et PopPop, et elle était beaucoup plus grande que l'ancienne. Sere et moi avions enfin notre propre chambre, qui donnait sur la rue.

J'avais un lit à moi couvert d'une pile de peluches, où je faisais mes devoirs, et une commode pour poser ma radio et ranger mes vêtements. J'avais accroché des photos de ma mère et de mes frères et sœurs sur le mur. Pour la première fois, je possédais mon propre espace, et c'était agréable.

Il y avait un grand salon au rez-de-chaussée, et, en bas, le sous-sol était l'endroit parfait pour se détendre. On y trouvait une table de billard, un canapé d'angle et un bar. Je m'entendais à merveille avec mes deux demi-frères, à cette époque, et j'étais aussi proche de Sere que je pouvais l'être de quelqu'un. J'avais enfin l'impression de m'habituer à ma nouvelle famille.

Je commençai le lycée au même moment, ce qui améliora beaucoup les choses dans ma vie. Le lycée de Wyandanch ayant très mauvaise réputation, chacun de nous continua à fréquenter le lycée Copiague, dans notre ancien quartier. C'était totalement interdit, et on finit par nous repérer, mais, à ce moment-là, j'étais déjà très heureuse et j'avais trouvé mes marques.

Le lycée était plus intéressant que le collège à tous points de vue.

D'abord, j'avais plus de liberté. Au lieu qu'on nous emmène à l'école en voiture, nous prenions le bus, et ça nous donnait vraiment l'impression d'être grands.

Nous pouvions quitter le lycée à l'heure du déjeuner et aller manger un hamburger chez Wendy's. Après l'école, nous devions rentrer par nos propres moyens. C'était l'occasion de passer du temps à traîner avec nos copains en fin de journée.

La cafétéria était plus grande, la nourriture, meilleure, le choix des plats, excellent, et il y avait des élèves de tous les âges à chacun de mes cours, ce qui me plaisait beaucoup.

Mon entrée au lycée fut l'occasion pour moi de m'épanouir. Je devins majorette et j'eus mon premier petit ami.

Notre relation commença pendant l'été qui suivit ma première année. En tant que majorette, je devais revenir m'entraîner à l'école pendant les grandes vacances. Anthony faisant partie de l'équipe de football américain, il s'y trouvait aussi.

Tout comme ma mère, j'adorais danser. J'avais donc abandonné la clarinette après le collège pour rejoindre les Flag Girls, une formation de majorettes qui représentait notre école. Il s'agissait de danser, de faire tourner et de lancer des drapeaux en l'air pendant les défilés.

Nous devions exécuter différentes chorégraphies au rythme de la musique de l'orchestre. Les tambours étaient alignés d'un côté, les clarinettes, de l'autre, et notre groupe défilait au milieu en maniant ses drapeaux. Comme chacun mesurait un mètre cinquante, il fallait être très musclée pour les tenir, et encore plus pour les manier. À l'entraînement, nous faisions des exercices de musculation pour acquérir plus de force.

Notre tâche principale consistait à divertir le public pendant la mi-temps des matchs de foot. Nous affrontions d'autres écoles du quartier, et notre équipe était la meilleure. Si chacune d'entre nous voulait garder sa place, elle devait travailler sacrément dur.

Et lancer le drapeau en l'air sans le recevoir sur la tête n'était pas une mince affaire ! Je m'entraînai pendant des heures et des heures.

Cet été-là, je remarquai Anthony presque immédiatement. Il était beau et grand, comme le rappeur Fabulous, et il avait la peau foncée. D'abord, j'échangeai quelques regards avec lui, et puis, il vint me voir pendant un déjeuner.

— Salut, Nikkia, dit-il avec désinvolture en se glissant sur le siège à côté de moi pendant que je mangeais.

— Salut.

Timide, c'est tout ce que je parvins à lui répondre.

— Tu t'es entraînée ce matin ?

Je hochai simplement la tête, puis il poursuivit en me racontant comment ça se passait pour son équipe. Je parlai avec lui des musiques que j'aimais, et, à la fin du déjeuner, il me demanda s'il pouvait prendre mon numéro. J'étais ravie. À mes yeux, c'était l'un des mecs les plus mignons du lycée.

Notre histoire commença rapidement.

Anthony avait dix-sept ans, et j'aimais bien avoir un petit ami plus âgé que moi. Comme je terminais les cours assez tôt, nous allions traîner chez lui. Je devenais un peu rebelle et j'adorais ça. Même lorsque je rentrais après les cours, Theresa et papa étaient souvent encore au travail. Les choses étaient donc beaucoup plus simples maintenant que j'allais au lycée.

À quatorze ans, je perdis ma virginité. Ma mère m'avait mise en garde contre les garçons, mais j'aimais leur façon de me regarder et de me traiter comme si je comptais vraiment pour eux. Tout comme ma mère, j'espérais qu'ils combleraient mon besoin d'amour. Je pensais que, si je donnais à Anthony ce qu'il souhaitait – des rapports sexuels –, il m'aimerait encore plus. Avec le recul maintenant, je regrette de ne pas avoir attendu. C'était si peu romantique, dans la voiture de son copain en plein jour, un après-midi d'école, alors que nous étions garés sur le parking du lycée ! J'ai envie de rentrer sous terre quand j'y repense maintenant !

Après, il me demanda :

— T'as pas aimé ?

Je lui lançai un sourire chaleureux, mais, au fond de moi, je me demandais : *C'est donc ça ? C'est à propos de ça que tout le monde fait tellement d'histoires ?*

Pourtant, je continuai à faire l'amour avec lui parce que je pensais que ça s'améliorerait avec un peu d'entraînement. Je considérais ça comme l'une de mes activités extrascolaires, juste un exercice auquel je devais obtenir de meilleurs résultats !

Cependant, s'il y avait une chose à laquelle je faisais très attention, c'était à l'utilisation de contraceptifs. Je savais combien les autres filles avaient limité leurs chances dans la vie en ayant des enfants trop tôt. Bien sûr, l'exemple de ma mère témoignant parfaitement des conséquences que pouvait avoir une grossesse précoce sur une famille tout entière, je faisais très attention. J'aimais toujours autant les enfants et les bébés – je projetais même de travailler auprès d'eux toute ma vie –, mais je ne voulais surtout pas en avoir !

Grâce à la nouvelle maison, au lycée et à Anthony, je sentis que mon univers commençait à s'améliorer. Les relations avec mon père étaient l'unique élément qui ne changeait pas.

Il était toujours le même : méchant et lunatique la plupart du temps. En outre, sa relation avec Theresa allant de plus en plus mal, il ne rentrait plus beaucoup à la maison.

Theresa s'enfermait dans sa chambre pour oublier sa souffrance. Elle mangeait, lisait et regardait des séries judiciaires à la télé afin d'échapper à la réalité de leur situation. Aucun de nous ne pouvait ignorer les faits. Certains soirs, papa revenait bien après minuit ; d'autres soirs, il ne rentrait pas du tout. On aurait dit qu'il était repris par ses vieux démons, comme au temps où il faisait des bêtises avec ma mère – bêtises qui avaient abouti à ma naissance.

Bien sûr, je m'attirais toujours beaucoup d'ennuis, et parfois pour les choses les plus innocentes.

La fois où on m'aperçut avec un garçon, ce fut la fin du monde. L'ironie du sort, c'est que ce garçon n'était même pas Anthony. J'avais raté le bus pour rentrer à la maison, et un copain m'avait proposé de me ramener. Je me dis que j'allais avoir des problèmes si j'attendais le prochain bus encore une heure et demie, et je montai dans sa voiture. Il me déposa au bout de la rue, car je trouvais ça moins risqué que de descendre devant la maison, mais, juste au moment où je sortais de la voiture, celle de Theresa apparut au coin de la rue.

Nos regards se croisèrent et, à cet instant, mon cœur se serra. C'était bien ma veine ! Je savais qu'on me poserait des questions en rentrant. Bien entendu, dès que je franchis la porte, elle me demanda qui conduisait. Mais je ne lui répondis pas.

Theresa raconta tout à mon père à son retour. Il me punit et menaça de me battre si je ne lui disais pas qui m'avait ramenée à la maison.

— Tu as quatorze ans ! s'écria-t-il. Jamais tu ne devrais monter dans une voiture avec un homme à ton âge. Est-ce que tu sais ce que tu risques ? Tu crois connaître les hommes ? Tu te crois vraiment si intelligente ? Tu n'en as aucune idée. AUCUNE idée, Nikki !

— Ce n'est pas ce que tu crois, papa, mentis-je. C'était une copine à moi. Ce n'était pas un mec. Theresa ne l'a pas bien vue.

Papa me regarda, puis se tourna vers Theresa, mais elle secoua la tête en souriant tristement. Merde ! Comme j'avais été bête de croire que Theresa me soutiendrait !

Peut-être qu'elle avait des problèmes avec mon père, mais ça n'apaisait pas du tout sa colère contre moi !

— Tu mens, jeune fille ! grogna-t-il. Je le sais quand tu mens. Ne crois pas que tu vas t'en tirer avec ce genre de comportement ici. Tu ne me feras pas avaler ça. Theresa sait ce qu'elle a vu et elle dit que c'était un type.

Il fit de son mieux pour me tirer les vers du nez, mais je refusai de révéler un nom ou de lui montrer la voiture le lendemain. Il me punit, et je fus ainsi privée de sorties et de télé pendant une semaine. On me limita également l'accès au téléphone.

Ils avaient raison, bien sûr. Avec le recul aujourd'hui, je sais que je n'aurais pas dû monter dans la voiture d'un mec, mais ils ne savaient rien de ma vie à l'époque, et je n'appréciais pas cette intrusion.

***

Je ne me confiai jamais à Theresa ou à papa à propos d'Anthony. Je n'aurais pas osé. Ils trouvaient déjà que je leur causais assez de problèmes ! S'ils avaient appris que je fréquentais des garçons plus âgés, j'aurais été punie à vie !

Cet aspect de ma vie resta donc secret, et c'est ainsi que je préférais que ça se passe.

Je croyais que j'aimais Anthony et je restai avec lui un moment, trois ans en fait. Quand j'y repense maintenant, je crois que je recherchais simplement de l'attention. J'avais besoin d'amour comme les gens ont besoin de nourriture. L'amour et les étreintes m'importaient plus que toute autre chose.

J'avais été négligée en tant qu'enfant, puis ballottée de droite à gauche, et j'avais beaucoup perdu. Le fait de pouvoir me raccrocher à quelqu'un, que cette personne me donne de l'amour et me rassure dès que j'en avais besoin comptait beaucoup pour moi.

Certains soirs, je disais à mon père que je dormais chez une amie et, au lieu de ça, je filais passer la nuit avec Anthony. Bien sûr, je finis par comprendre que ce n'était pas la bonne personne. J'avais cru qu'en ayant une relation plus physique et adulte, les sentiments seraient plus forts, plus authentiques.

Mais, pour finir, ce fut un échec. Il me trompa.

Il y avait tant d'autres garçons sympas autour de moi, mais j'avais choisi le mauvais. Qu'on ne me demande pas pourquoi ! Quand un mec jouait les durs, je le croyais fort, mais, bien sûr, c'était une illusion. Le garçon qui me plaisait vraiment, mais avec qui je ne suis jamais sortie, est médecin aujourd'hui.

Et Anthony a sombré dans la drogue. Cette histoire m'a donné à réfléchir, et je me suis même demandé si, comme ma mère, j'étais destinée à choisir les mauvais hommes.

Je continuais à aller voir maman. Ma grand-mère m'emmenait là-bas les jours de visite. Maintenant, je connaissais tout par cœur : contrôles de sécurité, casiers, longs couloirs et portes verrouillées.

Contrairement à la première, les visites suivantes se déroulaient dans une petite cafétéria, en fait, la salle de séjour des patients. Elle avait de petites fenêtres haut perchées tout le long des murs, ainsi qu'un distributeur de sodas et un micro-ondes.

La seule chose à laquelle je n'ai jamais vraiment réussi à m'habituer, c'était la vue des autres patients. Maman affichait toujours un immense sourire et faisait preuve de beaucoup de sang-froid quand nous allions la voir. On n'aurait jamais pensé que quelque chose clochait chez elle.

Elle débordait de joie et d'amour. Elle bavardait, riait, plaisantait et, d'une manière générale, elle nous remontait le moral. Elle était toujours tellement heureuse et enthousiaste qu'elle n'arrêtait pas de rire. Elle nous attrapait sans cesse pour nous embrasser et nous serrer dans ses bras. Parfois, elle était si excitée qu'on percevait ses tremblements. À sa façon de parler et d'agir, on aurait pu croire que tout le monde avait fait une grosse erreur en l'enfermant et qu'elle était tout à fait saine d'esprit.

Et les autres patients là-bas ? Eh bien, avec eux, on ne savait jamais ce qui allait se passer. C'est sans doute ce que je trouvais si déconcertant dans ces visites à l'hôpital : les gens autour de moi étaient imprévisibles.

Pendant une visite, un type à côté de nous se mit à se taper la tête très fort contre le mur. Il se leva simplement, se dirigea vers le mur et se mit à cogner sans arrêt. Sa famille commença à hurler de peur, et les surveillants durent l'emmener. J'étais tellement triste pour ses proches. Chacun pleurait sans savoir quoi faire, sans comprendre ce qui s'était passé.

Chaque fois qu'un phénomène étrange se produisait, je repartais en état de choc et effrayée.

Mais le pire, c'était de voir les gens dont l'esprit s'était envolé comme un oiseau. Ils étaient assis là, le regard vitreux, le visage complètement vide, sans expression, sans sourire, sans rien.

C'était une vision déjà déchirante pour moi qui ne les connaissais pas ; j'imaginais combien les proches devaient souffrir d'attendre ces retrouvailles pendant des mois et de se retrouver face à une personne qui n'était plus l'ombre d'elle-même. Leurs visites ne duraient jamais longtemps.

Si je n'étais pas vraiment l'élève la plus attentive en classe et m'en sortais juste avec la moyenne, la danse, elle, était ma passion. Je vécus un grand moment de fierté lorsque j'obtins une place dans l'équipe des pom-pom girls.

Le jour où grand-mère vint assister à notre numéro reste l'un de mes meilleurs souvenirs de cette année-là. Nous dansions à la mi-temps d'un match de football, et la présence de grand-mère dans les gradins me rendait si nerveuse et excitée que je commençai à me tromper dans ma chorégraphie. Mais je me secouai aussitôt et la terminai correctement : je lançai et rattrapai mon pompon en criant à pleins poumons.

Cependant, personne ne venait me soutenir d'habitude. Je me sentais si envieuse et si seule quand je voyais toutes les filles courir vers leurs parents. Le jour où grand-mère vint me voir, ce fut un immense bonheur pour moi.

L'été suivant, je trouvai un travail au café de la piscine, juste en face de chez nous. J'étais ravie.

C'était fantastique de gagner de l'argent pour la première fois. Je devenais encore plus libre et j'étais très excitée à l'idée de pouvoir choisir mes propres vêtements, ma nourriture et ma musique. Dépendre des autres m'avait toujours été pénible, car ils me laissaient tomber chaque fois. Maintenant, je pouvais être indépendante pour la première fois de ma vie, et c'était un vrai bonheur.

Le Thanksgiving suivant, lorsque je m'assis à la table de notre nouvelle maison avec toute ma famille paternelle, je ressentis un profond bonheur.

Tout le monde avait cuisiné un plat. PopPop avait préparé sa tarte à la patate douce, et le reste du repas se composait d'une énorme dinde, de haricots verts, de purée de pommes de terre, de sauce et de pain au maïs.

La vie était loin d'être parfaite, mais tout allait tellement mieux qu'un an plus tôt ! Je n'avais plus envie de fuguer, parce que je commençais à goûter aux joies de la liberté. Encore quelques années, et je pourrais faire ce que je voudrais.

Ce soir-là, je parlai à maman et lui souhaitai un joyeux Thanksgiving. Et, pour la première fois de ma vie, je sentis que les choses allaient bien se passer pour moi.

17

Au revoir, grand-mère

— Comment ça, tu pars ? murmurai-je dans le combiné.

Je refoulai à grand-peine le chagrin qui menaçait de me submerger.

— Eh bien, comme tu le sais, ton grand-père prend sa retraite le mois prochain. On s'est dit que ce serait plus agréable de passer nos vieux jours dans le Sud, près de nos familles, dit lentement grand-mère.

Je devinais qu'elle faisait de son mieux pour me rendre les choses acceptables, mais c'était vraiment la pire nouvelle que je pouvais entendre.

Ma grand-mère partait vivre à Augusta, en Géorgie, avec Sonny et Roland, afin de se rapprocher de ses nombreux frères et sœurs. Mais c'était à quatorze heures de route de New York !

— Et moi ? m'étranglai-je sans essayer de retenir mes larmes plus longtemps. Je fais partie de ta famille, non ?

— Bien sûr que si, mon bout' chou, me consola-t-elle. Mais tu connais tous mes frères et sœurs. Ils attendent depuis longtemps qu'on revienne habiter là-bas pour qu'on puisse tous s'entraider et vivre une vie tranquille. À New York, c'est plus comme avant. On a vu une jolie maison dans une rue calme avec un grand jardin. Ce sera tellement mieux pour les garçons et pour ton grand-père. Il a travaillé vraiment dur ; il a besoin de se reposer maintenant.

— Et qui est-ce qui sera là pour moi ? gémis-je.

— Ton oncle Jerome habite toujours à New York.

— C'est pas pareil. C'est pas commc t'avoir, toi, près de moi.

— Eh bien, tu pourras venir nous voir pendant les vacances et passer du temps chez nous.

— Seulement si papa le permet.

— Je lui en parlerai, dit fermement grand-mère. Et dans la nouvelle maison, on aura une chambre pour toi. Comme ça, tu auras ton propre espace quand tu viendras. Ma maison sera toujours la tienne, ma chérie. Je t'en prie, ne pleure pas. Ne pleure pas !

Mais je l'entendais à peine à travers mes sanglots. Pour la première fois de ma vie, tout m'avait semblé si stable et paisible. Je commençais à trouver mes repères, à profiter de la vie.

Et maintenant, la personne à qui je faisais le plus confiance me quittait. Je sentis mon fragile équilibre se fissurer, le sol se dérober sous moi.

L'espace d'un instant, je crus que j'allais m'évanouir. Je me laissai glisser par terre, le dos contre le mur, et poussai un long gémissement.

J'avais tellement besoin de savoir que grand-mère était là pour moi. C'était elle qui m'avait vraiment soutenue et qui s'était occupée de moi quand je ne pouvais compter sur personne d'autre. C'était avec elle que j'avais voulu vivre depuis le début. Je passais quelques week-ends chez elle chaque mois, et on se parlait au téléphone presque tous les jours.

Quand je m'enfuyais, c'était toujours pour me réfugier chez elle.

Maintenant, c'était elle qui s'enfuyait loin de moi. Du moins, c'était ce que je ressentais.

Je suis sûre que la plupart des gens seraient à peine touchés si leurs grands-parents partaient vivre dans un autre État. Mais mon cas était différent. J'avais connu des débuts si incertains dans la vie que j'avais besoin de savoir que ma grand-mère était toujours là pour moi.

Quand le monde était sens dessus dessous, quand je ne savais pas de quel côté me tourner, elle était la seule personne sur qui je pouvais toujours compter. Mais maintenant, c'était terminé.

Elle m'annonça la nouvelle au début du mois de janvier et me dit qu'ils avaient prévu de partir à la mi-février.

Il me restait peu de temps pour me faire à cette idée.

— Et la maison ? demandai-je, pleine d'espoir.

Peut-être que je pourrais y vivre ? Si je ne pouvais plus me raccrocher à grand-mère, je pourrais au moins conserver mes souvenirs d'enfance dans cette maison.

— Nous allons la vendre, répondit-elle.

Ce fut à nouveau un terrible choc. Même si je savais que j'étais obligée de vivre avec mon père, la présence de grand-mère à Coconut Street me rassurait. À l'idée de perdre cette proximité, je me sentais partir à la dérive.

Pendant des jours après l'annonce de cette nouvelle, je restai en état de choc. Je mangeais à peine, j'étais incapable de tenir une conversation, et mon esprit ne cessait d'errer pendant les cours. Les quelques amis auxquels je me confiai se montrèrent compatissants, mais ne semblèrent pas comprendre à quel point ce changement allait être monumental pour moi. Ils me souriaient tristement, passaient un bras autour de mes épaules et s'attendaient à ce que je retrouve aussitôt ma bonne humeur. Mais c'était sans espoir.

Le jour du départ de mes grands-parents, je n'approchai pas de leur maison. Je ne pouvais pas supporter de voir l'endroit vide, dépouillé des meubles, des photos, des poupées et des jouets qui me permettaient de me sentir chez moi. J'avais toujours laissé plein de vêtements et d'affaires chez ma grand-mère en prévision de mes visites, et elle me promit de les emporter en Géorgie, de sorte qu'elle serait prête à m'accueillir quand je viendrais les voir.

La Géorgie ! C'était à mille trois cents kilomètres de New York. Où irais-je si j'avais envie de fuguer ? Il n'y avait plus personne pour m'accueillir.

Je restai assise sur la véranda, recroquevillée, le regard perdu dans le ciel triste et gris.

— Nikki ?

J'entendis mon père m'appeler en criant dans la maison. Il avait accepté que je rende visite à mes grands-parents pendant l'été, quand grand-mère lui en avait parlé, mais les vacances me semblaient tellement loin.

J'entendis l'irritation monter dans sa voix. Mince alors, cet homme en voulait vraiment au monde entier ces derniers temps !

— Où es-tu, Nikki ?

Il parcourait la maison d'un pas lourd. Je l'entendais claquer les portes, tandis qu'il allait et venait de pièce en pièce, toujours à ma recherche. Je n'avais vraiment aucune envie de répondre. Il n'avait qu'à me trouver s'il voulait tellement me voir !

— Ah ! tu es là ! s'exclama-t-il triomphalement en ouvrant la porte d'entrée.

Toujours recroquevillée sur les marches, je lui envoyai un regard noir.

— Qu'est-ce que tu fais là ?

— Rien, répondis-je sur la défensive. Je fais rien. Je réfléchis.

— Bon, eh bien, réfléchis donc à ça : il y a une poubelle pleine dans la maison qui attend d'être vidée. Est-ce que tu peux bouger tes fesses et aller t'en occuper ?

Je ne répondis rien. En fait, je ne bougeai pas et ne levai même pas les yeux vers lui. Je sentais son regard me transpercer. Au bout d'un moment, il éleva la voix :

— Nikki ? Tu as entendu ce que j'ai dit ?

— Oui, j'ai entendu, bon sang !

Il sembla pris de court. Je ne criais jamais après mon père, car j'avais trop peur de lui d'habitude. Mais ça m'était complètement égal. Il pouvait bien me faire ce qu'il voulait : me battre, me punir ou me priver de sorties à vie. Le pire était déjà en train d'arriver : ma grand-mère me quittait. Je me fichais pas mal de sa réaction.

Je me levai brusquement, passai devant mon père et lui claquai la porte au nez. Je m'attendais vraiment à ce qu'il me sonne les cloches après ça, mais, bizarrement, rien n'arriva.

Je m'en fichais bien de toute façon. Que je sois sage ou pas, il était toujours méchant et fâché contre moi. Je cessai à ce moment d'essayer de lui faire plaisir.

Je ressassai la même pensée toute la soirée : *Elle est partie. Grand-mère est partie.* Je ne comprenais pas comment ma grand-mère pouvait me quitter. Comment pouvait-elle abandonner sa fille aussi ?

Nous allions voir maman seulement trois ou quatre fois par an, mais c'était mieux que rien. Quand je demandai à grand-mère ce que maman pensait de leur déménagement dans le Sud, elle eut l'air blasée.

— Oh ! ta mère est très heureuse pour nous. Elle sait qu'à sa sortie, elle pourra venir en Géorgie et recommencer sa vie dans un nouvel endroit, loin des mauvais souvenirs.

C'était si déroutant. New York était l'endroit où j'avais grandi et le seul que j'avais toujours connu. J'avais imaginé que, quand maman sortirait de l'hôpital psychiatrique, elle viendrait me retrouver et qu'on vivrait ensemble. Comment serait-ce possible si elle allait vivre en Géorgie ?

On était à la moitié de l'année scolaire. Grand-mère dit qu'ils avaient trouvé un bon établissement pour Sonny, mais il allait arriver dans sa nouvelle école en plein milieu de l'année, le pauvre.

J'étais allée à Augusta, en Géorgie, une fois pendant des vacances d'été. Mon grand-père et ma grand-mère m'y avaient emmenée quand j'étais beaucoup plus jeune, et j'avais rencontré un tas de cousins.

Ils étaient sympas, mais je me sentais trop éloignée de ma vie à New York. Je me rappelais à peine à quoi ressemblait cet endroit maintenant, mais ma grand-mère m'avait donné une photo de leur nouvelle maison dans la banlieue d'Augusta. Elle était très jolie, et je l'accrochai sur le mur ce soir-là, à côté de celles de ma grand-mère et de mon grand-père.

Cinq mois, me dis-je. *Cinq mois*. Je fis un rapide calcul dans ma tête. Il restait vingt semaines avant que je puisse revoir grand-mère. Ou cent quarante jours, ou trois mille trois cent soixante heures... C'est ce que je devrais attendre avant d'aller la retrouver pendant les vacances d'été.

En fait, ça ne me poserait pas de problèmes. Si j'avais appris une chose pendant toutes ces années, c'était bien à prendre mon mal en patience.

Ainsi, les mois s'écoulèrent. Anthony et moi étions toujours ensemble à l'époque. Je passais mon temps à glander avec lui, à m'entraîner et à danser avec les majorettes et mon équipe de pom-pom girls, et puis j'attendais. J'attendais le jour où je pourrais aller en Géorgie.

Il fut décidé qu'oncle Jerome m'y conduirait au début du mois de juillet et qu'il me ramènerait une semaine plus tard. Il faisait très chaud le jour du départ, et le long trajet en voiture sembla durer une éternité. Tandis que nous parcourions des kilomètres et des kilomètres à travers les grands espaces, j'entourai sur la carte toutes les étapes importantes : Philadelphie, le Maryland, Washington, Richmond, Newport, Raleigh, Georgetown, Columbia...

Plus on roulait, plus l'air devenait chaud et moite. Après avoir retiré plusieurs épaisseurs de vêtements, il fallut s'arrêter pour acheter des boissons glacées au 7-Eleven et faire des pauses au Taco Bell ou chez Wendy's pour profiter de l'air conditionné.

Mais la chaleur n'était pas le seul inconvénient de ce voyage. Mon impatience devint vite insupportable, et ce fut une vraie torture de rester assise dans cette voiture pendant quatorze heures.

Mais chaque heure qui s'écoulait et chaque kilomètre que nous franchissions me rapprochaient un peu plus de ma grand-mère.

La première fois que je posai les yeux sur cette jolie maison blanche au jardin bien entretenu, je me sentis chez moi. Ils avaient trouvé un endroit tellement joli et calme ! C'était exactement ce que j'avais imaginé, et même mieux. Installée au milieu d'une clairière de pins, il y avait une grande véranda avec quelques rocking-chairs. C'était absolument parfait !

Ma grand-mère tomba presque à la renverse quand elle me vit sur le pas de la porte, et chacune de nous versa des torrents de larmes en se cramponnant à l'autre.

Elle me fit visiter leur magnifique salon aux meubles blancs avant de me faire entrer dans une chambre ravissante. Au centre se trouvait un énorme lit en pin.

Grand-mère avait choisi d'adorables rideaux et un couvre-lit au style rustique pour décorer le tout. Ma chambre ! Elle était parfaite !

Ce soir-là, elle me prépara un gratin de macaronis et des haricots verts avec du poulet, mes plats préférés, et chacune profita du dîner pour mettre l'autre au courant des dernières nouvelles.

C'était merveilleux de retrouver tout le monde, et j'étais particulièrement heureuse de revoir Sonny. Il avait tellement grandi depuis la dernière fois. C'était un petit garçon de huit ans à présent, et un petit bonhomme très drôle et joyeux. Les grands espaces et l'air pur lui faisaient tellement de bien. Il devenait grand et fort.

— Pourquoi vous n'avez choisi qu'une maison de plain-pied ? demandai-je à grand-mère au milieu du repas.

Leur maison de Coconut Street avait deux étages et un sous-sol, et, même si j'adorais leur nouvelle maison, je trouvais étrange qu'elle n'ait qu'un seul niveau. En ville, toute habitation comptait au moins deux ou trois étages.

— Tu sais, ma chérie, je ne rajeunis pas, rit-elle. Tu crois que j'ai envie de grimper et de descendre des escaliers toute ma vie ? Celle-ci sera notre dernière maison. Il faut qu'elle soit parfaitement adaptée à nos vieux jours.

C'était si bizarre à entendre. J'avais conscience qu'elle n'était plus jeune, mais je n'avais jamais imaginé qu'un jour, ma grand-mère aurait du mal à se déplacer. Après tout, elle élevait toujours mon petit frère. Elle semblait toujours si active, si pleine de vie.

Ce soir-là, chacune de nous s'assit dans un rocking-chair sur la véranda et contempla les rues tranquilles un moment. Grand-mère me raconta comment s'étaient déroulés les derniers mois.

Elle s'était rapprochée de ses frères et sœurs, avait commencé à fréquenter l'église locale, et grand-père s'était mis à travailler comme jardinier à temps partiel. Ils semblaient tous les deux très contents.

Le quartier était vraiment calme, contrairement à New York. Là-bas, on entendait jour et nuit le hurlement des sirènes de police, le bourdonnement des hélicoptères au-dessus de nos têtes, ou le bruit ordinaire des voitures qui accéléraient et klaxonnaient à travers la ville. Ici, on pouvait s'asseoir dehors et écouter les criquets sans entendre autre chose de toute la soirée.

Ce soir-là, je me roulai en boule dans le nouveau lit de ma nouvelle chambre et m'imaginai que je resterais ici toute ma vie. J'étais loin de ma mère, mais je me sentais vraiment chez moi. C'était un endroit où je pouvais être moi-même. Un endroit où je ne me faisais pas de souci.

Le reste de la semaine, je rendis visite aux frères et sœurs de ma grand-mère, j'appris à connaître mes cousins et je rattrapai le temps perdu avec mes frères.

Mais la semaine s'écoula en un clin d'œil, et il fut bientôt l'heure de rentrer.

Grand-mère me dit qu'un de ses cousins devait aller à New York la semaine suivante. J'appelai papa et lui demandai si je pouvais rester quelques jours de plus. Je rentrerais ensuite avec mon cousin au lieu d'oncle Jerome.

Il n'eut pas l'air content, mais, après une longue discussion avec grand-mère, il finit par accepter. J'étais aux anges !

Je restai là-bas trois semaines en tout. Un bonheur total ! Je ne voulais plus du tout repartir. À la fin, mon grand-père me conduisit jusque dans le Maryland, à mi-chemin entre Augusta et New York, et oncle Jerome vint me chercher pour me ramener chez papa.

Mon retour à la maison fut le moment le plus déprimant de toute ma vie. Il fallait que, d'une façon ou d'une autre, je trouve un moyen de retourner en Géorgie chez ma grand-mère.

18

Réunion de famille

Sur le lit, j'étalai mon pull préféré, un col roulé crème, au-dessus de mon jean moulant et je reculai pour observer le résultat. Non, ça n'allait pas.

Je plongeai de nouveau la tête dans ma garde-robe et me mis en quête d'un autre pantalon. C'était un tel bazar là-dedans ! Theresa passait son temps à me demander de ranger mes placards, mais j'étais sans doute d'un naturel désordonné. Ma garde-robe était bourrée de sacs de vieux vêtements, de livres d'école, de pompons, de drapeaux, d'ours en peluche, de CD, de livres... À peu près tout ce qui était possible et imaginable !

Au bout d'un moment, je finis par mettre la main sur le jean noir que je cherchais. Et sur mes bottes de cowboy. De retour devant le lit, je posai ce jean sur l'autre et reculai à nouveau. Ouais, c'était mieux.

Tout en chantonnant distraitement, je me dirigeai vers le débarras, mon jean sous le bras, pour aller chercher le fer à repasser dans le placard.

C'était un vendredi soir de septembre. Mes frères et ma sœur étaient sortis, Theresa, enfermée dans sa chambre à regarder la télé, et papa, toujours au travail.

Personne ne le savait, mais c'était la veille d'un des jours les plus importants de ma vie.

Je dépliai les pieds de la planche à repasser, j'appuyai nonchalamment sur l'interrupteur de la prise, je posai mon jean sur la planche et j'attendis que le fer se réchauffe.

Demain, pour la première fois de ma vie, nous allions tous être réunis : maman, papa et moi.

Il avait fallu des semaines d'efforts et d'un comportement irréprochable pour que papa accepte cette visite. Au bout d'un moment, il avait fini par céder et promis de m'emmener voir maman au centre psychiatrique.

Comme ma grand-mère avait déménagé du côté d'Atlanta, je n'étais pas allée voir maman depuis dix mois, et je crois que mon père eut finalement pitié de moi.

Quand je lui appris la nouvelle au téléphone plus tôt cette semaine-là, maman hurla de joie. Elle n'avait pas reçu de visiteurs depuis une éternité.

— Mon Dieu ! s'exclama-t-elle. Ton père va t'amener ici ? Eh bien, je ferais mieux d'aller chez le coiffeur avant qu'il vienne !

Maman me demandait toujours des nouvelles de mon père quand on se parlait au téléphone, mais elle ne l'avait pas vu depuis des années. Elle devait avoir un sacré faible pour papa, parce qu'elle avait toujours très envie que je lui parle de lui. Il avait beau l'avoir mise enceinte, puis abandonnée, elle ne lui en voulait pas.

— Tu ne comprends pas ! gémit-elle quand je lui demandai de se calmer. Nous ne voyons jamais d'hommes ici. Pas de beaux garçons, en tout cas. Tu sais depuis combien de temps aucun homme n'a posé le regard sur moi ? Ton père a toujours été beau, très élégant.

Je gloussai. C'était drôle de l'entendre parler comme ça. On aurait dit une adolescente sur le point d'aller à son premier rendez-vous.

Curieusement, papa semblait tout aussi nerveux. Peut-être pas excité, mais plutôt tendu.

Le lendemain matin, après avoir enfilé mes vêtements fraîchement repassés, je me préparai un bol de céréales et m'assis à la table de la cuisine. Il était sept heures et demie.

J'étais matinale pour un samedi, et personne d'autre n'était réveillé. Mais comme il fallait deux heures pour faire le trajet de notre maison à Wyandanch jusqu'à l'hôpital, papa avait insisté pour qu'on parte à huit heures.

J'étais assise depuis dix minutes, lorsque papa fit son entrée dans la cuisine, tout frais et pimpant ! Il portait une chemise en soie, une veste et un pantalon noirs, dont il avait même fait le pli. Ça lui donnait un air très élégant. Je reniflai... Il avait mis son meilleur parfum.

Ouah ! C'est qu'il voulait vraiment l'impressionner ! Je me réjouis intérieurement. J'avais envie de courir vers lui et de le serrer dans mes bras, mais il était occupé à chercher ses clés, se faire griller un toast et allumer la bouilloire.

Il me lança alors un regard sérieux.

— Bon, on part bientôt. Tu es prête, Nikki ? Il faut juste que je vérifie le chemin et ensuite on y va. D'accord ?

— Bien sûr, papa, souris-je dans mon bol de Froot Loops.

Dix minutes plus tard, je grimpai dans la Range Rover rouge de papa. La voiture traversa ensuite les rues encore calmes, suivant un itinéraire qui m'était maintenant familier. Il fallait sortir de Long Island, passer sur le George Washington Bridge, dépasser l'autoroute du New Jersey et prendre l'autoroute 87.

La radio était allumée, et j'écoutais la musique d'une oreille distraite, le regard fixé sur le paysage. Papa interrompit soudain mes pensées.

— Alors, comment elle est ? demanda-t-il nerveusement. Ta mère. Est-ce qu'elle est..., euh..., normale, quoi ?

— Ouais, elle est normale. Elle va mieux que quand elle était dehors.

Nos regards se croisèrent, et papa me lança un rapide sourire. Il semblait soulagé. J'imagine qu'il appréhendait cette visite. Il n'avait pas vu ma mère depuis qu'elle avait tué mon frère et ma sœur. Il ignorait totalement à quoi s'attendre. Si seulement il m'avait emmenée la voir plus tôt. Vu son attitude à l'égard de ma famille maternelle, il semblait croire que la maladie mentale de ma mère était contagieuse.

Peut-être que, s'il la rencontrait, s'il comprenait à quel point elle était normale, il n'aurait plus aussi peur de me laisser les revoir, grand-mère et elle.

Le reste du trajet se passa en silence, les immeubles laissant lentement place aux grands espaces. Des forêts sombres de sapins s'élevaient de chaque côté de l'autoroute et nous escortèrent jusqu'à l'entrée de l'hôpital.

Papa ne sembla pas du tout intimidé par le grand ensemble de bâtiments en brique rouge, contrairement à la plupart des gens qui voyaient cet endroit pour la première fois. Comme il travaillait dans une prison, il devait savoir à quoi ressemblait ce genre d'établissements.

Il gara la voiture, puis je pris le soda et les en-cas que j'avais apportés pour ma mère, et chacun de nous franchit l'entrée.

Il nous fallut passer par les habituels contrôles de sécurité, prendre le temps de déposer nos bijoux dans un casier, puis on nous conduisit dans la petite salle de séjour, au lieu de la grande cafétéria où j'avais rencontré maman la première fois.

Les petites fenêtres en haut des murs laissaient entrer un flot de lumière vive qui se réfléchissait sur les tables et les chaises en plastique.

En entrant, je remarquai que tout était très calme ce jour-là. Seuls deux autres groupes de visiteurs étaient assis dans la pièce, attendant que les patients arrivent.

Chacun de nous déposa ses affaires sur l'une des longues tables vertes et s'assit sur un petit tabouret rond inamovible. Après être allée aux toilettes, je vidai mon sac à dos sur la table et jouai quelques parties de solitaire pour faire passer le temps, tandis que nous attendions maman. Au bout d'un moment, mes jambes se mirent à trembler d'impatience, et je m'aperçus que j'avais commencé à me ronger les ongles.

Papa pianotait lentement sur la table tout en jetant des regards anxieux autour de lui pour surveiller son arrivée.

Finalement, j'entendis le claquement familier de la porte, et on fit entrer les patients. Un instant plus tard, je la vis.

Maman !

Elle était magnifique ! Elle portait un joli chemisier rose, un jean et des chaussures blanches. Elle était maquillée à la perfection, et un bandeau blanc retenait ses longues dreadlocks.

Elle souriait et gloussait comme une petite fille. Je me dirigeai vers elle pour lui faire un gros câlin. Elle ne me semblait plus aussi grande qu'avant.

Je l'étais même un peu plus qu'elle maintenant, et son corps me parut petit et fragile entre mes bras. Je notai qu'elle avait perdu du poids.

Papa se leva aussi pour nous rejoindre. Maman s'écarta de moi, tendit les bras vers lui, et ils s'enlacèrent. Mon cœur battait à toute allure, mais je ne voulais rien dire. Je souhaitais que chacun reste silencieux pour pouvoir continuer à les contempler. Je voulais que ce moment dure le plus longtemps possible.

J'avais envie de crier : ce sont mes parents ! Regardez-les ! Regardez, mon père et ma mère sont ensemble !

C'était sans doute l'une des réunions de famille les plus étranges de tous les temps, mais la plus merveilleuse à mes yeux.

Ils se séparèrent au bout d'un moment. Je vis alors qu'ils souriaient tous les deux et se jetaient des coups d'œil. Maman parla la première, la voix aiguë et faussement timide.

— David ? Comment ça va ? Tu as l'air en forme.

Chacun se glissa sur un siège autour des tables fixes.

— Je te remercie, Debra, lui répondit-il d'un ton amusé. Tu as l'air en forme aussi.

— Tu sais quoi, tu n'as absolument pas changé ! le taquina maman.

— Toi non plus. On dirait que tu n'as pas pris une ride.

Mon Dieu, ils flirtaient ! Après toutes ces années, après tout ce qui s'était passé, ils s'appréciaient toujours !

Je restai assise là, fascinée par leurs paroles, et savourai le charme de leurs échanges. Au fond de moi, je rayonnais. C'était un moment tellement spécial. Nous étions tous ensemble pour la première fois. Nous étions une famille.

Je m'autorisai à rêver encore un petit moment. Et si tout restait de cette façon ? Maman, papa et moi, tous les trois. Sans personne d'autre ?

Ils se racontèrent les dernières nouvelles, bavardant tous les deux comme de vieux amis. Toute leur nervosité avait disparu. Maman décrivait la nourriture atroce de l'hôpital, et papa parlait de sa famille.

Je ne participai pas beaucoup à la conversation ; je n'en avais pas besoin. Au lieu de ça, je me contentai de regarder leurs visages et de me demander à qui je ressemblais le plus. Je me demandai aussi s'ils se rendaient compte que c'était notre première rencontre en tant que vraie famille. Ça n'avait pas d'importance. Ce qui comptait le plus, c'était d'être ici ensemble.

***

Au bout d'un moment, chacun prit un soda, puis on sortit les chips et les sandwichs. Je montrai à maman toutes les photos que j'avais prises pendant mon séjour à Augusta.

Elle s'extasia devant les clichés de la maison, puis cria de joie quand je lui montrai les dernières photos de Sonny.

— Oh ! mon Dieu ! s'exclama-t-elle. Il a tellement grandi. Est-ce qu'il est intelligent ? Il en a l'air. Je parie qu'il est malin. Ta grand-mère dit qu'il apprend bien à l'école. J'espère qu'il travaille dur, parce que je crois que ce garçon a un avenir brillant devant lui.

Plus tard, l'un de nous proposa de commencer une partie d'Atout Pique. C'est un jeu qui se joue habituellement à quatre, mais il fallut se débrouiller pour le faire à trois. Après ça, on enchaîna avec une partie de Monopoly.

Les visites durant quatre heures, nous avions beaucoup de temps pour nous détendre et savourer la compagnie de maman. Elle semblait vraiment ravie de notre présence, et ses yeux pétillaient de bonheur.

Puis notre visite toucha à sa fin. Maman parlait à tort et à travers de son amour pour la Bible et de toutes les leçons importantes qu'elle tirait des Écritures.

Comme elle m'en parlait chaque fois que je venais la voir, je l'écoutais d'une oreille distraite et hochais régulièrement la tête.

— Tu sais, ma chérie, je n'étais pas prête à accueillir le Seigneur dans ma vie, quand j'étais à l'extérieur. Je me suis retrouvée impliquée dans toutes sortes de mauvaises choses. Je me suis trompée de chemin, et c'est comme ça que j'ai fini ici. Dis-moi, David, tu fais toujours les quatre cents coups ?

Elle leva les yeux vers mon père, un doux sourire aux lèvres, mais il lui répondit par un silence glacial.

Soudain, il se tourna vers moi.

— Nikki, va donc chercher une serviette pour essuyer ce bazar, là.

Il me montra les gouttes de soda et les miettes de chips que nous avions laissées partout sur la table.

— Mais papa, c'est mon tour ! dis-je en désignant mon immense collection de propriétés.

Maman, qui jouait avec le pion du chien, était à un lancer de dé de la faillite, et papa, la voiture, avait limité ses achats aux propriétés bleues et orange, les moins chères. J'étais un véritable magnat à côté d'eux !

— Mais j'ai presque toutes les gares ! protestai-je, prête à faire avancer mon pion haut-de-forme.

Cependant, papa n'était pas d'humeur à discuter et il durcit le ton.

— Je t'ai dit d'aller chercher une serviette.

C'était étrange. Je me demandai pourquoi il se comportait ainsi, mais j'obéis et allai chercher du papier aux toilettes. À mon retour, maman rangeait le jeu, et papa étirait ses jambes sous la table.

— J'ai un peu sommeil, déclara-t-il. Je vais aller m'asseoir dans la voiture et peut-être faire un petit somme avant qu'on rentre. Comme ça, vous pourrez passer cette dernière demi-heure toutes les deux.

Maman se leva et, avant qu'il parte, elle le serra chaleureusement dans ses bras et lui sourit. Mais mon père semblait avoir perdu toute sa bonne humeur et il l'étreignit brièvement. Je n'y comprenais rien ; j'étais bouleversée. Que se passait-il ? Tout s'était si bien déroulé.

Dès que papa fut sorti, le sourire de maman disparut, et elle chuchota :

— Il s'est mis en colère contre moi. C'est pour ça qu'il t'a envoyée aux toilettes.

— Pourquoi ? Qu'est-ce que tu as fait ?

— Rien, je lui ai juste demandé s'il faisait toujours les quatre cents coups. Il croit que tu ne sais rien de toutes ses bêtises !

— Papa n'aime pas que tu me parles de choses d'adultes. Il n'aime pas non plus que grand-mère le fasse. Il dit que je ne devrais pas entendre ces choses parce que je suis encore une enfant. Mais je suis pas aveugle ; je sais très bien ce qui se passe. Il ne rentre plus beaucoup à la maison. Je pense qu'il la trompe encore.

Maman leva les sourcils et fit d'un ton complice :

— Mmm, mmm !

C'était censé être drôle et j'avais envie de rire, mais quelque chose dans le brusque départ de papa avait gâché l'ambiance. Nous nous sentions toutes les deux un peu découragées.

Je bavardai encore un peu avec elle pendant les vingt minutes suivantes, mais, quand vint l'heure de partir, je vis l'agitation et le désespoir envahir le regard de ma mère.

Elle me serra contre elle avec émotion et me répéta qu'il fallait que je prie et que mon père avait été gentil de m'amener ici.

— Sois bien sage avec ton père et ta belle-mère, tu m'entends ? m'ordonna-t-elle d'un air agité tout en retirant des peluches invisibles sur mon pull. Tu es tellement grande maintenant ! Mais n'oublie pas que tu es toujours une enfant, et, quoi que fabrique ton père, il est toujours l'homme de la maison. Tu dois respecter son statut et le respecter, lui.

Je me sentais triste et je plaignais tellement ma mère. Elle regrettait visiblement d'avoir posé cette question à mon père, mais elle ne pouvait pas retirer ses paroles maintenant, et elle ne pouvait pas non plus lui demander pardon. Il était parti.

Je savais très bien ce qu'elle devait ressentir. Ce que mon père avait provoqué en elle. C'était ce qu'il faisait tout le temps avec moi.

Mais peu importait qu'il me fasse ça, j'allais bien, j'étais une personne normale. Alors que c'était cruel de la quitter aussi brusquement. Elle était toute seule dans cet endroit, avec ses pensées et sa bible pour seule compagnie.

Une fois dehors, je sus exactement à quel point cette histoire allait l'affecter. Elle allait pleurer et souffrir une fois encore d'être séparée des personnes et des choses qu'elle aimait le plus au monde.

J'aimais tant ma mère. Au cours de ces quatre dernières années, j'avais fini par comprendre qu'elle avait plus besoin d'amour et de compassion que la plupart d'entre nous.

À l'hôpital, elle avait trouvé une sorte de paix, d'équilibre qui fonctionnait pour elle. Elle n'était pas faite pour la vie à l'extérieur et, même si elle priait sans cesse pour sa libération, je me doutais qu'elle la craignait autant qu'elle l'espérait. C'est triste à dire, mais j'en avais peur aussi.

Je m'éloignai d'elle le cœur lourd, comme toujours.

***

Papa m'attendait sur le parking. En grimpant dans la voiture, j'essayai de cacher ma colère et ma tristesse avec un visage sans expression.

Mais, lorsque la voiture franchit les portes de l'hôpital, je sentis les larmes me monter aux yeux. Je me tournai vers la vitre, fâchée de ne pas pouvoir contenir mes émotions.

Une demi-heure plus tard, papa s'arrêta dans une station-service. Il sortit de la voiture pour prendre de l'essence et aller nous chercher des sandwichs.

Tant qu'il s'était trouvé à côté de moi, j'avais réussi à réprimer ma douleur, mais, une fois seule, je laissai tout mon corps se relâcher et la tristesse m'envahir à nouveau. Un instant plus tard, je sanglotais fébrilement entre mes mains.

Papa ouvrit la portière de la voiture, l'air perplexe.

— Qu'est-ce qui t'arrive ? Pourquoi tu pleures ?

Je ne voulais pas le lui dire. Maman m'en voudrait si je trahissais sa confiance. Je ne lui racontai donc qu'une partie de la vérité.

— Je n'aime pas la laisser là-bas.

— Eh bien, tu ne peux rien y faire : elle ne peut pas sortir maintenant. Enfin, elle peut te voir une fois de temps en temps. C'est mieux que rien.

Je bouillonnais intérieurement. Croyait-il vraiment que ça allait me réconforter ? Pauvre maman, elle avait donné sa confiance à toutes les mauvaises personnes dans sa vie. Je m'en voulus d'avoir rêvé que mes parents se retrouveraient et qu'on vivrait ensemble comme une famille heureuse. Triple idiote !

Papa ne pouvait être heureux avec personne. Et maman, eh bien, elle n'avait pas beaucoup de chance d'y arriver d'une façon ou d'une autre.

Il n'était pas le seul à ne pas me comprendre. Les enfants à l'école ne pouvaient pas croire que j'aimais toujours ma mère après ce qu'elle avait fait. Ils ne comprenaient pas qu'elle était malade. Personne ne le comprenait.

Ce soir-là, allongée dans mon lit et le casque sur les oreilles, j'écoutai mes chansons jamaïcaines préférées, celles que maman passait souvent dans notre ancienne maison de Brentwood. Je fermai les yeux et laissai la musique m'envahir, m'emporter vers une autre époque et un autre lieu.

Je nous revoyais danser tous ensemble dans mon esprit, maman, Mellie, Momo et moi.

Submergée à la fois par la mélancolie et le bonheur, je pleurai sans bruit.

Même le souvenir des bons moments était douloureux. Je ne pouvais penser à ces instants de bonheur volé sans me rappeler tout le chagrin qui avait suivi.

Une fois encore, je m'endormis en pleurant.

19

La Géorgie

Je passai la tête par la fenêtre. La voiture filait sur l'autoroute, et le vent chaud soufflait dans mes cheveux.

Liberté ! J'y goûtais vraiment pour la première fois de ma vie. Et, bon sang, quel parfum sucré et délicieux elle avait !

Je laissai exploser ma jubilation :

— Yeee-ha !!!

Assis au volant à côté de moi, oncle Jerome sourit avec indulgence.

Tu ferais mieux de rentrer la tête, jeune fille ! cria-t-il sur un ton mi-moqueur en me tirant par le bras. Ou bien tu risques de la perdre !

Après avoir quitté New York, nous étions de retour sur l'autoroute 295 et roulions vers le sud. Direction Philadelphie, puis le Maryland.

Plus que cinq heures avant de nous arrêter sur le parking du McDonald's à la sortie de l'autoroute. C'était l'endroit où nous devions retrouver grand-père et grand-mère. Ils venaient me chercher !

À l'arrière de la voiture, nous avions chargé toutes les affaires que je possédais : trois valises de vêtements, des livres, des CD, des photos et des peluches. C'était tout ce qui résumait mes seize années d'existence, mais je m'en moquais.

J'aurais pu fuir New York avec juste ce que j'avais sur le dos, ça m'était égal.

On était en septembre, et j'étais sur le point de commencer ma nouvelle vie en Géorgie. J'étais tellement submergée par l'excitation et le bonheur que j'aurais pu serrer oncle Jerome dans mes bras.

Au lieu de ça, je m'amusai à prendre l'accent traînant des gens du Sud.

— Et qu'ess' tu dis de mon accent, onc' Jerome ? demandai-je malicieusement. Tu crois qu'j'vais passer pour une vraie beauté du Sud là-bas ou qu'tous ces p'tits gars vont m'prend' pour la fille de Nou York qui parle trop vite ?

Il rit, et je lui tirai la langue avec insolence. J'avais du mal à croire que mes prières avaient été exaucées et qu'après toutes ces années de rêves et d'espérance, j'allais enfin vivre avec ma grand-mère. Une nouvelle vie s'annonçait pour moi.

Quand la relation entre mon père et Theresa s'était finalement terminée, la rupture avait été soudaine, étrange et chaotique.

Papa s'était lentement éloigné du reste de la famille. Lorsque Theresa apprit cependant qu'il allait de nouveau être père, cette nouvelle sonna le glas de leur mariage.

Elle n'essaya même pas de se battre pour le récupérer. Je crois qu'elle en avait assez et souhaitait désormais se protéger elle-même et préserver son avenir.

Puis Theresa perdit son travail, et tous deux durent prendre des décisions rapides. Il fallait divorcer. Theresa aurait la garde des enfants et retournerait vivre chez sa mère.

Mon père décida de se réinstaller chez Nanny et PopPop. Comme j'étais sous sa garde, je devrais aller y vivre avec lui.

L'idée de perdre Theresa, ma demi-sœur et mes demi-frères me bouleversait. Mais la pensée de rester seule avec papa m'affligeait encore plus.

Je commençai à mettre de côté l'argent que je gagnais tous les samedis et à préparer mon évasion. Les choses ne fonctionneraient jamais entre mon père et moi, n'importe qui pouvait le deviner.

Il fallait que je trouve une autre solution. Je devais économiser assez d'argent pour me payer le trajet en bus jusqu'en Géorgie.

Tous les soirs, je priais Dieu, exactement comme ma mère me le demandait. Je le suppliais d'améliorer les choses.

Je ne sais pas à quoi je m'attendais au juste, mais Dieu dut m'écouter à ce moment-là, car, d'un seul coup, toutes mes prières furent exaucées !

Un soir de juin, après l'école, j'écoutais de la musique toute seule dans ma chambre, lorsque mon père entra. Il n'était pas en colère, et ce n'était pas dans ses habitudes de venir me voir simplement pour discuter. Il s'assit au bout du lit.

— Nikki, je peux te parler une minute ?

— Bien sûr, répondis-je, déjà sur mes gardes.

Les choses avaient été tellement dingues ces derniers temps que j'ignorais totalement à quoi m'attendre. Comme d'habitude, je me préparais à entendre une mauvaise nouvelle.

— Où est-ce que tu as envie de vivre ? me demanda-t-il sans détour.

Je le regardai, l'air perplexe. Je ne voyais pas ce qu'il voulait dire. Est-ce qu'il me demandait vraiment mon avis ?

— Enfin, tu veux vivre ici ou aller t'installer en Géorgie ?

— Hein ?

Je ne savais pas quoi dire. Est-ce que j'avais bien entendu ? Est-ce qu'il me demandait si je voulais vivre avec ma grand-mère ? Je faillis hurler de joie, mais parvins à garder une voix neutre en répondant :

— Je veux aller vivre en Géorgie avec grand-mère.

Il hocha la tête en silence, puis soupira et baissa les yeux. Le temps sembla s'arrêter à ce moment-là. Je retins mon souffle et j'attendis sa réponse avec inquiétude.

— Eh bien, finit-il par dire en se levant du lit, je vais y réfléchir et je te tiendrai au courant.

Là-dessus, il sortit. Oh ! mon Dieu. J'étais si excitée que je me mis à sautiller et à pousser des cris muets.

Bien sûr, il ne m'avait pas dit :

— Comme tu veux, ma chérie. Tu peux partir demain.

Mais je savais qu'il ne m'aurait jamais laissé le choix s'il n'avait pas voulu que je parte. Je priai encore plus fort ce soir-là.

— Merci ! Merci pour tout aujourd'hui, mon Dieu. Je sais que tu as écouté et exaucé mes prières. S'il te plaît, fais que papa me permette d'aller vivre chez grand-mère dès que possible !

Après ça, ce ne fut plus qu'une question de temps.

Une semaine plus tard, papa revint me voir. Il m'annonça qu'après réflexion, il valait sans doute mieux que je parte en Géorgie, puisque la maison allait être vendue à cause du divorce. Comme il n'aurait pas de logement permanent pendant un moment, il pensait que je serais mieux chez ma grand-mère.

Grand-mère était aux anges quand je lui appris la nouvelle.

Nous nous parlions tous les jours au téléphone afin de planifier mon arrivée. Je devais m'inscrire dans une nouvelle école à Augusta et faire transférer tous mes dossiers scolaires depuis celle de New York. Grand-mère devait aussi effectuer une demande de résidence officielle pour pouvoir devenir ma tutrice légale.

Pendant ce temps, ma famille et ma vie à Wyandanch se décomposaient autour de moi. Theresa et les autres enfants se préparaient à partir.

En rentrant de l'école chaque jour, je retrouvais un univers en mouvement constant. Chaque objet disparaissait dans un carton avant d'être expédié vers un endroit ou un autre.

Theresa et mon père se parlaient à peine, et plus rien ne semblait exister entre eux.

J'aurais pu plaindre mes frères et ma sœur, mais, pour être honnête, je crois qu'ils étaient plutôt soulagés que leur mère se sorte enfin de cette triste situation.

Sere avait maintenant dix-sept ans, David, vingt et un, et il allait à l'université. Buddy n'avait que quinze ans, mais, comme les autres, il acceptait les choses sans sourciller.

Quant à moi, j'étais partagée à l'idée de quitter New York.

Je sais que ça peut paraître étrange. Après tout, je voulais rejoindre ma grand-mère depuis si longtemps. Mais New York était tout ce que j'avais connu.

Ma mère était ici, ainsi que mon frère Mellie et ma sœur Momo.

Au téléphone, maman débordait d'enthousiasme à l'approche de mon départ.

— Ne t'en fais surtout pas pour moi, me rassura-t-elle. Le Seigneur est avec moi tout le temps, je ne suis jamais seule. Et il faut que tu ailles habiter chez grand-mère, car, quand je sortirai, je pourrai venir vivre avec vous deux !

Le plus difficile pour moi fut de quitter Mellie et Momo. Je déposai un bouquet de roses jaunes sur leur tombe deux semaines avant mon départ avec oncle Jerome. Je m'étais baissée pour poser les fleurs sur le sol desséché, et le chaud soleil d'été tapait sur ma nuque.

Je restai accroupie en silence un moment, sans vraiment savoir quoi dire. Puis je retirai ma veste, la posai par terre et m'assis dessus.

— Hé ! vous deux, commençai-je. Je suis désolée de ne pas être venue vous voir souvent ces derniers temps, mais je pense sans cesse à vous. Vous serez toujours dans mon cœur. Toujours. Je m'en vais bientôt, mais je ferai en sorte de revenir vous voir. En fait, je dois déménager. Je n'ai pas envie de vous quitter, mais je crois que c'est mieux.

Les larmes me brûlaient les yeux.

— Au moins, vous êtes là l'un pour l'autre. Prenez bien soin de vous deux, d'accord ? Je reviendrai bientôt vous voir. Très bientôt.

Je m'arrêtai, perdue dans mes pensées. Où seraient Momo et Mellie, maintenant, s'ils étaient toujours vivants ? Ils auraient respectivement quinze et quatorze ans, et seraient sans doute horriblement perturbés. Peut-être qu'ils auraient passé le reste de leur enfance à voyager de maison en maison, au gré des crises de maman.

Seraient-ils tombés dans les mêmes pièges qu'elle ? Ils auraient pu se droguer, laisser tomber l'école. Est-ce que Momo serait tombée enceinte ? C'était une battante. Peut-être qu'elle aurait fini dans la rue, à lutter pour sa survie, ou aurait été enfermée dans un centre de détention pour mineurs. Mais Mellie était un tendre. Je ne crois pas qu'il aurait eu une chance de s'en sortir dans ce monde cruel. Oui, leurs vies auraient été détruites, d'une façon ou d'une autre. J'en étais sûre.

Dans un sens, mon père m'avait sauvée. En dépit de toute la douleur et des difficultés de mon enfance, je savais que je devenais une jeune femme autonome et équilibrée. Et c'était grâce à Theresa et à lui.

Ils m'avaient enseigné la discipline, le sens des responsabilités, le respect de soi, et transmis la volonté d'aller au bout de mes rêves et de mes ambitions.

Ils m'avaient maintenue en vie, c'est vrai, mais, plus que tout, ils m'avaient offert un avenir, et l'occasion de devenir un être humain capable et épanoui, quelqu'un qui pouvait jouer un rôle utile dans la société. J'avais eu beau détester mon père, avoir peur de lui, je lui étais tout de même reconnaissante. Il m'avait appris des choses fondamentales, qui resteraient en moi pour toujours. Exactement comme maman l'avait fait. Ils m'avaient appris à distinguer le bien du mal, chacun à leur façon.

***

Le jour du départ arriva enfin. Ce matin-là, je passai mon temps à vérifier le contenu de mes sacs et à sortir sur la véranda pour vérifier si oncle Jerome était arrivé.

Le trajet jusqu'au Maryland durait sept heures. Il fallait donc partir à six heures du matin.

Jerome devait rentrer à New York dans la journée et il voulait effectuer la majeure partie du trajet le matin, avant qu'il fasse trop chaud.

J'avais déjà dit au revoir à Theresa et aux enfants quelques jours plus tôt, quand ils étaient partis vivre chez Beryl, la mère de Theresa. J'étais triste de les quitter, mais je savais qu'on resterait tous en contact.

— Je t'aurais emmenée, tu sais, chuchota Theresa en me prenant dans ses bras. S'il m'avait laissée faire, je t'aurais emmenée aussi.

— Je sais, souris-je, contente qu'elle me le dise.

J'aimais beaucoup Theresa en raison de son attitude envers moi. Au fil de toutes ces années, elle ne m'avait jamais traitée différemment des autres malgré mon arrivée impromptue dans sa famille.

Elle m'aimait autant que ses autres enfants et, même si l'homme qui était mon père l'avait trompée, elle avait été prête à me prendre sous son aile.

La mort de Mellie et Momo m'avait privée de la proximité physique de leurs corps. Theresa me prodigua alors toute l'affection dont j'avais besoin. Elle me serrait dans ses bras, me câlinait et me consolait.

Curieusement, Nanny et PopPop n'aimaient pas ça. Ils disaient toujours que j'étais trop démonstrative avec Theresa. Je crois qu'ils me reprochaient de ne pas voir la même proximité avec mon père.

Mais qui était le responsable de cette situation ? Pas moi, et certainement pas Theresa.

Non, Theresa était une femme au grand cœur. Elle me témoignait de l'affection, bien qu'elle ne fût pas obligée de le faire. Elle me donnait même de l'argent pour le déjeuner quand mon père n'était pas là. Dès le début, elle s'était montrée gentille et aimante avec moi.

Je la serrai plus fort dans mes bras et priai intérieurement : « S'il te plaît, mon Dieu, donne à Theresa beaucoup de bonheur dans cette vie, ainsi que dans la prochaine. »

Notre étreinte dura un moment, puis elle se redressa et essuya quelques larmes.

— Surtout, prends bien soin de toi, d'accord ? dit-elle en se ressaisissant. Travaille dur, ne laisse pas tomber l'école et ne cours pas après les garçons.

— Nan ! ris-je. T'en fais pas, tu seras fière de moi.

— Bonne petite !

Je serrai Sere, David et Buddy dans mes bras. Ils pleuraient tous, eux aussi. Aucun de nous ne dit grand-chose ; nous n'en avions pas besoin. Nous avions survécu tous ensemble, et, maintenant, chacun allait voler de ses propres ailes. Je leur dis que je prierais pour eux, et ils promirent de faire la même chose pour moi.

J'étais agenouillée devant ma valise et je vérifiais que j'y avais bien mis toutes mes photos préférées, lorsque mon père sortit de sa chambre, les yeux troubles et l'esprit encore embrumé.

— Il est là ? demanda-t-il en laissant échapper un énorme bâillement.

Je secouai la tête. J'étais debout depuis des heures. En fait, j'avais à peine fermé l'œil de la nuit.

Après avoir pris une douche et s'être préparé un café noir, papa vint me rejoindre derrière la fenêtre pour attendre l'arrivée d'oncle Jerome avec moi.

Il ne dit rien. Il passa simplement le bras autour de mes épaules.

Je sentis ma gorge se serrer et sus que c'était le bon moment. Le regard fixé devant moi, je commençai :

— Papa..., tu sais, je t'aime, papa. Et je sais tout ce que tu as fait pour moi.

Je m'arrêtai. Je n'étais pas sûre de pouvoir aller jusqu'au bout de ce petit discours sans craquer.

— Tu m'as permis de prendre un bon départ dans la vie, papa. Je voudrais te remercier pour ça. Je te remercie, parce que, sans ton aide, les choses auraient pu être très différentes pour moi. Theresa et toi, vous m'avez permis de grandir.

Je m'arrêtai. Est-ce qu'il comprenait ce que je voulais dire ? J'avais répété ces mots la veille au soir, mais ils n'étaient pas sortis comme prévu. Je n'étais même pas sûre que ces paroles aient du sens. Je levai les yeux vers lui et, à ma grande surprise, je vis de grosses larmes couler sur ses joues.

Il me serra très fort dans ses bras.

— Je t'aime aussi, Nikki, sanglota-t-il. Je t'ai toujours aimée. Je sais que tu ne me crois pas, mais j'ai toujours fait de mon mieux avec toi. Un jour, tu comprendras. Je sais que tu me trouves dur, mais j'ai vraiment fait tout mon possible pour vous élever, tous les quatre. Souviens-toi d'une chose : je serai toujours là pour toi. Si jamais tu veux revenir, tu n'as qu'à m'appeler. Ma maison sera toujours la tienne.

Je pleurai de reconnaissance dans ses bras. Oui, j'étais excitée à l'idée de partir, mais nerveuse aussi. Ça me faisait du bien de l'entendre dire que je pourrais rentrer quand je le voudrais. Bien sûr, je n'avais pas vraiment de raisons de revenir. Mon ancienne famille avait éclaté, et Dieu sait où papa se trouverait dans six mois ! Mais, grâce à ses paroles, j'avais l'impression que je ne coupais pas complètement les liens avec New York.

Juste à ce moment-là, la berline bleue de Jerome descendit l'avenue, ses phares toujours allumés à cause du brouillard matinal.

Papa s'écarta de moi et me dévisagea intensément, comme s'il s'imprégnait de cette dernière vision, mémorisant chaque détail et chaque trait de mon visage. Il me caressa la joue affectueusement et sourit.

— Tu es vraiment une jolie fille, Nikki ! s'exclama-t-il avec fierté. Exactement comme ta mère.

Je lui souris en retour. C'était si bon à entendre.

Oncle Jerome apparut à la porte, puis il fut l'heure de partir.

20

Histoire familiale

J'aimerais pouvoir dire que tout se passa à merveille chez grand-mère et que je vécus heureuse jusqu'à la fin de mes jours. Si seulement je pouvais dire ça.

Mais ce ne fut pas le cas, tout simplement. Bien sûr, il y avait beaucoup d'avantages à vivre chez grand-mère, mais tellement d'inconvénients également.

Elle avait quitté une petite fille et se retrouvait face à une adolescente. Face à une jeune femme difficile, compliquée et sûre d'elle. Je n'étais plus le petit bout' chou qu'ils avaient connu toutes ces années auparavant.

Chez mon père, on m'avait appris à me prendre en charge. Je faisais mon lit, ma lessive, la vaisselle, la cuisine, le ménage, bref, je faisais tout. Chez grand-mère, personne ne participait aux tâches ménagères ; elle était la seule à travailler ! Je ne voyais aucun inconvénient à la laisser faire, moi non plus, quand je venais pour les vacances, mais, dès que je m'installai chez elle, j'eus du mal à le supporter. J'étais indépendante.

Grand-mère entrait dans ma chambre le matin pour faire mon lit ou le ménage, et je la poussais dehors.

— Mais je veux juste t'aider, protestait-elle.

— Je n'ai pas besoin de ce genre d'aide, répondais-je en lui bloquant l'accès, les bras croisés. C'est *mon* espace, *ma* chambre, *ma responsabilité*. Je n'ai pas besoin que tu me dorlotes comme une petite fille !

Tous les soirs, quand chacun avait avalé le dîner préparé par grand-mère, j'essayais de l'aider à ranger la cuisine. Je déposais la vaisselle dans l'évier et j'enfilais les gants en caoutchouc. Mais elle me chassait et m'interdisait de lever le petit doigt.

Au bout d'un moment, il nous fallut arriver à un compromis. La cuisine et les salles de bains étaient le domaine de ma grand-mère, mais ma chambre restait sous ma responsabilité.

Grand-mère n'exprimait pas son amour par des gestes tendres, mais elle était contente que je sois là et me le prouvait en faisant les choses à ma place. Grand-père, quant à lui, semblait véritablement contrarié de mon installation dans sa maison. Peut-être qu'il estimait en avoir fait assez pour m'aider quand je vivais à New York. Chaque fois que j'entrais dans une pièce, il fronçait les sourcils et sortait. Dans la cuisine, il claquait la porte des placards comme si j'étais une mouche embêtante qu'il essayait de chasser.

Quand j'en parlai à ma grand-mère, elle balaya mes inquiétudes du revers de la main.

— Oh ! ne fais pas attention à lui ! C'est juste un vieux bonhomme méchant qui n'aime personne !

C'est vrai que grand-père ne participait pas beaucoup à notre vie de famille. Il nous parlait à peine, à Sonny, Roland et moi, et passait la plupart de son temps dehors, à travailler dans les jardins dont il avait la charge.

Je me sentais de trop une fois encore. C'est un sentiment atroce.

Peut-être que, dans son esprit, tout était clair et net : tu grandis, tu quittes la maison. Mais, comme j'avais toujours imaginé que celle de grand-père et grand-mère était la mienne, venir vivre chez eux m'avait semblé logique. Mes grands-parents avaient subi les conséquences des actes de ma mère et peut-être qu'ils lui en voulaient. Ils élevaient toujours Roland et Sonny à un âge auquel ils avaient sans doute imaginé pouvoir se détendre un peu. À mon arrivée, grand-père estima probablement que j'étais l'enfant de trop. Mais ce n'était pas ma faute, ni celle de Sonny ou de Roland. Nous étions ses petits-enfants, nous n'avions pas demandé à naître. Si grand-père nous laissait nous débrouiller tout seuls, grand-mère faisait exactement le contraire. Elle mettait sans cesse le nez dans mes affaires !

Je ne pouvais pas éternuer sans qu'elle dise au monde entier que j'avais attrapé un rhume !

C'était un changement brutal pour moi, car, à New York, papa et Theresa avaient toujours respecté ma vie privée. Tant que nous ne les dérangions pas, avions de bonnes notes et nous comportions bien, ils ne s'immisçaient pas beaucoup dans nos vies.

Grand-mère semblait penser que tout ce qui se passait sous son toit la concernait et, par association, concernait aussi ses onze frères et sœurs. Ainsi que leurs familles !

Si mes règles avaient un jour de retard, elle les appelait tous le lendemain pour leur raconter que j'étais enceinte ! C'était faux, bien entendu, et j'étais horrifiée à l'idée que ces gens qui m'étaient toujours relativement étrangers puissent cancaner sur l'état de mon appareil reproducteur. Ça me rendait folle !

Et il ne s'agissait pas simplement de m'adapter à ma vie chez grand-mère. Il fallait que je m'habitue à une nouvelle école et à de nouvelles personnes. Anthony et moi avions rompu avant l'été. Quand je rencontrai Brendan et trouvai en lui quelqu'un qui me témoignait l'affection dont j'avais tant besoin, je me raccrochai à lui. Il ne me paraissait pas utile de me faire un tas de nouveaux amis, mais c'était important pour moi de trouver une personne sur qui m'appuyer et à qui me confier. Brendan était gentil et tendre. Il était exactement le garçon dont j'avais besoin.

Lorsque j'arrivai à Augusta, je commençai donc les cours dans ma nouvelle école, le lycée Cross Creek. Je ne l'aimais pas beaucoup et trouvais difficile de m'y intégrer. Tous les élèves se connaissant depuis l'école primaire, ils avaient déjà des liens forts. Ce n'est pas que je rejetais l'idée de me faire de nouveaux amis, mais j'étais timide et j'avais peur de trop m'attacher aux gens. J'avais l'impression que tous ceux que j'aimais finissaient toujours par disparaître de ma vie ; ainsi, je trouvais plus facile de rester seule.

Mais, le plus important de tout, c'est que la vie avec ma grand-mère faisait ressurgir toutes les questions que j'avais refoulées pendant des années.

Quand je vivais chez papa et Theresa, je parvenais à maîtriser mes pensées au sujet de Mellie et Momo. Je souffrais atrocement d'ignorer comment ils étaient morts, mais, après notre départ d'Amityville pour Wyandanch, j'avais essayé de ne plus penser aux questions qui me tourmentaient.

Cependant, maintenant que j'étais installée chez grand-mère, ces questions revenaient se bousculer dans ma tête.

Pourquoi étaient-ils morts ? Est-ce que personne ne pouvait vraiment éviter ce drame ?

Je me retrouvai sous la responsabilité de grand-mère, tout comme ma mère des années auparavant, et j'en vins à me demander comment elle avait pu devenir la femme qu'elle était. Qu'est-ce qui avait fait d'elle la mère qui avait tué ses enfants ? Est-ce que quelqu'un aurait pu faire quelque chose pour l'en empêcher ?

Un soir, après le dîner, quand les garçons furent sortis de table, j'aidai grand-mère à débarrasser et en profitai pour lui demander de me parler de ma mère.

— Qu'est-ce que tu veux savoir, ma fille ? demanda-t-elle gentiment.

— Tout, grand-mère ! Je veux tout savoir sur elle !

Grand-mère gloussa.

— Eh bien, ça risque d'être un peu long.

— Je m'en moque. J'ai du temps.

Grand-mère s'assit en face de moi et me demanda avec un geste d'impuissance :

— Par où est-ce que je commence ?

— Par grand-père et toi, suggérai-je. Comment vous vous êtes retrouvés ensemble ?

— Oh là là ! rit grand-mère. Alors, là, tu remontes loin dans le temps !

Mais elle avait l'air contente que je l'interroge sur son passé. Elle réajusta sa jupe autour de ses jambes et s'adossa à la chaise.

— Eh bien, tu sais déjà que j'ai eu deux petits amis avant de rencontrer Willie, ton grand-père. Mais c'est lui qui m'a mise enceinte. En fait, il m'a roulée ! Oh ! que oui, et je ne le lui pardonnerai jamais.

« Nous nous sommes rencontrés en avril, et puis, en juin, il m'a demandée en mariage, mais j'ai refusé. Il a donc trouvé un moyen. Enfin, tu sais bien, quand on est jeune, on croit qu'on est amoureux. Alors, on a fait l'amour. La première fois, il a mis un préservatif, mais après, il m'a dit que, si on le refaisait, je ne risquais plus de tomber enceinte. Et tu sais quoi, je l'ai cru ! Je n'étais pas au courant de grand-chose ! Nos parents ne nous parlaient pas de ces sujets-là. Ça a été un choc quand je suis tombée enceinte à seize ans. Ma mère l'a su tout de suite. Elle avait cinq filles et suivait nos règles. Quand ça a été mon tour de les avoir, elle a compris. Elle était comme ça, ma mère. Elle est venue vers moi et m'a dit : "Hummm, tu n'as rien eu le mois dernier." Elle était folle de rage ! Elle m'a emmenée chez le médecin, et j'ai appris que j'étais enceinte et quel jour naîtrait le bébé. Et tu sais, ta mère est arrivée pile à l'heure, le 25 janvier 1967. Je voulais l'appeler Samantha, mais ma mère choisit pour elle le prénom Debra.

« J'avais dix-sept ans à la naissance de Debra. Pendant longtemps, j'ai été tellement furieuse contre Willie que je ne voulais même pas lui parler ! Il était venu à la maison après avoir appris que j'étais enceinte, et j'étais allée me coucher pour ne pas être obligée de le voir. Je ne voulais pas avoir de bébé, pas si tôt. Je voulais aller à l'école. C'est ma mère qui m'a obligée à parler avec lui. Elle a dit qu'il ferait un bon mari et qu'il resterait avec moi. "C'est un homme bien, elle a ajouté. Il est calme, n'a pas grand-chose à dire sur lui, mais c'est un homme gentil, et il sera bon avec toi." J'ai fini par me dire que je ne voulais pas d'un autre homme pour élever mon enfant. Je voulais que ma fille connaisse son vrai père. Enfin, tout ce que je peux dire sur ton grand-père, c'est que, toute sa vie, il a bien subvenu aux besoins de sa famille. Nous nous sommes mariés en juin, quand Debra avait cinq mois.

— Est-ce que c'était facile, grand-mère ?

— Quoi donc, ma puce ?

— Tu sais, d'avoir un bébé, de devenir une maman ?

Grand-mère laissa échapper un long sifflement et secoua la tête.

— Ooooh non ! Pas du tout. C'était effrayant. J'étais la huitième d'une famille de douze enfants. Je n'étais par conséquent moi-même qu'un bébé. Ils m'avaient pourrie gâtée. Je ne savais pas comment me comporter. Pendant toute ma grossesse, j'avais passé mon temps à me dire : "Je vais devenir maman ? Moi ?" Je n'arrivais pas à y croire.

« En 1969, nous sommes partis vivre dans l'Indiana, et puis à New York en 1971. Debra avait trois ans, presque quatre. J'avais déjà eu oncle Jerome. Il est né en 1969. Ta maman était un amour, tu sais, jusqu'à ses onze ou douze ans. Et puis elle a commencé à changer. Mais, depuis le début, elle s'était toujours montrée tellement intelligente. Debra voulait devenir pédiatre et elle jouait à soigner ses poupées. C'était son rêve. Tu sais, elle aurait pu le réaliser. Depuis la maternelle, elle ne récoltait que des félicitations, toujours la meilleure de sa classe. Elle n'avait que des bonnes notes. Les professeurs disaient qu'elle était brillante. Les choses lui venaient naturellement, elle n'avait pas besoin de travailler dur.

Pendant toute sa scolarité, elle a réussi brillamment ; même quand elle était enceinte et a eu un bébé, ses notes n'ont jamais changé. Mais sa personnalité n'était plus la même.

Elle jouait vraiment les pimbêches. On se disputait régulièrement à cause de ça. Je lui disais que je détestais son attitude. Elle voulait que tout se passe à sa façon, quoi qu'on en dise. Mais ça ne pouvait pas fonctionner comme ça tout le temps ; il fallait qu'elle nous écoute, mais elle ne voulait pas en entendre parler.

« À onze ans, elle a commencé à fréquenter des garçons et elle est tombée enceinte à quatorze. Je l'ai emmenée se faire avorter. Elle ne voulait pas être enceinte. Elle ne savait même pas ce qu'elle avait fait. Je l'ai ensuite incitée à prendre la pilule, mais elle refusait. Elle est de nouveau tombée enceinte à quinze ans. Et je l'ai encore emmenée se faire avorter, mais cette fois, elle est tombée très, très malade. À tel point que j'ai cru qu'elle allait mourir. Je lui ai dit : "La prochaine fois, tu le garderas, ce bébé." Et c'est comme ça que Roland est arrivé, parce que j'ai refusé de l'emmener se faire avorter une fois de plus quand elle est tombée enceinte à seize ans. Je me fichais de savoir si elle voulait ce bébé ou non. Je ne pouvais pas risquer de la perdre.

« Roland est né, et j'ai dû m'occuper de lui pendant qu'elle terminait le lycée. Un professeur est même venu à la maison lui donner des cours pendant six semaines après son accouchement. Ensuite, elle est retournée en classe. Depuis le début, Roland a toujours été comme mon bébé. Comme Debra avait besoin de bien dormir pour pouvoir étudier, j'ai pris la responsabilité de m'occuper de lui la nuit. Ensuite, elle a eu son propre appartement et elle a commencé à suivre des cours pour devenir sténographe judiciaire. Il lui restait six mois de formation, et elle avait de bonnes notes ; mais elle a rencontré ce Beanie ! Et c'est ainsi que tout son avenir est parti en fumée. »

J'écoutais son récit avec la plus grande attention, lorsque, soudain, je m'aperçus que grand-mère avait raté quelque chose d'extrêmement important : ma naissance !

— Et mon père ? l'interrompis-je.

— Humm, humm, acquiesça grand-mère. David ! Oui, Debra croyait que ton père allait l'épouser. Elle était amoureuse de lui. Il l'avait emmenée chez lui et avait dit : "Voici la maison dans laquelle nous allons vivre !"

« Et elle a cru que ce serait vrai. Mais ensuite, il est allé se marier avec Theresa. Ta mère a été vraiment blessée. C'est à ce moment-là qu'elle a commencé à faire n'importe quoi. Je ne sais pas. Elle n'était pas très futée dès qu'il s'agissait des hommes. Je veux dire, David était avec Theresa depuis longtemps, et ils avaient eu deux enfants ensemble. Quand elle s'est mise avec lui, elle n'a pas voulu voir qu'il était déjà pris. Non, elle a foncé tête baissée et a eu un bébé avec lui : toi ! Je lui ai dit : "Tu n'as pas besoin d'avoir un bébé avec tous les hommes que tu rencontres !" Mais elle ne voulait pas m'écouter. Elle croyait que c'était le seul moyen de garder un homme. Eh bien, Theresa avait eu deux enfants avec David, et ça n'avait pas empêché son homme d'aller voir ailleurs ! Debra n'arrivait pas à voir les choses telles qu'elles étaient. Je trouvais toujours qu'elle cherchait l'amour auprès des mauvais hommes. Ton grand-père, tu sais, il subvenait très bien à nos besoins. Il installait le téléphone dans de grands immeubles et gagnait assez pour rendre nos vies très confortables, mais peut-être qu'il n'a pas donné beaucoup d'amour à ses enfants.

« Enfin, bref, David lui a brisé le cœur, et c'est alors qu'elle s'est mariée avec Beanie. Elle ne l'aimait pas du tout. Je le voyais bien, mais elle ne voulait pas l'admettre. Plus tard seulement, elle m'a avoué qu'elle s'était persuadée que Beanie était David. Et c'est Beanie qui lui a fait prendre de la drogue. Mais je n'en savais rien. J'étais très naïve ; je l'ai ignoré pendant des années.

« Après leur mariage, elle a eu Mellie et Momo. C'est l'époque où ta mère et moi nous disputions très violemment. Je me mettais en colère contre elle parce qu'elle n'arrêtait pas de faire des bébés. Mais alors elle me rétorquait : "Eh bien, je suis mariée maintenant. Je peux en avoir autant que je veux." Enfin, comme tu le sais, Beanie lui a fait deux enfants et il est parti. Leur mariage n'a fait aucune différence. C'est à ce moment-là que tout a commencé à mal tourner.

« Elle avait environ vingt-huit ans la première fois que je l'ai emmenée aux urgences psychiatriques. Elle voyait des choses qui n'existaient pas et disait toutes sortes de bêtises comme "Mes enfants sont possédés par le diable." "Mes enfants doivent mourir parce qu'ils sont possédés." Je l'ai emmenée à l'hôpital. Au début, les médecins ne voulaient pas me dire ce qu'elle avait. Je leur ai répondu : "Vous feriez mieux de me dire ce que c'est, parce qu'elle se comporte comme une folle. Je me fiche que ce soit une adulte, c'est mon enfant. Dites-moi ce qui va pas chez mon enfant !" Ils ont fini par m'expliquer qu'elle avait pris trop d'héroïne. Et j'ai dit : "De la drogue ? Ma fille prend pas de drogue !" Je me disputais avec eux ! Je ne pouvais pas y croire. Elle avait si bien caché ses problèmes que je n'aurais jamais pu le deviner. Mais cette saleté d'héroïne l'a rendue folle et ça a été un choc terrible. Ils l'ont gardée pendant deux semaines et, à sa sortie, ils lui ont fait prendre un traitement antipsychotique.

« Après, je lui ai demandé pourquoi elle avait commencé à prendre de la drogue. Elle n'a pas pu me répondre. Elle l'ignorait elle-même ; elle savait seulement qu'elle ne pouvait plus s'arrêter. Une routine s'est alors mise en place. Elle allait bien pendant un moment, et puis elle arrêtait de suivre son traitement, elle reprenait de la drogue et finissait à l'hôpital. La fois suivante, c'était la même chose : elle arrêtait de prendre ses médicaments, se mettait à raconter n'importe quoi, allait chercher sa bible et n'arrêtait plus de la lire en criant, et c'est comme ça que je comprenais qu'elle était revenue à ce stade.

« Elle ne voulait jamais aller à l'hôpital, mais je savais qu'il le fallait. Je l'ai emmenée à l'hôpital psychiatrique cinq fois en tout. Invariablement, elle me jurait à sa sortie qu'elle arrêterait la drogue et qu'elle prendrait ses médicaments, mais elle mentait sans arrêt. »

Grand-mère s'arrêta un moment pour avaler une gorgée d'eau et secoua la tête comme pour en chasser les mauvais souvenirs.

Puis elle me regarda, les yeux pleins de larmes.

***

— C'est quand elle a commencé à prendre du crack que les choses ont vraiment mal tourné. Elle vous oubliait complètement, tellement elle était accro à ce truc. Elle vous déposait tous à dix-sept heures et revenait à minuit. J'en faisais trop, j'essayais de travailler de mon côté, et c'était tellement stressant. Je ne savais pas ce qui se passait, ni ce que je devais faire.

« Pendant ce temps-là, tu devenais une adorable petite fille, si tendre et douce. Tu avais toujours aimé les bébés, et ta mère en profitait. Tu t'occupais de ton petit frère et de ta petite sœur pendant qu'elle s'enfonçait dans la drogue. Ensuite, tu as été agressée, et après ça, j'ai découvert qu'elle vous abandonnait régulièrement. Je t'ai recueillie pour essayer de la forcer à s'occuper de ses autres enfants. J'ai tout tenté pour en faire une meilleure mère, mais rien n'a marché.

— Pourquoi seulement moi ? lui demandai-je franchement.

— Hmmm ?

Ma grand-mère avait l'air perdue.

— Pourquoi tu n'as recueilli que moi ? Pourquoi pas nous tous ?

Grand-mère croisa les bras.

— Après ta naissance, j'avais dit à ta mère que je ne m'occuperais pas d'autres enfants. Je voulais l'empêcher d'en avoir plus. J'étais totalement épuisée ! Je ne pouvais plus supporter cette situation ! Je m'occupais déjà de Roland, si bien que, quand je lui ai dit que je n'en élèverais pas d'autres, j'étais sérieuse ! Au bout d'un moment, les services sociaux lui ont pris ses enfants pendant qu'elle suivait une cure de désintoxication, mais, quand elle a eu sa maison à Amityville, ils les lui ont rendus.

— Mais, grand-mère, si elle se droguait tout le temps, tu ne crois pas qu'il aurait mieux valu lui prendre Mellie et Momo aussi ?

— Mais bien sûr ! me répondit brusquement grand-mère. Je le sais aujourd'hui, évidemment ! Mais, à l'époque, ce n'était pas mon avis. Je n'ai jamais pensé une minute que ta mère vous ferait du mal, à toi et aux autres. Elle a toujours aimé ses enfants.

« Et elle continuait à me mentir. Quand elle me disait qu'elle ne touchait plus à la drogue, elle en prenait toujours ! En fait, je sentais que je pouvais t'aider. Tu allais à l'école. Je voulais m'assurer que tu menais une vie stable et que tu n'étais pas trimballée de droite à gauche toute la nuit. Et puis je voulais qu'elle s'occupe de ses deux enfants, car j'espérais que ça l'empêcherait d'en avoir d'autres. Mais ça n'a pas marché. Elle a eu Sonny, ensuite, avec un nouveau type. J'ai découvert plus tard que Mellie et lui étaient nés drogués.

« À cette époque, ton père est réapparu et a dit qu'il voulait obtenir ta garde. J'ai pensé que c'était sans doute mieux comme ça, parce qu'il avait une vie de famille stable. Le jour où le jugement a été rendu concernant ta garde, ta mère ne s'est même pas montrée au tribunal. »

***

Elle n'était pas venue au tribunal ? Ma mère m'avait donc abandonnée sans même se battre. Le choc fut terrible, mais je réussis à ne pas craquer. Après avoir tant réclamé la vérité, je l'obtenais enfin. Inutile de s'arrêter à ce stade. Il fallait que je lui pose une question, celle qui m'avait tourmentée pendant des nuits.

— Et cette journée à Brooklyn, grand-mère ?

— Laquelle, ma chérie ?

— Tu sais bien, le dimanche avant la mort de Mellie et Momo. On est allés tous ensemble à Brooklyn. Tu te souviens ? Maman faisait n'importe quoi.

Il fallait que je sache. Il fallait que je découvre ce qui s'était passé ce jour-là et pourquoi personne n'avait empêché ma mère folle et droguée de prendre deux vies innocentes.

— Oui, je me souviens de ce jour, dit ma grand-mère avec prudence.

— Raconte-moi tes souvenirs, grand-mère. Je veux savoir.

— Eh bien, je me rappelle que Debra se comportait comme une folle ce jour-là et qu'elle lisait encore sa bible. Elle faisait l'excentrique. Je pense qu'elle avait arrêté de prendre ses médicaments. Mais je ne sais pas si elle était droguée. Il pleuvait, et elle est restée dehors sous un arbre avec vous, les enfants. Je ne sais pas pourquoi elle ne voulait pas entrer. Il pleuvait très fort, et je lui ai dit : « Très bien. Reste sous la pluie ! » Ensuite, on vous a fait entrer dans l'appartement, et elle a fini par nous suivre. Il pleuvait très fort. Je me souviens de l'avoir empêchée de t'emmener quand elle a voulu rentrer avec vous en métro.

— Elle criait après les gens et donnait des coups de pied dans les portes, la coupai-je. Tu te rappelles ?

— Non, dit lentement grand-mère en secouant la tête. Je ne l'ai pas vue faire ça. Enfin, bref, elle s'est calmée au bout d'un moment et est entrée. Plus tard, on l'a déposée chez elle avec Sonny, Mellie et Momo, et puis, chacun a vaqué à ses occupations. Elle avait l'air d'aller mieux à ce moment-là. Je me souviens que, le soir, ton grand-père m'a demandé : « Tu crois que ces enfants sont en sécurité avec elle dans son état ? » J'ai répondu que je le pensais, mais je n'en savais rien. Et c'est tout. J'étais fatiguée.

Grand-mère s'arrêta de parler et me regarda.

— Tu ne trouvais pas qu'elle faisait des trucs dingues, grand-mère ? lui demandai-je avec hésitation.

— Pas particulièrement, non.

Je n'en croyais pas mes oreilles.

— Vraiment ? Nous obliger à rester avec elle dehors sous la pluie, nous faire réciter des prières à genoux dans le parc, tu ne trouvais pas que c'était dingue ?

— Il faut que tu comprennes, répondit grand-mère.

J'avais vu bien pire que ça. Un jour, elle était tellement folle qu'elle est allée chercher tous les flacons de parfum de la maison et les a vidés sur ta tête ! Quand je suis rentrée du travail, elle versait de l'eau du lavabo depuis le haut de l'escalier.

« Une fois, elle a menacé de me couper la tête avec un couteau ! Une autre, elle a détruit ma maison. Non, je ne croyais pas qu'elle allait si mal ce jour-là. J'avais vu pire. Tout ce qu'elle voulait, c'était lire sa bible. Je lui avais demandé si elle prenait ses médicaments, et elle avait dit oui, mais elle me mentait. Je ne pensais pas que ses enfants couraient le moindre danger, bien sûr que non ! Tu ne penses pas que je les aurais gardés chez moi si j'avais pensé une seule seconde qu'elle leur ferait du mal ? Tu ne crois pas que je me pose aussi la question ? Maintenant, c'est moi qui me réveille tous les matins avec cette vision de leurs corps étendus, de leurs têtes gonflées, grosses comme des pastèques. Je les vois chaque jour.

« En plus, ta mère est enfermée et elle ne sortira peut-être jamais ! On m'a dit qu'elle était bipolaire, mais je n'avais jamais entendu ce mot avant. Je pense que c'est le diable, le diable qui lui a fait prendre ces méchantes drogues, et c'est tout ! »

La conversation était finie. Grand-mère se leva de la table, le visage rouge, ses petits poings serrés et tremblants.

Je ne voulais pas la voir comme ça, je ne voulais surtout pas la mettre dans cet état. Mais c'était important pour moi d'entendre ce qu'elle avait à dire.

Je m'adossai à ma chaise et soupirai. Maintenant, j'avais largement de quoi réfléchir.

21

Réflexions

Qui avait tué Mellie et Momo ?

J'étais allongée dans mon lit, le regard fixé au plafond, et cette question résonnait sans fin dans ma tête.

Est-ce que c'était le diable, comme le disait grand-mère ? Est-ce que c'était ma maman ? Ou bien cette maladie mentale ?

Après notre discussion, ce soir-là, je ne pus m'empêcher de ressasser tout ce que grand-mère m'avait raconté.

Mes frères étaient nés intoxiqués au crack. Ma mère avait été admise cinq fois à l'hôpital psychiatrique pendant les trois années qui avaient précédé les meurtres. Elle avait menacé ma grand-mère avec un couteau, elle avait un comportement inquiétant, imprévisible et négligeait totalement le bien-être de ses propres enfants.

Personne ne voyait donc qu'elle était dangereuse ?

Je trouvais absolument incroyable que ni les services sociaux ni ma famille ne soient intervenus. Grand-mère avait beau être naïve, elle n'était pas bête. Elle disait elle-même que Debra « n'était pas dans son état normal ». Toute personne pourvue d'yeux et d'oreilles aurait pu s'en rendre compte !

***

Pendant des mois après notre conversation, mes relations avec grand-mère restèrent tendues. On se chamaillait toujours pour des choses insignifiantes, comme lorsque je rentrais tard à la maison ou lorsque je ratais le dîner. Mais mon attitude cachait simplement ma difficulté à admettre ce qu'elle m'avait raconté ce soir-là.

Je n'arrivais pas à accepter sa façon d'expliquer les événements qui avaient mené à la mort de Mellie et Momo.

Elle savait que sa fille était malade. Si une personne était au courant, c'était bien ma grand-mère. Elle l'avait emmenée à l'hôpital tellement de fois ! Pourquoi n'avait-elle rien fait ? Et grand-père ?

Même s'ils n'étaient pas capables de s'occuper de Mellie, Momo et Sonny, ils auraient pu appeler les services sociaux afin qu'ils soient placés. Grand-père avait même demandé à grand-mère ce soir-là si elle pensait que les enfants étaient en sécurité avec maman. Ils avaient bien dû voir qu'elle était instable.

Peu à peu, je compris que jamais grand-mère n'aurait volontairement ignoré les faits. Comme elle me l'avait dit, elle aurait réagi aussitôt si elle avait pensé un instant que ma mère allait faire du mal à l'un d'entre nous.

Alors, pourquoi n'avait-elle pas perçu le danger ?

Peut-être que grand-mère refusait de voir les choses en face quand il s'agissait de ma mère. Après tout, elle était prête à rendre Beanie, le diable ou les services sociaux responsables de ce qu'avait fait ma mère. Dans une certaine mesure, elle accusait même grand-père ! Elle disait que Debra était devenue comme ça parce qu'il ne lui avait pas donné assez d'amour pendant son enfance.

Ma mère était allée en chercher ailleurs. Je ne l'avais pas entendue dire une seule fois : « C'est Debra, ma fille. C'est elle qui l'a fait. C'est elle la coupable. »

Elle avait même commencé à raconter que quelqu'un d'autre se trouvait dans la maison au moment de la mort de Mellie et Momo. Peut-être que c'était la personne qui avait tué les enfants ! C'était ridicule : maman avait déjà plaidé non coupable pour cause de déficience mentale.

Grand-mère avait une excuse pour tout.

— L'avocat l'a convaincue de plaider de cette façon, me disait-elle. Mais la police n'a jamais examiné correctement la scène du crime.

— Grand-mère ! C'est maman qui a fait ça ! Tu le sais bien, rétorquais-je alors.

Mais grand-mère secouait la tête obstinément.

— J'en sais rien. Peut-être que c'est quelqu'un d'autre.

C'était tour à tour exaspérant, déconcertant et déprimant. D'après grand-mère, maman n'était jamais responsable.

Son attitude attira mon attention sur ce qui se passait à la maison avec Sonny et Roland. Ils n'avaient jamais rien à faire par eux-mêmes, ni à prendre de responsabilités. Si l'un d'eux s'attirait des ennuis, grand-mère trouvait toujours un autre coupable.

Ils n'étaient jamais punis et ne subissaient jamais les conséquences de leurs actes.

Est-ce que ça avait été la même chose pour maman ?

Au fil des mois, je devins de plus en plus malheureuse chez mes grands-parents. Les disputes entre nous éclatèrent de plus en plus souvent.

Il ne s'agissait jamais de ma mère, juste de frictions à propos du quotidien. Mais, en réalité, j'avais du mal à accepter les raisons avancées par grand-mère pour justifier le fait d'avoir laissé Debra garder ses autres enfants.

Un an plus tard, je m'installai avec mon petit ami Brendan et commençai à travailler au Taco Bell pour payer ma part des dépenses. Ce fut un soulagement pour nous tous.

Maintenant que j'étais débarrassée de la surveillance permanente de grand-mère, mes relations avec elle s'améliorèrent, et je me sentis de nouveau capable de lui témoigner tout mon amour. J'avais toujours voulu vivre avec elle, mais, lorsque mes souhaits avaient été exaucés, c'était trop tard.

J'étais déjà presque une adulte volant de ses propres ailes. J'avais mes rêves, mes blessures et mes batailles à mener. Grand-mère ne pouvait pas vivre ma vie à ma place.

Je continuais à aller à l'école, même si mes notes baissaient. Je travaillais dur et rendais visite à mes grands-parents et mes frères une fois par semaine.

Un jour, juste au moment où j'avais arrêté de les chercher, les réponses que j'avais attendues toute ma vie se présentèrent à moi.

C'était un dimanche de début décembre 2008, et j'étais chez grand-mère. J'avais eu dix-sept ans le mois précédent et je m'étais acheté ma première voiture. C'était presque une épave, mais je l'adorais. J'étais tellement contente d'avoir enfin mon indépendance.

J'étais venue déjeuner chez grand-mère ce dimanche-là, et nous bavardions dans la cuisine.

— Quelque chose est arrivé par la poste cette semaine au sujet de ta mère, dit-elle nonchalamment. Ça pourrait bien t'intéresser.

J'ouvris l'enveloppe marron anonyme et je trouvai à l'intérieur un paquet agrafé de feuilles A4. Le titre sur la couverture disait : « Plan de prévention des rechutes », et dessous se trouvait le nom de ma mère.

— J'ai le droit de lire ça ? demandai-je à ma grand-mère, inquiète de pénétrer un domaine aussi intime que celui de la maladie de ma mère.

Grand-mère ne se faisait pas autant de soucis.

— Je ne vois pas pourquoi ce serait interdit. Je suis sa tutrice légale. C'est vraiment à moi d'en décider, et puis tu es sa fille. Si ta mère sort un jour, je crois que c'est important que tu voies ça avant.

Je pris le paquet de feuilles et commençai à lire.

Le but de ce plan de prévention est d'identifier les informations qui me permettront de conserver un état psychologique stable et d'éviter les situations susceptibles d'entraîner un comportement violent. Il est important que mon plan de prévention des rechutes contienne des informations très précises, afin qu'il me soit utile dans une grande variété de cadres et de situations.

Diagnostic – Type bipolaire schizoaffectif

Ces troubles sont provoqués par un déséquilibre chimique du cerveau. Quand je suis malade, je souffre à la fois de psychose et de troubles de l'humeur. Quand ces symptômes se manifestent, je suis persuadée que j'ai des pouvoirs de guérison. Je crois aussi que les versets de la Bible parlent de moi et que je suis censée agir en fonction de ce que je comprends des Saintes Écritures de la Bible. Je présente des symptômes bipolaires qui se manifestent par des sautes d'humeur. Je passe alors brusquement de la joie à la tristesse. En outre, lorsque je suis triste, je m'isole. Cependant, quand je suis heureuse, j'ai beaucoup d'énergie et je crois ne pas avoir besoin de beaucoup de sommeil. Voilà pourquoi il est important que je prenne des médicaments toute ma vie.

J'étais bouche bée. Grand-mère avait évoqué le fait que ma mère puisse être bipolaire, mais, avant de lire ce rapport, je ne saisissais pas totalement le sens de ce mot. D'après ce que j'avais compris, les drogues qu'elle avait prises l'avaient rendue folle.

Mais ce n'était pas ce qui était écrit ici. On y décrivait une maladie mentale réelle. Pour la première fois, il me vint à l'esprit que j'avais fondamentalement mal compris ce qui était arrivé à ma mère.

Je poursuivis ma lecture. À la suite du diagnostic se trouvait une liste intitulée « Mes symptômes spécifiques » :

1 *Délire : croire que chaque personne est le diable.*
2 *Insomnie : ne pas dormir pendant des jours.*
3 *Paranoïa : croire que tout le monde veut me tuer.*
4 *Colère : maudire et insulter les gens.*

5 Impulsivité : jeter de l'eau sur les enfants.
6 Faible capacité de jugement : croire que les enfants sont possédés.
7 Pouvoir de guérison : verser de l'eau sur les enfants en pensant que je peux les soigner.
8 Peur : être effrayée par tout et tout le monde autour de moi.
9 Succession rapide de pensées : avoir sans cesse des pensées irrationnelles.
10 solement : vouloir être absolument seule.
11 Fixation sur la Bible : lire trop la Bible et penser qu'elle parle de moi. Penser que je suis censée faire ce qu'elle dit.

La partie suivante énumérait la multitude de médicaments que prenait ma mère. Ensuite venait une partie intitulée « Signes précurseurs ».

On y dressait la liste de tous les signes indiquant que ma mère allait avoir une rechute, tels l'abandon de son traitement, un comportement agressif, une lecture trop assidue de la Bible et une attitude méfiante envers les autres. Venait ensuite une liste d'éléments déclencheurs et de facteurs de risque. On y trouvait entre autres « Anniversaire de mes enfants montés au paradis ».

Les pages suivantes énuméraient les moyens d'éviter une rechute, comme se tenir à distance de la drogue et de l'alcool, respecter ses rendez-vous avec les médecins et signaler tout signe précurseur. Le numéro un de cette liste indiquait : « Je comprends que j'aurai besoin de prendre des médicaments toute ma vie. »

Après ça, il y avait différentes listes expliquant ce qu'il fallait faire en cas de crise et le nom des personnes à contacter. Enfin, on avait élaboré un plan pour l'éventuelle libération de ma mère. Il indiquait qu'elle irait vivre à l'hôpital, puis dans une maison communautaire, et enfin dans un appartement thérapeutique.

***

J'ignore combien de temps je restai assise à lire ce plan de prévention. Soudain, mon frère Sonny entra dans la cuisine pour boire.

Je fourrai rapidement les papiers dans mon sac. Sonny avait dix ans. Il ne savait pas ce qui était arrivé à notre mère ; il était encore trop jeune.

Grâce à ce document, les choses commencèrent soudain à se mettre en place dans ma tête.

Je crois que, pour la première fois de ma vie, il était clair pour moi que ma mère n'était pas folle, méchante ou possédée par le diable. Elle était malade.

Je feuilletai de nouveau les pages afin de retrouver la liste de ses médicaments. Il y en avait six différents, incluant des antipsychotiques et des stabilisateurs d'humeur. Ils étaient nécessaires, car ma mère souffrait d'un déséquilibre chimique du cerveau. Ce n'était pas sa faute, ni celle de grand-mère, de Beanie ou de qui que ce soit d'autre. Elle était née avec cette maladie et elle devrait suivre un traitement toute sa vie.

Toute la colère à laquelle je m'étais raccrochée s'évanouit soudain. Je ne pouvais plus lui en vouloir. Je n'avais pas le choix, il fallait que je lui pardonne.

J'allai m'isoler sur la véranda de grand-mère afin d'assimiler tranquillement ces informations. Toutes ces fois où elle s'était comportée bizarrement quand nous étions petits, c'était dû à sa maladie. Toutes ces fois où je me demandais de quelle humeur elle allait être ou comment elle allait se comporter, c'était dû à sa maladie.

Plus tard, je fis quelques recherches sur Internet et me familiarisai avec les termes médicaux. Le mot « bipolaire » signifiait qu'elle souffrait de troubles de l'humeur. Ça voulait dire que les humeurs de ma mère passaient d'un extrême à l'autre et qu'elle devait prendre des médicaments pour ne plus subir ces changements brutaux.

Le mot « schizoaffectif » signifiait qu'elle souffrait d'hallucinations et d'illusions au sens propre du terme : elle pouvait entendre, voir, sentir et goûter des choses qui n'existaient pas.

Ces hallucinations s'aggravaient avec la consommation de drogues. Le sujet pouvait parfois délirer au point de croire qu'il avait un but ou un destin particulier.

Tout correspondait si bien au cas de ma mère ; c'était une description parfaite de son état. Les délires, la succession rapide de ses pensées, la paranoïa et la colère. Et ce n'était pas sa faute.

Après cette prise de conscience vint une seconde pensée moins réconfortante. Si ma mère était malade, est-ce que ça voulait dire que j'hériterais de sa maladie ?

En examinant la liste des symptômes, je sus que j'en avais ressenti quelques-uns moi-même. J'avais déjà remarqué que l'enchaînement de mes pensées s'accélérait parfois. Je pouvais aussi avoir peur des autres. Certains jours, je ne me sentais pas du tout à l'aise en compagnie d'autres personnes, même si je les connaissais très bien. Je savais que ce n'était pas normal. Quand j'étais très stressée, je sentais l'inquiétude m'envahir. Je me demandais comment j'allais payer mes factures et m'en sortir dans la vie. Je me sentais très déprimée et puis je commençais à avoir des pensées suicidaires. Je ne voulais plus être là, je me disais que c'en était trop. Que je n'en pouvais plus.

Je parvenais habituellement à reprendre les choses en main au bout d'un moment en me passant un bon savon ! Je me disais que les choses n'allaient pas si mal. Je m'encourageais.

Mais est-ce que c'était normal ? Est-ce que tout le monde traversait ce genre de crises ?

Je m'inquiétais désormais pour ma santé mentale, et l'idée en elle-même était déprimante !

J'approfondis mes recherches sur Internet et je découvris que, même si rien n'avait encore été formellement prouvé, on pensait que les troubles schizoaffectifs pouvaient être héréditaires. En d'autres termes, si l'un de nos parents souffrait de cette maladie, il y avait plus de probabilités d'être touché que le reste de la population.

Je commençai à analyser mes sautes d'humeur. Je pouvais passer d'une extrême gentillesse à la colère en une seconde. Les gens me connaissaient comme une fille calme et timide, mais, quand j'étais en colère, je pouvais être un monstre, je le savais.

Même quand j'étais préadolescente, je pouvais me bagarrer violemment avec d'autres filles. Avant ce jour, j'avais toujours mis ça sur le compte de mon éducation à la dure, de mon instinct de survie.

Maintenant, je me demandais s'il y avait quelque chose de plus sinistre derrière tout ça.

Et je traversais aussi des périodes de dépression, des moments où j'avais juste besoin de m'allonger seule dans un endroit calme sans être dérangée. J'avais alors l'impression que les murs de mon existence s'écroulaient autour de moi et que je devais faire mon possible pour ne pas perdre mon cœur et mon âme.

Mais je ne buvais pas et je ne me droguais pas. En fait, j'avais terriblement peur de perdre toute maîtrise de moi-même et, après avoir expérimenté quelques cuites, je conclus que l'alcool ne faisait que me rendre la vie plus difficile, pas plus légère.

J'avais donc de véritables sautes d'humeur. Mais étaient-elles anormales ? J'étais encore une adolescente ! Les ados sont censés se montrer d'humeur changeante, pas vrai ? Je ne me souvenais d'aucune crise d'hallucinations, ni de délires, mais comment en être sûre ? S'il m'arrivait de croire que des choses nées de mon imagination étaient réelles, qu'est-ce qui distinguait cette hallucination d'une expérience ordinaire ?

Au petit matin, je retournais encore ces choses dans ma tête, incapable de dormir.

Je savais que je ressemblais à ma mère. J'avais beaucoup de ses traits, mais est-ce que j'avais hérité de cette maladie aussi ?

Je ne connaissais pas la réponse à cette question et je devrais attendre encore un an avant de me rapprocher de la vérité.

22

Remise des diplômes

— Souris ! m'ordonna Sere.

Nous étions sur l'esplanade, à l'extérieur du James Brown Arena, et, pour la millième fois de la journée, j'étirai les lèvres et souris comme une idiote, mon diplôme serré contre moi !

Je commençais à avoir mal aux joues, mais ce n'était pas si désagréable.

Je me sentais si heureuse et si fière, vêtue de ma longue toge bordeaux et or, et coiffée d'un mortier posé un peu de travers.

Je regardai tous mes camarades de classe entourés de leurs amis et de leur famille et, pour la première fois depuis longtemps, j'eus l'impression d'être comme eux, comme tout le monde.

En vérité, je n'avais jamais cru que j'aurais mon bac un jour. À l'époque où j'avais quitté New York, j'étais déjà très en retard dans mes études, et l'interruption des cours due à mon déménagement n'arrangea pas les choses. Sous la garde stricte de papa et Theresa, j'avais été obligée de m'atteler à mes études, mais, dès que leur couple avait commencé à battre de l'aile, chacun avait été trop préoccupé pour me surveiller, et je crois que j'avais eu aussi du mal à me concentrer sur ma scolarité.

J'étais en première quand j'arrivai en Géorgie. Déjà, il fallait que je redouble certains cours de l'année précédente. Comme mon niveau restait toujours trop bas, grand-mère me paya des cours d'été à la fin de l'année scolaire. Elle avait décidé que j'aurais mon bac coûte que coûte.

Malheureusement, mes notes ne suffirent pas.

J'avais échoué en maths et en sciences sociales. Quand je compris que je devrais retourner au lycée, je me sentis totalement découragée.

J'avais l'impression que je devrais toujours courir après les autres pour les rattraper. J'avais dû travailler très dur, alors que beaucoup d'élèves comprenaient tout si facilement. Est-ce que j'étais vraiment une crétine, comme le pensaient certains des années plus tôt ?

Peut-être que je n'étais tout simplement pas assez intelligente pour terminer le lycée ? De ce côté-là, je ne ressemblais pas du tout à ma mère. D'après ce que tout le monde disait, elle avait réussi tous ses examens sans aucune difficulté.

Les autres étaient intelligents, moi pas. J'avais beau être douée avec les enfants, bien m'occuper d'eux, peut-être que je n'étais pas faite pour les études.

Je m'étais forcée à terminer ces deux années dans un lycée que je détestais et j'étais impatiente de commencer ma vie pour de bon.

Le week-end, j'avais mon job au Taco Bell et, pendant la semaine, je travaillais dans une crèche locale, une expérience passionnante.

— Peut-être que je pourrais passer mon GED ? proposai-je à grand-mère un soir, alors que nous discutions de mon avenir.

Le GED était un certificat équivalent au baccalauréat.

— Ne sois pas ridicule ! s'exclama-t-elle avec colère. Ce GED ne vaut pas un diplôme. Si tu veux devenir infirmière, tu n'y arriveras jamais avec un GED.

C'était vrai. Toute ma vie, j'avais rêvé de travailler dans une maternité et de m'occuper de nouveau-nés. Mais sans le bac, mes chances d'entrer à l'université étaient très minces. Le problème, c'est que je ne pensais vraiment pas pouvoir l'obtenir.

— Bah ! fis-je en secouant la tête. J'ai déjà passé assez de temps à l'école. C'est terminé.

Mais grand-mère n'était pas d'humeur à discuter.

— Certainement pas ! Ce sera terminé quand tu auras ce bac en poche, et pas avant !

Tout au long de l'été, grand-mère mena une campagne acharnée pour me convaincre de reprendre l'école. Sans elle, je ne crois pas que j'y serais retournée. Je dois la remercier d'avoir autant insisté pour que je poursuive mes études.

Sere me fut aussi d'une grande aide. Elle allait à l'université et étudiait la comptabilité à cette époque. Elle me parlait beaucoup de l'école et m'encourageait à y rester. Je reçus aussi le soutien de Theresa, qui fit en sorte que j'aie suffisamment confiance en moi pour ne pas laisser tomber.

— N'écoute surtout pas ce que disent les autres, me répétait-elle au téléphone depuis New York. Tu es une fille intelligente et tu mérites un avenir brillant. Je le sais mieux que personne puisque je t'ai élevée. Si tu n'étais pas intelligente, je ne te dirais pas de t'accrocher !

Theresa avait elle-même fait des études et travaillait dans le codage médical. Elle savait que, si je voulais réaliser mes rêves, je devais obtenir mon bac et aller à l'université. Pour couronner le tout, ma mère me téléphonait chaque semaine et faisait de son mieux pour me redonner confiance en moi et me transmettre tout son enthousiasme, elle qui regrettait toujours d'avoir abandonné ses études.

— Ne fais surtout pas comme moi, me sermonnait-elle. Ne considère pas ton instruction comme acquise. Nikki, tu as là l'occasion de faire de ta vie quelque chose de bien, et je sais que tu es assez intelligente pour saisir cette chance.

L'été s'écoula, et, grâce à leur aide conjointe, je retrouvai ma motivation. En septembre, j'étais de retour à l'école cinq matins par semaine et je travaillais dur pour rattraper mes mauvaises notes.

Je passais le reste de la semaine auprès des enfants à la crèche et consacrais tout le temps qui me restait aux études. Ce fut une année difficile. Je dus recommencer à étudier les matières auxquelles j'avais échoué un an plus tôt et je détestai l'humiliation de devoir retourner en cours. Mais je tins bon et, le 24 mai 2009, je me retrouvai parmi tous les élèves qui, le sourire fendu jusqu'aux oreilles, recevaient leurs diplômes ! C'était un vrai bonheur.

Ce matin-là, je m'étais réveillée dans une maison pleine à craquer. Theresa et Sere logeaient chez Brendan et moi dans la maison que nous louions ensemble. Elles avaient fait tout le chemin depuis New York juste pour me voir recevoir mon diplôme ! Mon père avait malheureusement décidé de ne pas venir, mais ça m'était égal. De nombreux membres de ma famille étaient venus me soutenir ce jour-là, y compris grand-mère, grand-père, Roland et Sonny. Comme l'un de mes cousins allait recevoir son diplôme lui aussi, au moment d'entrer dans le James Brown Arena, situé dans le centre-ville d'Augusta, un grand groupe de plusieurs douzaines d'oncles et de tantes s'était déjà formé.

Je portais la nouvelle tenue que j'avais achetée pour l'occasion : une jupe à pois blancs, un haut noir à dos nu, des collants noirs et des chaussures à talons.

Trois mois plus tôt, grand-mère m'avait aidée à payer la toge et le mortier à cinquante dollars et, la veille de la cérémonie, elle avait sorti et repassé la robe pour moi.

— Tu as l'air très classe, me sourit Sonny, tandis que je remontais maladroitement l'étrange toge sur mes épaules.

Est-ce qu'elle devait vraiment retomber comme ça sur mes bras ? Ma toge était si longue qu'elle touchait presque le sol. Heureusement que je portais des talons hauts !

— Merci, répondis-je en jetant un regard nerveux vers les centaines de professeurs, d'élèves et de familles rassemblés devant le stade. J'étais contente que Sonny me voie comme ça. Nous nous étions rapprochés ces derniers mois, et je voulais être un bon exemple pour lui.

Brendan regarda sa montre.

— Allez, dit-il. Il est presque quatorze heures ; on ferait mieux d'entrer.

Les gens étaient si nombreux que je commençais à avoir peur. Je me sentais toujours mal à l'aise au milieu de la foule. Notre groupe pénétra dans le grand stade, et les membres de ma famille se dirigèrent vers leurs places. On m'indiqua d'avancer vers l'une des nombreuses rangées de sièges réservés aux bacheliers.

Je parcourus du regard l'imposant stade et j'essayai de localiser ma famille, mais l'endroit était tellement immense et bondé que je ne parvins pas à les trouver. Je me sentis soudain très seule et perdue, et la panique commença à monter en moi. Puis j'aperçus mon cousin, assis dans la rangée devant la mienne, qui me faisait de grands signes. C'était un vrai soulagement de voir un visage familier. Les battements de mon cœur ralentirent un peu, et ma respiration reprit un rythme normal.

Lorsque le bruit de fond cessa et que chacun eut trouvé sa place dans l'un des grands rectangles formés par les rangées de sièges, on annonça le début de la cérémonie. Le principal prononça un rapide discours et expliqua quelle base importante représentait l'obtention du baccalauréat dans une vie d'apprentissage. Ensuite, on invita les bacheliers de deux rangées par rectangle à se présenter sur l'estrade pour recevoir leurs diplômes.

Je regardai les élèves se lever bruyamment, se diriger vers l'avant, puis traverser la longue estrade jusqu'au principal et lui donner une rapide poignée de main avant de descendre de l'autre côté afin d'être pris en photo.

Nous étions environ deux cents bacheliers ce jour-là. La cérémonie dura longtemps, mais on finit par appeler ma rangée.

Notre colonne descendit l'allée centrale sous les applaudissements et les cris de joie.

Oh ! mon Dieu ! lançai-je dans une prière silencieuse. *Faites que je ne trébuche pas en montant les marches !*

Ma longue toge n'arrêtait pas de glisser sur mes épaules et de s'accrocher dans mes talons noirs. J'étais terrifiée à l'idée de tomber et de me ridiculiser. Je grimpai les marches avec précaution, soulevant les pans de ma toge sans quitter mes pieds du regard.

Chaque pas était pénible, comme si je marchais à flanc de montagne. Je sentis soudain mon talon se prendre dans le bas de ma toge, mais je la relevai rapidement et parvins à éviter le désastre.

Mon cousin se trouvait juste derrière moi. Une fois sur l'estrade, chacun sourit à l'autre nerveusement en attendant qu'on appelle son nom.

Enfin, j'entendis « Nikkia Roberson », et du fin fond de l'auditorium monta un bruit infernal. C'étaient les hurlements de ma famille !

Sans pouvoir retenir un sourire, je me dirigeai vers le principal pour recevoir mon diplôme. C'était une sensation incroyable. Il ne s'agissait que d'un petit morceau de papier, mais j'avais travaillé tellement dur pour l'obtenir ! C'était la clé de mon avenir. J'avais maintenant une chance d'accomplir tout ce dont je rêvais dans la vie. Une chance d'atteindre le bonheur et l'épanouissement.

Au moment où je saisis mon diplôme, je sus que deux autres personnes se tenaient alors à mes côtés : mon frère et ma sœur adorés, Mellie et Momo. À cet instant, ils étaient tous les deux avec moi. Ils recevaient mon diplôme et vivaient cette étape très importante de ma vie. J'étais fière qu'ils puissent ressentir ce bonheur à travers moi, parce qu'ils ne le connaîtraient jamais eux-mêmes.

Ensuite, on nous fit sortir par les portes de l'auditorium. Dehors, une foule d'étudiants lancèrent leur mortier en l'air. Je n'eus pas envie de les imiter, car je ne voulais pas risquer de perdre le mien !

J'étais bien décidée à garder ma toge et mon mortier toute la vie !

Mon cousin et moi n'étions dehors que depuis quelques minutes, lorsque les membres de notre famille vinrent nous entourer, nous serrer dans leurs bras et nous couvrir de baisers. On pressait des cartes et des ballons entre mes mains, et j'avais le vertige à force d'entendre « Souris, Nikkia ! » Je commençais même à avoir mal à la mâchoire à force de sourire.

— Je suis tellement fière de toi, chuchota grand-mère, les yeux brillants d'émotion.

— Merci, grand-mère.

Je la serrai très fort dans mes bras.

— Je suis fière de moi, moi aussi.

À cet instant, grand-mère frappa dans ses mains pour attirer l'attention de chacun.

— Bon, tout le monde ! Je pense qu'on a pris assez de photos. Allons manger un morceau maintenant !

Tout le monde s'entassa de nouveau dans les voitures et se dirigea vers le Ryan's Buffet, où j'empilai sur mon assiette tout ce que je pouvais trouver : gratin de macaronis, haricots verts, poisson frit, frites et pizza.

Pas question de se priver ! J'arrivai même à avaler de la glace et des fruits à la fin de mon repas, même si mon ventre était prêt à exploser !

Puis, sous un ciel pommelé de fin d'après-midi, chacun rentra chez lui. Comme Sere et moi sortions en ville ce soir-là, nous devions repasser à la maison pour prendre une douche et nous préparer.

Nous étions occupées à nous maquiller et nous coiffer, quand mon portable se mit à sonner.

Enfin ! C'était l'appel que j'avais attendu toute la journée !

Je saisis le téléphone, tout excitée.

— Allô ?

Il y eut un silence, et puis, au bout du fil, la voix

claire et mélodieuse de ma mère entonna une chanson sur l'air de « Joyeux anniversaire » :

— Un grand bravo, ma Nikkia ! Un grand bravo, ma Nikkia ! Un grand bravo-oh, ma Nikkia ! Un grand bravo, ma Nikkiaaaa !

Je gloussais et riais, cependant qu'elle tenait la note le plus longtemps possible et laissait échapper une série de cris et de hourras qui durent retentir partout dans l'hôpital !

J'étais tellement contente que ma mère m'ait appelée pour me féliciter ! J'avais pensé à elle toute la journée. Je trouvais merveilleux que tant de membres de ma famille soient venus me soutenir là-bas, mais elle me manquait tellement.

Nous étions alors séparées depuis douze ans, mais, certains jours comme celui-là, j'avais beaucoup de mal à supporter son absence. J'aurais donné n'importe quoi pour l'avoir près de moi.

Ce jour-là, j'avais observé tous ces bacheliers heureux que bichonnaient des mères pleines de fierté et je n'avais pu refouler la tristesse causée par l'absence de la mienne.

Mais à présent, je pouvais au moins lui parler au téléphone, et elle me félicitait et elle chantait ! Je lui racontai tout ce qui s'était passé ce jour-là, et, une fois mon récit terminé, il y eut un long silence.

— J'aurais aimé être là, moi aussi, dit-elle enfin.

— Ouais, maman, soupirai-je. Je pense que ça t'aurait plu.

— Eh bien, tu sais, j'ai pensé à toi tout le temps. Et je t'ai envoyé une carte. Je suis tellement fière de toi, Nikki. Je sais que ça n'a pas été facile pour toi. Maintenant, tu dois profiter des chances qui te sont offertes dans la vie et aller à l'université, afin de trouver un bon travail et de gagner ton argent toi-même. Ne fais surtout pas comme ton idiote de mère ! Je ne veux pas que tu t'accroches à un homme parce que tu as besoin de lui. Je veux que tu restes avec lui parce que tu en as envie. Travaille, gagne ton propre argent et ne dépends surtout de personne. Je compte sur toi pour accomplir toutes ces choses dont tu m'as parlé. C'est ta vie maintenant, ma chérie, et tu dois en tirer le meilleur parti.

— Merci, maman, dis-je sans pouvoir retenir des larmes de reconnaissance.

C'était ce que j'avais besoin d'entendre. Je sais que ça peut sembler étrange, mais j'avais besoin que ma mère prononce ces petits mots d'encouragement. Ils m'aidaient à me sentir de nouveau normale.

— Écoute, je dois y aller, reprit-elle. Sors, va t'amuser ce soir avec Sere. Mais fais bien attention à toi !

Maintenant, c'était à mon tour de rester silencieuse. Je voulais lui dire tant de choses, mais je ne savais pas comment le faire. J'avais envie de lui révéler tout ce que je ressentais, mais c'était impossible.

— Je pense à toi aussi, maman, dis-je enfin. Et je viendrai te voir très bientôt.

— D'accord, ma puce. Viens vite me voir. Mais n'oublie pas que je serai toujours là pour toi, même si ce n'est qu'au téléphone, et qu'il suffit d'une prière pour être près de Dieu.

— D'accord, maman. Je t'aime.

— Je t'aime aussi, de tout mon cœur.

23

Maman de nouveau

Deux mois plus tard, j'étais de retour au centre psychiatrique Mid-Hudson. Le son élégant de mes talons qui cliquetaient sur le sol en linoléum blanc résonnait dans les longs couloirs lumineux.

— Merde, Nikki, ralentis un peu ! cria Sere derrière moi, exaspérée. Tu ne risques pas d'être en retard, tu sais !

Je m'arrêtai un instant.

— Désolée, désolée, bredouillai-je. Mais je suis tellement impatiente. Ça fait trop longtemps que je ne l'ai pas vue.

— Je sais, rit Sere. Mais, sans blague, il faut que tu ralentisses. Pense un peu à mes petites jambes !

Je ris, sans doute trop fort, mais je m'en fichais.

Ça faisait trois ans que je n'avais pas vu ma mère, et je bouillais d'impatience. Pendant les grandes vacances, Sere avait accepté de m'héberger quelques semaines dans son logement situé sur le campus et de faire le long chemin jusqu'à New Hampton pour m'accompagner.

— Tu es sûre que tu veux y aller ? lui demandai-je nerveusement la veille au soir.

Elle n'avait jamais vu maman dans son état normal et n'était d'ailleurs jamais entrée dans un hôpital psychiatrique.

— Tu n'es vraiment pas obligée de faire ça, tu sais.

— Je veux rencontrer ta maman ! insista-t-elle. Après toutes ces années, tu ne crois pas que je suis un tout petit peu curieuse ? Si elle compte beaucoup pour toi, alors, pour moi aussi. Et tu ne penses pas qu'elle sera déçue si je ne viens pas ?

Mon Dieu, elle avait raison ! Maintenant que toute ma famille avait déménagé dans le Sud, maman ne recevait pas beaucoup de visiteurs. Quand je lui avais annoncé que je viendrais la voir avec ma sœur, elle avait été folle de joie.

— Oh ! que Dieu la bénisse ! avait-elle soufflé dans le téléphone. Quelle merveilleuse surprise ! Tu as vraiment une sœur fantastique. Tu as eu tellement de chance, Nikki. Ne l'oublie jamais. Dis à ta sœur que je suis vraiment ravie de la rencontrer.

Ce jour était enfin arrivé, et je ne tenais plus en place. Je faisais de mon mieux pour ne pas courir vers la salle de séjour.

Après avoir choisi une table en coin, je commençai à sortir mes affaires. Nous avions apporté toutes sortes de petits cadeaux pour ma mère : de la pizza, des sodas et des tas de photos de ma famille dans le Sud et de ma remise de diplôme. Je voulais lui raconter et lui montrer tant de choses de ma nouvelle vie.

Notre attente ne fut pas longue. Dix minutes plus tard, les patients arrivèrent dans le couloir en longue file indienne, comme lors de ma première visite.

Je la localisai immédiatement. Ses longues dreadlocks avaient encore poussé, et elle les avait teintes d'une couleur dorée qui donnait un éclat radieux à sa peau. Elle semblait rayonner de bonheur !

Je poussai un soupir admiratif. Elle était magnifique !

Après toutes ces années, c'était toujours une belle femme, comme le disait mon père. Elle prenait visiblement soin d'elle, car sa peau était resplendissante, ses dents, d'un blanc éclatant, et sa taille, aussi mince que celle d'une adolescente !

Avec une joie pure et débordante, nous tombâmes dans les bras l'une de l'autre, et, pour la première fois depuis qu'elle était enfermée, je me sentis enfin lâcher prise.

Grâce à tout ce que j'avais appris sur ma mère et sa maladie, je ne ressentais que de l'amour pour elle et l'envie de lui pardonner. Je me sentais guérie.

Le mois de juin qui venait de passer avait été difficile. Chaque année, il n'évoquait plus seulement les anniversaires de Mellie et Momo, mais aussi leur mort. Ces dernières semaines, elle m'avait fréquemment appelée, et je l'avais trouvée bouleversée et agitée.

— Le personnel est horrible avec moi, ici ! se plaignait-elle. Mon temps de lecture de la Bible est limité. Ce n'est pas bien. Je veux qu'on enquête.

Je l'écoutais avec bienveillance et j'obéissais lorsqu'elle m'ordonnait de noter les noms et les numéros des membres du personnel.

Quelques jours plus tard, elle me rappelait, la voix languide et traînante à cause de ses médicaments. Je savais qu'ils avaient dû la mettre sous calmants, car elle était trop émotive.

— Ça va, ma chérie ? me demandait-elle d'un ton monocorde.

— Ouais, ça va, maman. Ne t'en fais pas pour moi.

Rappelle-toi que je viens te voir le mois prochain. Penses-y souvent !

J'essayais de lui redonner de l'entrain chaque fois. Enfin, après l'anniversaire de leur mort le 24 juin, son humeur sombre disparut, et maman commença à retrouver sa stabilité. Le jour de notre arrivée, elle était de nouveau elle-même : drôle, pétillante et incroyablement espiègle !

— J'ai un petit ami, chuchota-t-elle en arborant un air conspirateur lorsque je fis une remarque sur sa beauté.

— Maman ! ris-je, déconcertée. Comment tu peux avoir un petit ami ici ? Ils n'ont pas un règlement pour ce genre de choses ?

— Chuuut !

Elle fronça les sourcils et me fit signe de parler moins fort en jetant des regards au personnel qui surveillait les patients de chaque côté de la pièce.

— Il travaille ici. Je ne suis pas censée avoir un petit ami ! Mais il m'aime bien, et je le trouve mignon. On va s'embrasser dans la réserve parce qu'il a la clé ! Parfois, il me laisse toucher sa chose !

Là-dessus, je hurlai de rire ! Sere aussi gloussait sans pouvoir s'arrêter.

— Vous ne comprenez pas !

Maman nous regardait toutes les deux d'un air grave.

— Je n'ai pas touché un mec depuis douze ans. Alors, bien sûr que ça m'a manqué !

Et ma mère m'avait manqué, elle aussi. Personne ne me parlait aussi franchement. C'est vrai que maman n'était pas comme les gens normaux. Elle était directe, surprenante et toujours amusante.

Je lui parlai de la Géorgie et de notre famille, puis elle posa à Sere plein de questions sur sa vie. Toutes deux s'entendaient si bien que je regrettais de ne pas avoir emmené Sere la voir plus tôt.

Maman ne lâchait plus les photos que nous avions apportées. Je finis par sortir la pizza, et ce fut le début d'une minifête.

— À ma fille !

Maman leva son soda en l'air comme pour proposer un toast.

— Qui a été assez intelligente pour rester à l'école et passer son bac, même si c'était dur. À ma petite fille qui avance pas à pas dans la vie comme une grande !

Sere et moi échangeâmes un regard, et je souris.

— À Nikkia ! répéta Sere.

— À moi ! ris-je.

Ce fut ensuite l'heure de jouer au Yahtzee, puis au Monopoly. Au moment où je ramassais les dés pour les lancer, ma mère me saisit les mains.

— Oh ! dis donc, regarde ça ! s'exclama-t-elle.

— Quoi ?

— Tes mains ! Ce sont exactement les mêmes que les miennes.

Maman retournait mes mains dans tous les sens.

— Tu as les mêmes doigts ridés que moi, rit-elle. Et regarde, le même pouce qui part vers l'arrière !

Elle regardait fixement mes mains, les examinait sous toutes les coutures, et je m'aperçus que personne n'avait jamais fait ça avant.

Personne ne m'avait jamais tenu les mains pour les regarder avec une telle attention. Et je vis qu'elle avait raison. Les nôtres étaient pratiquement identiques.

Je souris. Ma mère et moi avions un lien. J'étais bel et bien sa fille.

C'est vrai que j'étais toute seule dehors, mais, assise ici à ses côtés, dans cet hôpital psychiatrique, je ne me sentais plus aussi isolée.

J'étais liée à quelqu'un. Quelqu'un qui me ressemblait.

Je lui attrapai les mains et les serrai fort dans les miennes.

Il y avait entre nous un lien que rien ni personne ne pouvait briser malgré les années et la distance qui nous séparaient. Malgré tout ce qui s'était passé. Les gens pouvaient dire ou penser ce qu'ils voulaient, ça ne me dérangeait pas. Elle était ma mère, la seule que j'aurais jamais, et je l'aimais en dépit de tout.

Aujourd'hui, maman et moi nous parlons encore une fois par semaine au téléphone, et elle continue à m'envoyer des lettres et des cartes. J'espère qu'elle pourra nous rejoindre un jour à Augusta, mais je sais qu'en réalité, ce n'est pas près d'arriver.

L'hôpital est un bon endroit pour elle dans l'ensemble. Là-bas, son état normal semble durer plus longtemps que quand elle était dehors.

Parfois, elle dit encore des choses qui n'ont aucun sens, comme lorsqu'elle m'annonce que ma grand-mère attend des jumeaux ou que quelqu'un la poursuit.

Quand elle est anxieuse, elle essaie de prier avec moi au téléphone, et je devine à son élocution rapide et nerveuse que ses symptômes habituels ne vont pas tarder à se manifester.

Son rire constitue le meilleur indice d'une rechute. Quand tout va bien, son rire est beau, détendu et naturel. Quand elle est très tendue, il devient aigu et forcé.

Dans ce cas, je reste au téléphone avec elle et j'essaie de l'apaiser, de lui faire comprendre que j'ai toujours besoin d'elle. Ce n'est pas parce qu'elle est enfermée et que moi je suis dehors qu'elle est moins importante pour moi. Je lui demande toujours des conseils et j'aime connaître son point de vue, car elle est incroyablement sage et intelligente.

Quand elle ne va pas bien, je lui répète sans cesse que je l'aime, et puis j'attends qu'elle guérisse. Elle n'est jamais consciente que la maladie reprend le dessus, et je ne le lui signale pas. Pourquoi le ferais-je ? Ça ne l'aiderait pas.

Je suis contente de dire que ma mère semble heureuse. À l'hôpital, elle se sent en sécurité et elle n'a à s'inquiéter de rien. Elle voit ce qui se passe dans le monde, et ça l'effraie.

Elle a beau avoir envie de sortir, je crois qu'une partie d'elle-même a peur du monde réel. Elle est enfermée depuis tant d'années que son adaptation au monde extérieur serait très longue.

Après tout, sa vie est bien plus simple à l'hôpital. Elle n'a pas de factures à payer, pas de rendez-vous à respecter, ni besoin de travailler. Tout est fixé, de l'heure à laquelle elle se lève à la nourriture, la boisson et les médicaments qu'elle prend.

Je ne l'envie pas, car je n'échangerais ma liberté contre rien au monde. Mais, parfois, elle ne comprend pas combien la vie peut être dure pour moi.

Par exemple, si je lui dis que mon travail ne me rapporte pas assez d'argent pour payer mes factures, elle me dit d'en trouver un autre. Eh bien, c'est plus facile à dire qu'à faire !

Peut-être que, si ma mère restait stable toute une année, elle serait prête à sortir. Parfois, quand on lui a donné beaucoup de médicaments, je lui demande pourquoi, mais elle ne me dit jamais que c'est parce qu'elle a perdu son sang-froid ; elle ne l'admet jamais.

Ce n'est pas grave. C'est à elle d'assumer sa maladie, pas à moi.

Il y a longtemps que j'ai pardonné à ma mère ce qu'elle a fait, mais ça ne m'empêche pas de me demander ce qui est arrivé à Mellie et Momo, le soir où ils sont morts.

J'espère que ma mère s'en souviendra un jour, afin que je puisse laisser leurs fantômes en paix. Il se trouve sans doute quelque part, enfoui dans son inconscient, un souvenir trop atroce pour qu'elle puisse l'affronter maintenant.

Ça ne change rien à ma relation avec ma mère – nous partageons selon moi un lien indestructible –, mais je dois admettre que le souvenir de mon petit frère et de ma petite sœur continue à me hanter.

La douleur de leur perte est toujours si aiguë que j'ai parfois l'impression que c'est arrivé hier. Et je reste cette petite fille qui attend que son frère et sa sœur viennent la chercher.

Dans leur intérêt, il est de mon devoir de découvrir un jour la vérité.

24

L'avenir

Je fais souvent le même rêve à propos de Mellie et Momo. Nous sommes à Busch Gardens en Virginie, un immense parc d'attractions semblable à Disney World.

J'y suis allée une fois avec Nanny et PopPop, mais jamais avec Mellie et Momo. Enfin, bref, nous y sommes dans mon rêve et observons ensemble les différents animaux. Ils sont très excités de voir des éléphants et des lions. J'ai le même âge qu'aujourd'hui, mais Mellie et Momo ont toujours cinq et six ans.

Ils ont l'air vraiment contents, jusqu'au moment où nous arrivons aux attractions. Des montagnes russes géantes surgissent devant nous, tel un monstre violet qui serpente vers le ciel, s'enroule et s'élance vers des hauteurs impossibles. Il faut se tordre le cou pour pouvoir regarder au sommet.

J'ai envie d'essayer ; ça a l'air tellement amusant, mais Mellie et Momo ne veulent plus avancer. Ils ont trop peur de monter.

J'insiste pour qu'ils m'accompagnent, je les tire par le bras, tandis que chacun traîne les pieds pour m'empêcher de m'approcher des montagnes russes.

Ils secouent la tête, inflexibles, refusant de monter à bord. Le visage de Momo est renfrogné ; Mellie gémit doucement. Je leur dis que ça va aller et qu'il ne leur arrivera rien puisqu'ils sont avec moi. Mais ils ne montent pas. Je grimpe dans l'un des wagons rouges installés sur les rails. Puis, les bras tendus vers eux, je leur crie de me rejoindre et, à ce moment-là... Je me réveille. Ils ne montent jamais avec moi. Jamais.

En septembre 2009, je me suis inscrite à l'Université de Virginie afin d'obtenir un diplôme d'assistante médicale et d'exercer comme infirmière par la suite. J'espère l'avoir en 2014 et devenir interne dans une maternité, puis travailler comme infirmière auprès des nouveau-nés. Aussi loin que remontent mes souvenirs, j'en ai toujours rêvé.

Ce premier jour à l'université se révéla à la fois angoissant et tellement excitant. Je n'arrivais pas à croire que j'étais assise là, en cours, à côté de tous ces étudiants. Comme j'avais été à deux doigts de tout laisser tomber, ma simple présence ici me rendait extrêmement fière. Le plus formidable aujourd'hui, c'est que, chaque semaine, les choses se passent de mieux en mieux. J'ai toujours du mal à ne pas douter de mes compétences, mais je trouve tellement plus facile d'apprendre des choses qui m'intéressent vraiment que ça me rend extrêmement heureuse.

Je me rends compte que je suis loin d'être stupide. Je récolte d'aussi bonnes notes que mes camarades de classe aux essais, devoirs et dossiers. Et j'aime bien cette vie en société. Je me suis déjà fait de bons amis et j'ai l'impression de plutôt bien m'intégrer. Si les gens m'interrogent sur mon passé, je n'ai pas peur de leur raconter la vérité sur ce qui nous est arrivé, à ma mère, ma famille et moi. Mais je vois bien que ça les choque.

Ils s'étonnent toujours que je puisse être aussi normale. Le plus souvent, ils sont admiratifs.

— Et tu n'as jamais quitté l'école après avoir vécu toutes ces choses ? Je connais des personnes qui ont déraillé pour moins que ça !

Je crois que j'ai toujours eu conscience de ma force. J'ai essayé de tirer profit de mes expériences. Ma mère m'a montré ce qu'il ne fallait pas faire de ma vie, et puis, beaucoup d'autres personnes en chemin, telles que mon père, Theresa et ma grand-mère, m'ont donné tous les outils dont j'avais besoin pour rester sur le droit chemin.

Ça ne veut pas dire que ma vie est facile aujourd'hui. Je dois gagner de l'argent pour pouvoir finir mes études. Quand je ne suis pas occupée à réviser, je travaille dans une crèche auprès de jeunes enfants. C'est passionnant. Passer du temps avec les enfants représente mon plus grand bonheur dans la vie.

Je vais généralement en cours dans la journée et je travaille de quinze à vingt-trois heures tous les jours de la semaine. C'est un mode de vie très intense, mais il faut que je m'y tienne pour pouvoir rester indépendante.

J'ai toujours été douée pour m'occuper des enfants. C'est une chose qui me vient naturellement, et mon travail dans cette crèche est merveilleux. J'adore ses bruits et ses odeurs. La seule chose que je n'aime pas, ce sont les pleurs des enfants. Ils déclenchent automatiquement une alarme dans ma tête. Si un petit pleure quelque part dans une salle, je me mets à le chercher partout. Une fois qu'il est dans mes bras, je parviens toujours à le calmer, même si l'enfant appartient à un autre groupe et ne me connaît pas. Il me suffit de quelques minutes pour l'apaiser. Je fais beaucoup de choses par instinct, mais, grâce à mon travail, j'ai aussi beaucoup appris sur l'éducation des enfants, sur la meilleure façon de les faire grandir et de les encourager.

J'ai appris que le moyen le plus sûr d'en faire des enfants confiants et heureux était de leur fixer des limites et de leur enseigner la discipline en gardant un comportement ferme, mais affectueux.

J'ai appris que notre façon de leur parler et de communiquer avec eux était essentielle, car elle leur prouvait qu'ils étaient aimés et en sécurité. J'ai appris à stimuler leur imagination, à encourager leur capacité à communiquer et à favoriser leur développement.

J'espère avoir des enfants un jour et j'aimerais être une bonne mère pour eux, leur fournir la stabilité, l'amour et la chaleur qui m'ont manqué pendant toute mon enfance. Mais je ne suis pas pressée. Autour de moi, je vois des jeunes mères de mon âge qui ont dû abandonner leurs rêves et leurs ambitions. J'ai tant de choses à accomplir avant de m'installer. Je sais que personne – ni un enfant ni un homme – ne pourra me rendre totalement heureuse. Je dois le devenir par moi-même.

Au quotidien, les enfants me donnent beaucoup d'énergie.

Je me sens à l'aise avec eux, alors que je ne le suis pas toujours avec les adultes. Les bébés et les jeunes enfants ne nous jugent pas. Au contraire, ils nous vouent un amour inconditionnel. J'en conclus que le monde n'est pas si mauvais.

Il y a environ un an, un petit garçon de la crèche ressemblait trait pour trait à mon petit frère Mellie. C'était son portrait craché, et il avait le même caractère facile et tranquille. J'avais pris l'habitude de flâner autour de son groupe, de le prendre dans mes bras et de le couvrir de baisers ! Je le dorlotais tellement que, parfois, il ne voulait pas rentrer chez lui avec sa maman parce qu'il ne pouvait plus se passer de mes câlins !

Je n'ai jamais vu de petite fille comme Momo, cependant. Non, elle était différente, unique. Avec elle, on comprenait vite qu'elle faisait les choses à sa façon et pas autrement ! Quand je pense à elle, je me revois au même âge. Nous étions une vraie paire de rebelles, de grandes gueules et de casse-cou !

Je serais surprise de tomber un jour sur une petite fille comme elle à la crèche.

J'éprouve un sentiment proche de la culpabilité du survivant quand je pense à mon frère et ma sœur. Je franchis chaque étape sans eux et je suis triste à l'idée qu'ils ne vivront jamais ces expériences à leur tour. Je vivrai avec ce poids le restant de mes jours.

Un jour, je me marierai, mais pas eux ; un jour, j'aurai des enfants, mais pas eux.

La culpabilité ne me quitte pas – ni cette sensation de manque. Je me sens chaque jour un peu plus coupable, car mes expériences dans cette vie deviennent plus profondes, variées et pleines de sens. Et c'est bien de ça que parle mon rêve des montagnes russes : de la culpabilité que je ressens en devenant adulte et en savourant les expériences de la vie sans eux. Personne dans ma famille ne sait quel effet ça fait, excepté Sonny peut-être. Pourtant, il était tout petit à l'époque de leur mort et il n'a jamais connu Mellie et Momo. Je les porte dans mon cœur et veille sur eux jalousement, car personne au monde ne les a connus aussi bien que moi.

Quant à Sonny, je me rapproche de lui chaque jour. Il sait qu'il peut toujours venir me parler et que je ferais n'importe quoi pour lui. Il n'a pas eu un très bon départ dans la vie, mais nous formons une famille maintenant, et j'espère que, comme moi, il trouvera sa voie.

Il m'arrive encore d'être stressée, de ne pas pouvoir freiner l'enchaînement de mes pensées, et parfois je me sens déprimée, mais je parviens mieux à maîtriser ces émotions qu'avant. Ce qui m'a beaucoup aidée, c'est d'avoir compris que je n'étais pas ma mère, que j'avais ma propre personnalité et le droit de réussir ma vie, même après une enfance aussi difficile.

Je refuse de laisser le passé m'accabler ou me modeler. Oui, je sais d'où je viens et je reste attachée aux gens et aux souvenirs qui ont façonné ma vie. Mais je ne suis pas destinée à *devenir* l'une d'elles. Ma mère souffre d'un déséquilibre chimique. Pas moi. Quand le stress et les épreuves de la vie me pèsent, je ne me tourne pas vers l'alcool, la drogue ou tout ce qui risque d'affecter la stabilité de mon esprit. J'essaie plutôt de l'apaiser.

D'abord, j'éteins mon portable, puis je prends une douche fraîche. Ensuite, j'ouvre les fenêtres de ma chambre, j'éteins la lumière et allume quelques bougies.

Enfin, je m'allonge sur le lit, j'écoute le chant des oiseaux et je médite. Les techniques que je pratique m'aident à apaiser mon esprit et à y voir plus clair.

Je ne dis pas que ça marche pour tout le monde, mais il semble que ça m'aide beaucoup. Grâce à la méditation, je parviens à rester positive et concentrée, une attitude qui me permettra d'atteindre mes buts, je l'espère.

Pour mon vingt et unième anniversaire, j'ai reçu une carte de ma mère. Elle était faite de carton jaune.

Dessus, elle avait dessiné un gâteau d'anniversaire bleu et rose avec des bougies orange. Il y en avait dix.

Sur la carte, il était écrit en vert : *Joyeux anniversaire pour tes vingt et un ans.*

Ma mère avait ajouté un mot à l'intérieur.

Nikki chérie,

Que la paix et la bénédiction de Dieu soient avec toi. Je prie pour que cette carte te trouve en pleine forme.

Ma chérie, je veux ce qu'il y a de mieux pour toi. Je t'en prie, fais que ta vie reste en phase avec le Seigneur. Il m'a fallu de nombreuses années pour me soumettre à sa volonté. Je suis tellement heureuse d'avoir finalement réussi à trouver mon équilibre. Dieu est responsable de ma vie à présent. Nikki, je veux que ton frère et toi commenciez à prier ensemble. Je veux être là pour vous, même si ce n'est qu'au téléphone. N'hésite pas à me dire tout ce qui se passe dans ta vie. J'ai de bons rapports avec ta grand-mère maintenant. Ça n'a pas toujours été le cas. Il n'est jamais trop tard pour demander pardon. Je t'aime, mais Dieu t'aime encore plus. Dieu doit être une priorité dans ta vie. La Bible dit que Dieu est jaloux. Je t'en prie, fais de Dieu une priorité dans ta vie. Ma lettre touche à sa fin, mais mon amour pour toi, jamais.

Affectueusement,
Maman

Le mot avait été imprimé, et le texte semblait décousu. Elle avait donc pris beaucoup de médicaments le jour où elle l'avait l'écrit. J'étais heureuse et triste à la fois. Je savais pourquoi on avait dû lui en donner plus ce jour-là. Elle était sans doute bouleversée de ne pas pouvoir être avec moi le jour de mon anniversaire. Mais même avec l'esprit flou, elle m'avait écrit.

Au fil des années, ma mère m'a envoyé beaucoup de lettres et de cartes, et je me suis toujours sentie coupable de ne pas lui avoir répondu. Enfin, jusqu'à aujourd'hui.

Car ce livre est la lettre que j'ai envisagé de t'écrire pendant tout ce temps, maman. J'espère ainsi rattraper toutes ces années pendant lesquelles je n'ai pas réussi à mettre sur le papier les choses que je voulais te dire. Tu voulais savoir ce qui se passait dans ma vie, ce qui se passait dans ma tête. Alors, voici les réponses.

Ce livre t'est dédié.

J'espère qu'il suffira à remplacer toutes les lettres et les cartes que je ne t'ai jamais envoyées, à une époque où tu avais besoin de ressentir mon amour et d'entendre mes pensées les plus sincères. Tu as attendu une éternité, quatorze ans en fait, mais j'ai enfin réussi à te répondre ! Je suis désolée qu'il m'ait fallu aussi longtemps pour te dire que je t'aime et que je pense toujours à toi.

J'ai eu besoin de temps pour trouver un sens aux choses qui nous sont arrivées et, même si tout n'est pas encore clair pour moi, je sais combien je t'aime.

Et je te pardonne.

Un jour, nous serons réunies et nous affronterons de nouveau la vie ensemble, main dans la main.

Remerciements

Katy Weitz, merci d'avoir réalisé mon rêve. Tu es une personne incroyable.

Grand-mère et grand-père, vous êtes les seules personnes présentes depuis ma naissance à ne m'avoir jamais abandonnée. Vous êtes tout pour moi, et je vous aime plus que je ne peux l'exprimer.

Mes frères et sœurs, je vous aime tous.

Mon petit frère Hasson, je t'aime et je suis si heureuse que tu fasses partie de ma vie. Je décrocherais la lune pour toi !

Oncle Jerome, je t'aime tant. Merci d'avoir toujours été là, dans les bons moments comme dans les mauvais. Je t'aime tellement, tu seras toujours le meilleur à mes yeux.

Nanny et PopPop, je vous aime fort. Merci.

À chacun de mes oncles et tantes, merci.

Papa, je t'aime. Merci d'avoir accompli ton devoir de père quand j'ai eu besoin de toi. Merci d'avoir fait de moi une femme responsable et respectueuse. Je t'en suis reconnaissante.

Theresa, je t'aime tant. Tu es une femme formidable. Je te remercie de tout ce que tu as fait pour moi. Merci d'avoir tenu ce rôle de mère pendant toutes ces années. Tu es une personne forte et admirable.

À toute ma famille : je vous aime !

Et un immense merci à tous ceux qui ont été là pour moi et m'ont aidée de nombreuses façons au fil des années. Je vous aime et vous aimerai toujours, quoi qu'il arrive : Mrs Becky, Brandon, Brittany et toute sa merveilleuse famille, ainsi que Mrs Jackie.

Johnny, tu comptes tellement pour moi. Je t'aimerai toujours.

Carlos, Agatha et Telou. Tammy et Laila.

Mes meilleurs amis Aubern, Ariel et leurs magnifiques enfants Donshe, Dion et Jr. Je vous aime. C'est un tel bonheur de vous connaître.

Momo et Mellie, mes anges. Je vous aime. Vous me manquez tellement, tous les deux. Continuez à veiller sur moi, s'il vous plaît.

Maman, je t'aime.

Et enfin, merci, Dieu, pour toutes tes bénédictions.

Je t'aime par-dessus tout !

Santé mentale et cellule familiale

Aux États-Unis, plus d'un million de femmes se trouvent actuellement derrière les barreaux en raison d'un comportement criminel.

Le fait est que bon nombre d'entre elles souffrent de troubles mentaux. Jusqu'à quatre-vingts pour cent des femmes incarcérées ont souffert d'au moins un trouble psychiatrique dans leur vie.

Le problème que soulève la maladie de ma mère, ou trouble schizoaffectif, est celui du diagnostic : la personne atteinte montre des symptômes susceptibles d'être mal interprétés. Il arrive aux médecins de croire que le patient souffre d'un trouble de l'humeur ou bipolaire, ou bien de schizophrénie. Personne ne sait ce qui provoque cette maladie. On pense qu'elle est causée par un mélange de prédispositions génétiques et de facteurs environnementaux. J'espère qu'avec le temps, on en apprendra plus grâce à la recherche et à la science, et qu'il sera possible de reconnaître et de traiter cette maladie, afin de prévenir d'autres tragédies humaines.

Dans un sens, ma mère a de la chance. Sa maladie a été diagnostiquée, et elle reçoit les soins appropriés. Je regrette seulement qu'elle n'ait pas reçu le bon traitement plus tôt et qu'aucun professionnel de santé n'ait compris qu'à cause de sa maladie, elle était incapable de s'occuper de ses enfants.

Il est dommage que peu de gens nous aient pris en charge au moment où nous en avions le plus besoin – en particulier les adultes, les juges et les travailleurs sociaux qui ont décidé de notre sort.

J'encourage toute personne qui s'inquiète pour un enfant à en rendre compte aux autorités appropriées, quelles que puissent être les conséquences.

Je veux que chaque lecteur de ce livre comprenne qu'il a un devoir envers tout enfant qui croise son chemin. Il doit le protéger de la souffrance, qu'elle soit infligée par des membres de sa famille, des amis, des voisins ou même des étrangers.

J'ai trouvé beaucoup d'informations, de soutien et d'explications sur Internet. Si vous souhaitez approfondir le sujet, faire un don à la recherche ou aider à éveiller les consciences, n'hésitez pas à consulter ces nombreux sites Web.

Chez le même éditeur

La petite fille qui criait au secours
Casey Watson

Je pleurais en silence
Joe Peters

Quand j'étais invisible
Martin Pistorius

J'étais sa chose
Nabila Sharma

Pourquoi m'ont-ils fait ça ?
Anya Peters

Pourquoi personne ne m'a aidée ?
Jackie Holmes & Toni Maguire

Tu n'aimes pas ton papa ?
Sally East & Toni Maguire

Ils ont laissé papa revenir
Toni Maguire

Le soir quand je me couche...
Eileen Munro

Ne dis rien à personne
Marianne Marsh & Toni Maguire

L'enfant que personne n'aimait
Casey Watson

J'étais sa petite prisonnière
Jane Elliott

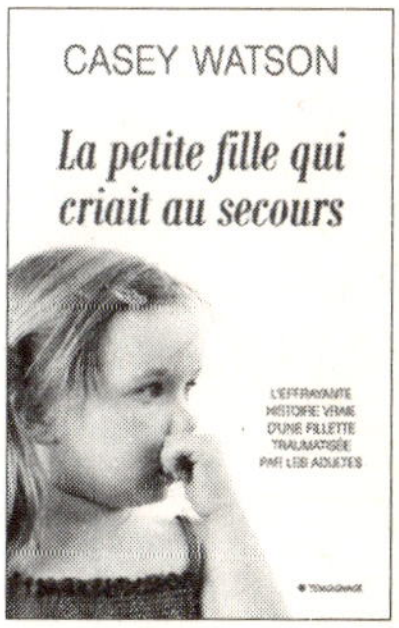

Des récits émouvants d'enfances volées,
des histoires pleines d'espoir
d'une lutte pour la vie.

www.city-editions.com